O PAI ESTOICO

O PAI ESTOICO

UMA REFLEXÃO POR DIA SOBRE PATERNIDADE, AMOR E COMO CRIAR FILHOS INCRÍVEIS

RYAN HOLIDAY

TRADUÇÃO DE CÁSSIA ZANON, PAULA DINIZ
E RENATO MARQUES

Copyright © 2023 by Ryan Holiday

Todos os direitos reservados. Nenhuma parte deste livro pode ser utilizada ou reproduzida sob quaisquer meios existentes sem autorização por escrito dos editores. Esta edição foi publicada mediante acordo com a Portfolio, um selo da Penguim Publishing Group, uma divisão da Penguin Random House LLC.

TÍTULO ORIGINAL
The Daily Dad: 366 Meditations on Parenting, Love and Raising Great Kids

PREPARAÇÃO
Ilana Goldfeld
Leandro Kovacs
Stella Carneiro

REVISÃO
Midori Faria
Theo Araújo

DESIGN DE CAPA
Brian Lemus

DIAGRAMAÇÃO
Julio Moreira | Equatorium Design

CIP-BRASIL. CATALOGAÇÃO NA PUBLICAÇÃO
SINDICATO NACIONAL DOS EDITORES DE LIVROS, RJ

H677d
   Holiday, Ryan, 1987-
     O pai estoico : uma reflexão por dia sobre paternidade, amor e como criar filhos incríveis / Ryan Holiday ; tradução Cássia Zanon, Paula Diniz, Renato Marques. - 1. ed. - Rio de Janeiro : Intrínseca, 2023.
     432 p. ; 21 cm.

   Tradução de: The daily dad
   ISBN 978-65-5560-662-1

   1. Paternidade. 2. Pai e filho. 3. Estoicismo. I. Zanon, Cássia. II. Diniz, Paula. III. Marques, Renato. IV. Título.

23-83854   CDD: 306.8742
                            CDU: 392.312

Gabriela Faray Ferreira Lopes - Bibliotecária - CRB-7/6643

[2023]
Todos os direitos desta edição reservados à
EDITORA INTRÍNSECA LTDA.
Rua Marquês de São Vicente, 99, 6º andar
22451-041 – Gávea
Rio de Janeiro – RJ
Tel./Fax: (21) 3206-7400
www.intrinseca.com.br

Primeiro diz a ti mesmo que tipo de pessoa queres ser, depois faz o que tens de fazer.

Epicteto

SUMÁRIO

INTRODUÇÃO — 9

JANEIRO — 17
ENSINE PELO EXEMPLO
(O ÚNICO MÉTODO QUE FUNCIONA)

FEVEREIRO — 51
AME INCONDICIONALMENTE
(É A ÚNICA COISA QUE ELES QUEREM)

MARÇO — 85
COLOQUE A FAMÍLIA EM PRIMEIRO LUGAR
(TRABALHO, FAMÍLIA, TUDO MAIS: ESCOLHA DOIS)

ABRIL — 119
CONTROLE SUAS EMOÇÕES
(LIÇÕES SOBRE PACIÊNCIA E AUTOCONTROLE)

MAIO — 153
CARÁTER É DESTINO
(LIÇÕES SOBRE O QUE É CERTO E ERRADO)

JUNHO — 187
NÃO NEGLIGENCIE A SI MESMO
(LIÇÕES DE AUTOCUIDADO)

JULHO 221
AJUDE SEUS FILHOS A SE TORNAREM QUEM ELES SÃO
(LIÇÕES SOBRE CUIDADO E DESCOBERTA)

AGOSTO 259
SEJA SEMPRE UM FÃ
(O MELHOR PRESENTE QUE VOCÊ PODE DAR A ELES)

SETEMBRO 293
CRIE UM LEITOR
(LIÇÕES PARA O APRENDIZADO E A CURIOSIDADE)

OUTUBRO 327
LUTE E SUPERE
(COMO AUMENTAR A RESILIÊNCIA DOS SEUS FILHOS)

NOVEMBRO 361
AGRADEÇA E CONSTRUA LAÇOS
(LIÇÕES DE GRATIDÃO E VÍNCULOS)

DEZEMBRO 393
O TEMPO VOA
(A VIDA PODE ACABAR AGORA MESMO)

INTRODUÇÃO

Muita gente tem filhos. Mas há quem não seja pai e mãe de verdade.

À primeira vista, pode parecer que ter um filho é o que faz uma pessoa se tornar pai ou mãe, mas todos sabemos que não é assim que funciona. Existem muitos homens e mulheres que levam os filhos à escola, compram roupas e comida, oferecem um lar confortável para eles... mas nem por isso são pais e mães de verdade. Agem mais como tutores ou responsáveis legais, cumprindo tarefas diárias no piloto automático... e mantêm essa rotina durante os primeiros dezoito anos de vida dos filhos.

Isso não é ser pai ou mãe. *Isso é fazer o mínimo*.

É triste que alguns nem sequer chegam a esse ponto. Parecem pensar que sua obrigação termina no momento da concepção ou do parto ou no dia em que assinam os papéis do divórcio.

Procriar é biológico. Ser pai ou mãe é psicológico. É uma decisão. Uma escolha consciente. Um compromisso de efetivamente mudar quem você é e quais devem ser suas prioridades para o benefício e aperfeiçoamento de seus filhos. Um compromisso de fazer sacrifícios, estar presente e cumprir o árduo trabalho de tomar decisões difíceis, de *amar*, não apenas de *ter* uma criança.

Ser pai ou mãe é escolher colocar seus filhos, senão no centro da sua vida, pelo menos em um *papel central* na sua vida, aceitando o fato de que trazer essas pessoinhas ao mundo transforma tudo sobre quem você é, o que você valoriza e quais são seus deveres.

Quem tem filhos faz o máximo para ficar longe do Serviço Social e não chamar a atenção do Conselho Tutelar, além de tentar evitar a reprovação dos vizinhos. Um pai ou uma mãe se compromete com certos princípios atemporais que podem parecer clichês, mas que, na prática, são tão raros que acabam se sobressaindo quando alguém realmente vive de acordo com eles. Você já deve ter ouvido isto: *co-*

loque sua família em primeiro lugar, ame de forma incondicional, esteja presente, ajude os filhos a ser quem eles devem ser, lidere pelo exemplo, dê o devido valor às coisas, viva com gratidão.

Sejamos honestos: essa é uma escolha moderna. Não é exagero dizer que, apenas algumas gerações atrás, manter os filhos *vivos* era mais ou menos o que se esperava de um pai ou de uma mãe. Uma criança era vista como algo que um dia poderia trazer benefícios aos pais, mas que começava como um fardo, outro par de mãos para ajudar a lavrar a terra da fazenda da família ou mais um corpo que se encaixaria na linha da produção da fábrica local para receber um escasso salário que ajudaria a família a não passar fome até o fim do mês.

Os primeiros anos do século XX ainda eram um calvário, um corredor polonês de obstáculos definido por mortalidade e enfermidades. Era um verdadeiro milagre conseguir que todos os filhos de uma família sobrevivessem. E quanto à responsabilidade de cuidar da saúde emocional deles? Amá-los incondicionalmente? Sério, quem é que tinha tempo para coisas assim? Ou mesmo capacidade?

Conta-se uma história sobre Winston Churchill, que estava longe de ser um pai ideal e foi criado por pais aristocráticos, egocêntricos e preocupados, eles próprios produtos da Inglaterra vitoriana. Uma vez, ao conversar com seu filho Randolph, tarde da noite durante as férias escolares, um pensamento ocorreu a Churchill. "Sabe, meu caro menino", disse ele, em um misto de divertimento e melancolia, "acho que conversei mais com você nestas férias do que meu pai falou comigo a vida inteira." Isso não era um exagero; ao contrário, estava longe de ser raro — e por muito tempo continuou a ser lugar-comum. E é bem possível que você se identifique, baseando-se nas experiências da sua própria infância.

É triste! Não somente para crianças, mas também para pais e mães.

Por várias gerações, os pais e as mães — sobretudo os pais — foram privados da coisa mais gratificante e bela do mundo: envolver-se na vida de seus filhos. Amá-los não apenas de modo abstrato, mas de maneira ativa, diária. Um dos efeitos negativos de uma cultura patriarcal que sobrecarregava as mulheres com todas as demandas da vida doméstica era uma mentalidade que trazia baixas expectativas para os homens no que dizia respeito à casa e aos filhos. Amar e ser amado? Compreender e ser compreendido? Ninguém ensinava isso aos homens. Ninguém exigia isso dos pais.

Novamente, pense em como a história poderia ter sido diferente se mais pais e mães tivessem de fato sido *pais e mães*. Se [insira aqui o nome de um vilão] tivesse sido criado com mais carinho. Se [insira aqui o nome de um empresário ganancioso] tivesse aprendido a lidar melhor com os sentimentos. Se [insira aqui o nome de uma pessoa que sofreu terrivelmente] tivesse sido protegida. Se [insira aqui um zé-ninguém anônimo] tivesse recebido apoio para alcançar todo o seu potencial. Se alguém tivesse contado a [insira aqui o nome de uma pessoa poderosa] que tinha orgulho dela.

Embora não sejamos capazes de mudar um passado traumático, podemos escrever um futuro melhor.

É esta a principal filosofia deste livro.

Apesar das falhas das gerações passadas, ser pai ou mãe é uma daquelas experiências incríveis que nos conecta a um elo que remonta a milhares e milhares de anos. Uma das mais belas passagens nos escritos de Lucrécio, o poeta romano, capta a alegria de um pai agachado para receber em seus braços os filhos que disputam uma corrida para ver quem será o primeiro a pular em seu colo. Uma das evidências mais antigas de seres humanos nos Estados Unidos são as pegadas de um genitor, provavelmente uma mãe, andando onde hoje fica o Parque Nacional de White Sands. Ela carrega no colo uma criança pequena, que de vez em quando é pousada no chão para descansar ou ajustar sua posição; a pessoa carrega a criança e depois a coloca no chão; carrega mais um pouco e depois a coloca no chão.

Essa nossa intensa e caótica existência cotidiana — repleta de alegrias e dificuldades, amor e trabalho — é atemporal. O mundo antigo era tão diferente do atual que não dá nem para imaginar — as pegadas no Novo México se misturam às de gigantescos bichos--preguiça, camelos ancestrais e uma espécie extinta de mamute —, mas de alguma forma é a mesma experiência por que você já passou inúmeras vezes, no parque, caminhando de volta para o carro depois do jantar, de férias na praia.

Pais e mães sempre se preocuparam com os filhos. Pais e mães sempre brincaram com os filhos. Pais e mães sempre fizeram planos para os filhos. Pais e mães sempre tentaram ser um modelo de vida para os filhos. Pais e mães sempre tentaram apoiar e incentivar os filhos. Pais e mães sempre se questionaram e duvidaram se estavam fazendo o suficiente, se estavam provendo o suficiente, se a escola é boa o suficiente, se o esporte praticado é seguro o suficiente, se o futuro dos filhos está suficientemente assegurado. Sempre fizeram a mesma coisa que você está fazendo, que é a mesma coisa que as pessoas vão fazer daqui a cinquenta gerações.

Fazemos parte de algo atemporal e eterno, algo que é ao mesmo tempo muito pequeno e muito grande. Para nós, isso deve servir como uma lição de humildade e uma inspiração. Deve nos dar um propósito... e uma perspectiva.

E conselhos práticos. A condição de pai e mãe é um tema discutido em todas as filosofias e tradições religiosas. Em Platão, encontramos textos sobre como lidar com nosso temperamento na frente dos filhos. Com Marco Aurélio, aprendemos sobre como cultivar um lar tranquilo para eles. Sêneca nos ensina a não os mimar. A rainha Elizabeth II nos deu lições sobre como apoiá-los. Com Florence Nightingale, aprendemos sobre como inspirá-los. Sandra Day O'Connor ensina como incentivar a curiosidade deles. Jerry Seinfeld fala sobre como aproveitar o tempo com nossos filhos. Na obra de Toni Morrison, encontramos ensinamentos sobre como equilibrar a vida profissional e a pessoal quando se tem filhos. Da vida de Muhammad Ali, extraímos lições sobre como acreditar em nossos filhos. Lições de mães que sobreviveram ao Holocausto, pais que lideraram o movimento pelos direitos civis, filhos que se tornaram heróis de guerra e filhas que ganharam Prêmios Nobel... os estoicos e os budistas, os modernos e os antigos. Podemos aprender com todos eles.

Assim como em meu livro anterior, *Diário estoico*,* *O pai estoico* é construído em torno de tais conselhos — um de cada vez, um dia

---

* *Diário estoico: 366 lições sobre sabedoria, perseverança e a arte de viver* (com Stephen Hanselman). Tradução de Maria Luiza X. de A. Borges. Rio de Janeiro: Intrínseca, 2021.

de cada vez. Recomendo que você leia a partir da página dedicada ao dia em que está segurando o livro (não espere até 1º de janeiro, comece hoje!). A força deste livro reside em seu uso diário, para que você se envolva de maneira constante e consistente com o material — ainda que as páginas permaneçam as mesmas, seus filhos e o mundo vão mudar, assim como você.

Diário estoico já entrou na segunda metade de sua primeira década de vida. Com mais de um milhão de exemplares impressos em quarenta idiomas, as pessoas o leem todos os dias há *anos*. Embora seja o mesmo livro que enviei à editora no outono de 2015, ele ainda cria uma conexão com pessoas do mundo inteiro e as ajuda. Há uma máxima estoica sobre como nunca entramos no mesmo rio duas vezes, pois tanto nós quanto o rio estamos em constante mudança.

Essa metáfora também é válida para a parentalidade, e *O pai estoico* foi concebido em torno desse conceito. Não é um livro para pais e mães à espera do nascimento de seu filho ou para pais e mães de filhos adultos; é um livro para *qualquer pessoa* em qualquer etapa de sua jornada. Cada meditação diária repercutirá no genitor solo de gêmeos de maneira diferente do pai ou da mãe às voltas com a "síndrome do ninho vazio"; a mesma meditação diária tocará o mesmo genitor de forma ímpar se no ano seguinte ele retomar o livro do ponto onde parou. E vamos nos deter por um instante na ideia de "retomar do ponto de onde parou", já que é um tema essencial para a filosofia presente neste livro, assim como para a noção de ser um pai ou mãe bom e presente.

A parentalidade, assim como a busca pela sabedoria, é um trabalho de uma vida inteira. Ninguém está esperando que você "aprenda" ou "entenda" num passe de mágica. Na verdade, esse é o maior erro de muitos livros sobre criação de filhos. Quer dizer que basta ler um manual — seja na correria do período pré-parto, seja durante a privação de sono, seja em algum momento de crise quando eles estão mais velhos — para achar que você será *bom* nisso? Não é assim que funciona. A cada minuto, seus filhos e sua vida o colocam em situações que você nunca poderia ter previsto sozinho (nem com os livros sobre parentalidade a tiracolo). Portanto, embora no ato de ser pai ou mãe não haja uma transformação repentina, ainda existe um processo, um *trabalho,* que você deve empreender. É em torno dessa ideia que gira o livro que você tem em mãos — uma página por dia. Não se trata de uma coisa única e monolítica, mas um ritual matutino ou noturno, uma checagem e rechecagem, um processo contínuo.

Somos passíveis de falhas o tempo todo. Perderemos a paciência, nos distrairemos, priorizaremos as coisas erradas e até mesmo machucaremos a nós mesmos e às pessoas a quem amamos. Como nas páginas deste livro, em tais circunstâncias, devemos retomar do ponto de onde paramos. Aceitar o fato de que somos humanos imperfeitos, ao mesmo tempo que tentamos aprender com nossos erros para que não os cometamos outra vez... ou mais vezes do que já cometemos.

Levante, sacuda a poeira e dê a volta por cima. Recomece. Faça melhor.

É evidente que esta jornada — *O pai estoico* como livro e como uma ideia — não se destina apenas a homens. Milhares de mulheres recebem e leem nossa newsletter diária e gratuita. Chama-se *O pai estoico* porque eu sou um pai — de dois meninos —, e essa é toda a informação que você precisa saber sobre o título do livro.

Se seus filhos ou filhas já são crescidos ou ainda não nasceram, se você é um padrasto ou madrasta, pai ou mãe por coparentalidade, pai ou mãe adotivo, homossexual ou heterossexual, seja qual for o gênero com o qual você se identifica, este livro é sobre a jornada para se tornar o pai ou a mãe que você é capaz de ser, que seus filhos merecem que você seja... que o mundo *precisa* que você seja. Tampouco se trata de uma jornada curta — do nascimento até a maioridade legal, como é por vezes definido culturalmente. Não, ser um ótimo pai ou uma ótima mãe começa muito antes disso e termina... bem, não termina. Pois, mesmo após deixarmos esta vida, nossos filhos levarão consigo as lições, boas e ruins, que ensinamos por meio de palavras e ações.

Criar filhos — ou, como ouvi um pai dizer certa vez, *criar adultos,* já que esse é o objetivo — é a coisa mais difícil que você fará na vida. Também será a coisa mais gratificante e importante que você fará. É disso que trata o livro que você tem em mãos — e é disso que se trata a sabedoria de gerações passadas.

Você é pai ou mãe. Você é todo pai ou toda mãe que já viveu ou viverá.

Estamos juntos nessa.

Agora vamos fazer o nosso melhor, *juntos*.

JANEIRO

ENSINE PELO EXEMPLO

(O ÚNICO MÉTODO QUE FUNCIONA)

1º de janeiro
UM PEQUENINO QUE SEMPRE ACOMPANHA VOCÊ

Em 1939, nove anos antes de John Wooden ser contratado para o cargo de treinador do time de basquete masculino da Universidade da Califórnia em Los Angeles (UCLA), um amigo lhe enviou uma foto com um poema para celebrar o nascimento do primeiro filho de Wooden. Na imagem, vê-se um homem numa praia, com o filhinho correndo atrás dele, seguindo os passos e brincando às costas do pai. Wooden pendurou a foto na parede de casa para poder vê-la todos os dias. O poema, que ele decorou e gostava de dar de presente às pessoas, era o seguinte:

> Um homem cuidadoso eu quero ser — aqui e ali,
> pois há um pequenino sempre a me seguir.
> A errar não me atrevo, nem a me desviar,
> por medo de que ele queira me imitar.
> De seus olhos atentos nunca consigo fugir, isso, sim.
> Tudo o que ele me vê fazer, copia tim-tim por tim-tim.
> Igual a mim ele diz que será, unha e carne, sem manha...
> Esse pequenino que sempre me acompanha...

Não é necessário memorizar esses versos, como Wooden fez, mas tente absorver a mensagem. Seus filhos acompanham você, seguindo seus passos. Eles veem tudo o que você faz. Se você se desviar do caminho, eles também se desviarão.

2 de janeiro
NUNCA DEIXE SEUS FILHOS VEREM VOCÊ AGIR DESSA MANEIRA

> Considero-me um filósofo apenas no sentido de ser capaz de dar um exemplo.
>
> FRIEDRICH NIETZSCHE

Em *Sobre a ira*, célebre ensaio de Sêneca, é contada a história de um menino que, ainda muito novo, foi morar com Platão para se tornar pupilo do famoso filósofo. Ao voltar para visitar os pais, o menino viu o pai perder as estribeiras e gritar com alguém. Surpreso diante dessa violenta explosão de raiva e com toda a inocência que uma criança é capaz de ter, ele disse: "Na casa de Platão, nunca vi ninguém agir assim."

Seja qual for nosso comportamento na frente de nossos filhos — sobretudo em casa —, eles passarão a ver isso como algo normal. Se formos grosseiros ou cruéis com nosso cônjuge, eles presumirão que a grosseria é uma maneira apropriada de tratar as pessoas a quem amamos. Se demonstrarmos ansiedade e preocupação em demasia, eles pensarão que o mundo é um lugar assustador que deve ser temido. Se nos comportarmos de maneira antiética ou cínica, eles também começarão a trapacear e mentir.

3 de janeiro
OS DEFEITOS DE SEUS FILHOS SÃO SEUS DEFEITOS

> Não se preocupe que seus filhos nunca ouçam você; preocupe-se com o fato de que eles estão sempre observando você.
>
> ROBERT FULGHUM

Seus filhos podem tirar você do sério. Eles sabem irritar você. Fazem infinitas perguntas. E também o imitam.

"Eu o amo demais, creio que por causa de seus defeitos, que são meus defeitos", escreveu o romancista norte-americano John Steinbeck sobre o filho. "Eu sei de onde vêm suas dores e seus medos."

Nossos filhos herdam nossas virtudes *e* nossos vícios. É isso que torna essa paternidade louca uma oportunidade tão maravilhosa. Porque estamos aqui para ajudá-los a se tornarem as melhores versões possíveis de si mesmos. Uma das maneiras de fazer isso é ajudá-los a serem iguais a nós em todos os aspectos positivos. Outra forma é evitar que se tornem parecidos demais nos aspectos ruins.

Ser pai é um exercício de jogo de cintura que pode ser inacreditavelmente difícil se não formos honestos ou confiantes e se deixarmos nosso ego atrapalhar. Não podemos permitir que isso aconteça. Essa é a nossa chance, o nosso momento! De moldá-los. De fortalecê-los. De ajudá-los a superar defeitos que talvez nós mesmos nunca superamos. De aproveitar esta segunda chance: dar o que não recebemos.

Mais do que isso, é uma oportunidade de compreender.

4 de janeiro
MOSTRE A SEUS FILHOS COMO MANTER A CABEÇA NO LUGAR

Em 1952, o pai de Margaret Thatcher perdeu o cargo de vereador quando um partido político rival conquistou a maioria nas eleições. Ele ficou chateado. Magoado. E poderia ter permitido que essas emoções ditassem sua reação. Mas não permitiu.

Em vez disso, o pai de Thatcher fez uma declaração de moderação e dignidade notáveis: "Já se passaram quase nove anos desde que enverguei estas vestes com honra. Agora, com a mesma honra, confio na pessoa que as vestirá doravante." E acrescentou: "Embora eu tenha caído, caí de pé. Meu sentimento é o de satisfação por ter estado dentro e de contentamento por estar fora."

Podemos dizer que o que ele estava fazendo era mostrar à filha a arte de perder com elegância. Mas foi muito mais do que isso. Ele estava mostrando à filha que as circunstâncias externas não nos definem, apenas a maneira como reagimos a elas. Ele estava mostrando à filha como lidar com a adversidade e como jamais abrir mão de seu equilíbrio ou autocontrole. Lições que Thatcher usaria ao longo de sua tumultuada vida como funcionária pública, primeira-ministra e mãe.

Seus filhos também precisarão dessas lições. Então, mostre a eles pelo exemplo, não apenas com palavras. Quando você for passado para trás e ficar muito abalado, mostre a seus filhos que o seu código de conduta pessoal importa mais do que tudo. Porque importa. Sempre importará.

5 de janeiro
QUAL VAI SER?

Em seu show na Broadway, Bruce Springsteen explicou que todos os pais deparam com uma escolha:

> Na vida de nossos filhos, somos fantasmas ou ancestrais. Ou colocamos nossos erros e nossos fardos sobre os ombros deles e os assombramos ou os ajudamos a se desvencilhar desses antigos fardos e os libertamos das amarras de nosso próprio comportamento falho. E, no papel de ancestrais, caminhamos ao lado deles e os ajudamos a encontrar seu próprio caminho e alguma transcendência.

Você será um fantasma ou um ancestral? Vai assombrar ou guiar seus filhos? Vai amaldiçoá-los ou inspirá-los?

É lógico que todos sabemos o que *queremos* ser, assim como o pai de Bruce, com toda a sua imperfeição, certamente sabia. Mas eis que nossos demônios, nossas questões, os fantasmas de nossos próprios pais, se metem para atravancar o caminho.

É por isso que fazemos terapia e lemos bons livros. É por isso que passamos noites em claro conversando com nosso cônjuge sobre como é difícil essa coisa de ser pai e mãe, de exorcizar demônios trazendo-os à luz. É por isso que, em silêncio, quando abraçamos nossos filhos, prometemos fazer melhor, nos esforçar mais, não repetir os erros que tivemos que suportar na nossa própria infância e juventude.

Isso não vai ser fácil. Não seremos perfeitos. Mas vamos continuar tentando. Seremos um ancestral — alguém que guiará e inspirará os nossos filhos. Não vamos assombrar seus futuros eus feito um fantasma.

6 de janeiro
PENDURE FOTOS DE SEUS FILHOS NA PAREDE

Ele não tinha como saber o que o futuro lhe reservava. Não tinha como prever que a Ucrânia logo seria colocada à prova. Entretanto, em 2019, ao assumir a Presidência, Volodymyr Zelensky fez um discurso de posse de vinte minutos, no qual se dirigiu ao povo ucraniano em um prenúncio sobre a maneira como responderia às adversidades.

Apesar de ter protagonizado uma das maiores histórias de sucesso de seu país, fazendo fortuna no ramo do entretenimento e depois chegando ao cargo mais alto do Poder Executivo, Zelensky pediu que não fosse celebrado, tampouco visto como um exemplo. "Eu não quero que vocês pendurem minha foto na parede do escritório, porque o presidente não é um ícone, um ídolo ou um retrato", disse. "Em vez disso, pendurem as fotos de seus filhos, e olhem para elas sempre que tiverem que tomar uma decisão."

Então, em fevereiro de 2022, em um ato de ilegalidade e avareza brutais, a Rússia invadiu a Ucrânia. Zelensky se insurgiu e lutou, recusando oportunidades de fuga. Qual poderia ser sua motivação? Seu próprio conselho. Ele tem dois filhos, uma menina agora com dezoito anos e um menino de dez, e é por eles que está lutando. Os militares e os cidadãos que atuam como soldados têm motivação semelhante: combater com bravura ao lado do presidente, contra todas as dificuldades, pela chance de que seus filhos possam viver em liberdade e com orgulho, sabendo que, na hora da verdade, o pai e a mãe estariam dispostos a sacrificar tudo em nome deles.

Esse exemplo é uma inspiração e uma lição de humildade. Porém, como disse Zelensky, não precisamos colocar fotos de heróis na parede. Em vez disso, podemos pendurar fotos de nossos filhos e nos esforçar para deixá-los orgulhosos. Isso nos inspirará e fortalecerá quando tivermos que tomar decisões difíceis em nome do futuro, da segurança, da liberdade deles.

São os nossos filhos que nos instigam a fazer a coisa certa... porque estão sempre observando.

7 de janeiro
ELES APRENDEM EM CASA

> Reitera-se amiúde que a educação começa em casa, mas muitas vezes negligencia-se o fato de que a moralidade também começa em casa.
>
> Louis L'Amour

Você diz a seus filhos que devem ser boas pessoas. Que devem ser honestos, obedecer à lei, se importar com os outros. Você diz a eles que a segurança vem em primeiro lugar.

Você sempre repete todas essas coisas, mas o que você *faz*?

Não se pode dizer que é preciso se preocupar com os outros e depois furar o sinal vermelho porque está atrasado. Não se pode dizer aos filhos que a honestidade é importante e depois mentir para escapar de uma multa. Para você, o que vale mais: esquivar-se de uma multa ou viver de acordo com seus valores? Essa é a pergunta que você deve fazer a si mesmo em todas as situações, sobretudo quando seus filhos estiverem presentes. Vale a pena ensinar a lição errada e minar os valores que está tentando incutir neles?

Ao usarem o cinto de segurança no banco de trás do carro, as crianças estão absorvendo os exemplos que você dá e assimilando as lições que vão moldá-las em todos os sentidos, dos mais íntimos aos mais evidentes. Desde o tipo de motorista em que elas se transformarão até o tipo de *pessoa* que serão. Agora e sempre, seus filhos estão observando como você age no mundo. Inclusive *neste momento*. Eles estão observando toda vez que você infringe as leis de trânsito ou quebra promessas. Eles ouvem quando você mente. Sentem quando suas ações não correspondem às suas palavras.

Os filhos aprendem em casa. Aprendem no carro. Aprendem com a mamãe e o papai. Você define o padrão, portanto *seja* o padrão.

8 de janeiro
DE QUE FORMA VOCÊ ESTÁ PERSONIFICANDO SEUS VALORES?

Em 1º de abril de 1933, logo após chegarem ao poder na Alemanha, os nazistas decretaram um boicote a todos os estabelecimentos cujos proprietários fossem judeus. Foi a primeira perseguição de diversas outras que se seguiriam. Mas muitas mães e pais que viviam instruindo os filhos sobre fazer a coisa certa simplesmente baixaram a cabeça e obedeceram.

Nem todos, claro. A avó de 99 anos de Dietrich Bonhoeffer foi um exemplo. Naquele dia, ela saiu para fazer compras e se recusou a acatar as imposições de quais estabelecimentos apoiar. Ela ignorou as tropas nazistas estacionadas em frente às lojas — ou apenas se esquivou dos soldados alemães — e gastou seu dinheiro onde bem entendeu. Essa avó, "marchando diante de gorilas nazistas", passou a ser vista na família Bonhoeffer como "uma personificação dos valores pelos quais eles buscavam viver".

Essa personificação não passou despercebida por Dietrich, que dez anos mais tarde perderia a vida tramando um plano para assassinar Hitler. Embora fosse pastor e tivesse tido muitas oportunidades de escapar e viver em liberdade na Inglaterra ou nos Estados Unidos, Dietrich permaneceu na Alemanha. O exemplo de sua avó o guiou, mostrando-lhe como viver de acordo com seus valores.

Que isso também seja verdade para você e seus filhos, seja qual for o futuro que eles venham a ter, grandioso ou discreto.

9 de janeiro
PROTEJA ESSA GRANDE INVENÇÃO

Em *O desaparecimento da infância*, o educador e crítico cultural Neil Postman argumenta que a infância é uma construção social. A expressão genética não faz distinção entre quem é criança e quem não é. As crianças, tais quais as entendemos, existem há menos de quatrocentos anos. "O conceito de infância é uma das grandes invenções do Renascimento", escreve Postman, porque permitiu que as crianças se desenvolvessem, aprendessem e tivessem um espaço seguro para brincar, investigar o mundo e se descobrir.

Como qualquer invenção, a infância pode desaparecer. Como? Com *o desaparecimento da idade adulta*. A infância, enquanto estrutura social e condição psicológica, funciona quando um adulto é identificado por características como maturidade, responsabilidade, alfabetização e pensamento crítico. Mas, quando a leitura e a escrita de longos textos escasseiam, a distância entre crianças e adultos diminui; a linha entre eles se confunde e depois se dissolve.

Na condição de pais, cabe a nós proteger essa grande invenção. Temos que aumentar a distância entre a infância e a idade adulta. Deixe as crianças serem crianças... mas também faça questão de ser adulto. Seja um líder. Seja responsável. Seja um exemplo a ser seguido, um modelo que seus filhos almejem se tornar. Deixe que vejam você com um livro que ainda não são capazes de compreender. Permita que escutem conversas adultas que ainda não conseguem entender direito. Deixe que vejam você trabalhando, suando a camisa e provendo a família.

Faça questão de que seus filhos vejam um adulto — para que assim eles tenham algo não apenas para admirar, mas também para almejar.

10 de janeiro
O MODO COMO VOCÊ VIVE É O ENSINAMENTO

> O exemplo não é a principal influência. É a única.
>
> ALBERT SCHWEITZER

Os pupilos de Sócrates diziam que, apesar de toda a genialidade do mestre, Platão e Aristóteles e todos os outros sábios que com ele aprenderam "obtiveram mais benefícios de seu caráter do que de suas palavras". Isso também vale para Zenão e Cleantes, os dois primeiros filósofos estoicos. Sêneca escreveu: "Cleantes não poderia ter sido a imagem expressa de Zenão, se tivesse apenas ouvido seus discursos; ele compartilhou a vida, viu em seus propósitos ocultos, e observou-o para saber se ele viveu de acordo com suas próprias regras."

Existe alguma forma melhor do que essa de descrever um pai (ou de estabelecer um parâmetro)? Se quiser ensinar seus filhos, não será com palavras. Não será com discursos. Será mostrando a eles que você vive de acordo com as regras que definiu e com os valores que está tentando transmitir.

11 de janeiro
NÓS PODEMOS SER ESSE PRESENTE

O pai de Marco Aurélio morreu quando ele ainda era criança. Mas depois de sofrer tal tragédia ele recebeu um presente formidável. Um presente que todos que o recebem sabem ser uma das coisas mais incríveis do mundo: um padrasto amoroso.

O historiador Ernest Renan escreveu que, acima de seus professores e tutores, "Marco Aurélio tinha um único mestre a quem reverenciava mais do que todos: Antonino". Durante toda a sua vida adulta, Marco se esforçou para ser um discípulo de seu pai adotivo. Segundo Renan, enquanto Antonino viveu, Marco o enxergou como "o mais belo modelo de uma vida perfeita".

O que Marco Aurélio aprendeu com Antonino? Coisas como a importância da compaixão, do trabalho árduo, da persistência, do altruísmo, da autoconfiança, da alegria; de manter a mente aberta e dar ouvidos a qualquer um que tivesse algo a contribuir; de assumir responsabilidades e culpas e deixar as outras pessoas à vontade; de ceder a palavra a especialistas e seguir os conselhos dos mais experientes; de saber quando ser exigente, cobrar e insistir, e quando recuar; de ser indiferente a honrarias superficiais e tratar as pessoas como *merecem ser tratadas*.

É uma lista e tanto, não é? Essas lições impactaram Marco Aurélio de maneira tão profunda que ele as levou consigo para a vida adulta e as registrou no que viria a ser o livro *Meditações*. O que tornava as lições tão poderosas era o fato de estarem *incorporadas* às ações de Antonino, em vez de escritas em alguma tabuleta ou pergaminho.

Não existe melhor maneira de aprender do que com um modelo. Não há melhor maneira de julgar nosso progresso do que na companhia constante da pessoa que mais gostaríamos de um dia nos tornar.

12 de janeiro
NÃO FALE, SEJA

Tim Duncan é provavelmente o maior ala-pivô da história da NBA. Cinco campeonatos. Três prêmios de melhor jogador das finais (MVP). Quinze participações no All-Star Game, o "Jogo das Estrelas". Quinze vezes selecionado para o melhor quinteto titular da temporada. Quinze vezes escolhido para a seleção dos melhores jogadores defensivos da temporada. De costas para a cesta e girando para arremessar, ninguém foi mais incrível do que ele na história do basquete. E Duncan fez tudo isso com humildade e serenidade quase inigualáveis.

É claro que *quase* é a palavra-chave aqui, porque, ao longo dessa jornada para a grandeza, Duncan teve a ajuda de seu antecessor e companheiro de equipe, David Robinson. Como esses dois superastros do basquete se conectaram? Como um orientava o outro? Em seu discurso de posse no Hall da Fama da NBA, Duncan explicou:

> As pessoas sempre perguntam: "O que ele aconselhou? O que ele lhe mostrou?" Eu não me lembro de uma única ocasião em que tenhamos nos sentado para conversar sobre algo específico. Mas o que ele fazia era ser um profissional espetacular, um pai incrível, uma pessoa incrível, e ele me mostrou como ser um bom companheiro de equipe, uma ótima pessoa para a comunidade, todas essas coisas. Não ficou sentado lá e me disse como fazer, mas apenas foi isso.

É melhor *incorporar* nossa filosofia do que falar sobre ela. Como diziam os estoicos, é perda de tempo especular ou discutir sobre o que torna alguém um bom homem, um bom atleta, um bom companheiro de equipe. Nosso trabalho, diziam eles, *é ser um*. É assim que funciona, no esporte, na vida e na paternidade. Claro, podemos falar quanto quisermos. Podemos ter ótimas conversas. Mas o que importa é o que fazemos, quem somos, como agimos.

13 de janeiro
COMO TER UM IMPACTO DURADOURO

> Para estar na memória de seus filhos amanhã, você precisa estar na vida deles hoje.
>
> BARBARA JOHNSON

Quer você saiba ou não, quer você os conheça ou não, seus avós tiveram um impacto significativo em sua vida. Fizeram isso por meio dos valores que incutiram nos filhos deles — seus pais. E agora você está transmitindo muitas dessas lições a seus próprios filhos.

Trata-se de uma pessoa impactando três gerações. Desse ponto de vista, não é exagero afirmar que seus avós literalmente mudaram o mundo. E fizeram isso de forma simples e sutil: com apenas algumas conversas; quando saíam para trabalhar todos os dias; com os livros que liam à noite; e nos modos que mostravam à mesa do jantar. Fizeram isso nas conversas que tinham quando seus filhos cometiam erros. Fizeram isso na forma como tratavam os vizinhos, cortavam a grama e tiravam a neve acumulada nas calçadas.

Podemos fazer muitas coisas para mudar o mundo. Devemos tentar realizar todas elas. Mas temos que saber — e nunca esquecer — o tamanho do impacto que causaremos no mundo a partir do que acontece dentro da nossa casa. Por meio de nossos filhos, dos filhos deles e dos filhos dos filhos deles, temos um profundo legado multigeracional.

Isso é um poder incrível. Não o negligencie.

14 de janeiro
ONDE OS FILHOS APRENDEM A JULGAR?

> Eu tenho um filho de dois anos. Sabe o que ele odeia? Sonecas. Fim da lista.
>
> Denis Leary

Nós nos perguntamos onde nossos filhos aprenderam a julgar ou, pior, onde eles aprenderam a ser tendenciosos ou a menosprezar determinado grupo. Há apenas uma resposta para isso: eles aprendem conosco.

Foi um comentário sussurrado sobre os hábitos de consumo de seu irmão. Foi a piada sobre o peso de uma celebridade. Foi uma reclamação sobre o jeito como seu vizinho estaciona o carro na garagem. Foi a conversa durante o jantar entre você e seu cônjuge sobre o que há de errado com *os outros*, com *eles*.

Você não teve a intenção de dizer nada de ruim. *Na verdade*, você nem se importa. Mas seus filhos ouviram. E eles conseguem ler seus lábios, não sua mente.

Queremos crianças de mente aberta, que dão às pessoas o benefício da dúvida. Mas você está mostrando a seus filhos como isso funciona no dia a dia? Você não é preconceituoso, mas é sempre bondoso? Se nunca diria algo cruel na cara de alguém, então por que está dizendo pelas costas? Especialmente quando seus filhos podem ouvi-lo?

O mundo precisa de menos julgamento, menos bullying, menos opiniões. Você é capaz de fazer isso dentro de casa? Ensine isso a seus filhos, em vez de deixar que a fofoca e a maledicência continuem a prevalecer, acabando com a bondade dos seus filhos.

15 de janeiro
SE VOCÊ QUER QUE SEUS FILHOS O RESPEITEM

> Merecerás o respeito da parte de todos, caso primeiro comeces a respeitar a ti mesmo.
>
> Caio Musônio Rufo

Todo pai quer ser ouvido. Queremos que nossos conselhos sejam levados a sério. Queremos ser admirados. Acima de tudo, queremos ser respeitados.

Bem, se você quer que seus filhos o respeitem, seja *digno* de respeito.

Pense um pouco: por que seus filhos respeitariam conselhos que você mesmo não segue? Por que o admirariam se você não está vivendo de acordo com seu próprio potencial? Por que teriam você como referência se você mesmo lida (mal) com problemas de autoestima, se você aceitou as mentiras da síndrome do impostor e permitiu que elas afetassem suas ações como pai?

Recomponha-se e coloque as coisas em ordem. Seja o pai que você sabe que pode ser — e a pessoa que sabe que pode ser. O resto virá como consequência natural. E se não vier? Então pelo menos você será forte o suficiente para lidar com o que der e vier, seja lá o que for.

16 de janeiro
NÃO DECEPCIONE SEUS FILHOS

> O éthos do guerreiro (...) baseia-se na vontade e determinação [dos espartanos] de defender seus filhos, sua terra natal e os valores de sua cultura.
>
> STEVEN PRESSFIELD

Se você não conhece a história dos trezentos espartanos nas Termópilas, eis o que aconteceu: o ancestral rei grego Leônidas comandou cerca de sete mil homens, trezentos dos quais eram guerreiros espartanos, em uma batalha contra o exército invasor de Xerxes, o Grande, e mais de trezentos mil soldados persas. Resistindo na linha de frente, os espartanos conseguiram rechaçar os ataques inimigos por dois dias, mas no terceiro terminaram derrotados. Leônidas ordenou que os trezentos de Esparta permanecessem e lutassem, e sacrificou a si mesmo e a seus homens para permitir que a Grécia pudesse viver e continuar lutando.

Como Leônidas escolheu os trezentos guerreiros que levaria até os "Portões Quentes" para combater um inimigo tão avassalador? Eles eram todos "pais de filhos vivos", de acordo com Plutarco. É de imaginar que poderia ter sido o contrário, que os pais teriam permissão para ficar de fora de uma missão potencialmente suicida. Mas não era assim que as coisas funcionavam em Esparta. Esses guerreiros foram escolhidos porque *os pais jamais iriam querer decepcionar seus filhos*. Esses pais lutariam com bravura e ferocidade, não apenas para proteger seus lares, mas também para resguardar a reputação do nome da família, talvez a única coisa que restaria aos filhos caso sucumbissem em batalha. Abandonar seus companheiros ou agir com covardia seria correr o risco de vergonha e desonra e a possibilidade de decepcionar a família que tanto os admirava.

Nossos filhos são as pessoas a quem devemos querer impressionar. São as pessoas a quem nunca devemos querer decepcionar. Não são apenas as pessoas pelas quais lutamos, mas também aquelas a cujos padrões — e amor e admiração naturais — devemos sempre nos empenhar para fazer jus.

17 de janeiro
VOCÊ NÃO PODE SER HIPÓCRITA

> A única coisa pior que um mentiroso é um mentiroso hipócrita.
>
> TENNESSEE WILLIAMS

Alguns anos atrás, perguntaram ao ator William H. Macy, vencedor do Emmy, qual foi o melhor conselho que ele já recebera na vida. "Nunca minta", respondeu Macy. "É a forma mais mesquinha de agir. Mentiras custam muito caro, e sempre cobram o preço."

Porém, como observaram os autores do livro *Unacceptable: Privilege, Deceit & the Making of the College Admissions Scandal* [Inaceitável: privilégio, trapaça e o *making of* do escândalo de admissões em faculdades], no exato momento em que concedeu essa entrevista, ele e a esposa, a atriz Felicity Huffman, estavam forjando as pontuações da filha no SAT (exame que se aplica a estudantes do ensino médio e serve de critério para admissão nas universidades norte-americanas), sem o conhecimento da menina, aliás, e planejavam fazer o mesmo com a filha mais nova. A pior parte disso é que a filha deles queria cursar teatro, que nem sequer exigia uma pontuação tão alta!

Foi a forma mais mesquinha de agir, e a mentira custou caro. A esposa de Macy passou um breve período na prisão, sentenciada por fraude. A filha ficou devastada. Não somente o escândalo foi um grande constrangimento, mas ela também testemunhou a hipocrisia dos pais, que tanto alardeavam quanto a serem pessoas honestas para depois fazer o que fizeram — e tudo isso porque não acreditaram na capacidade da filha!

Nenhum filho merece isso. Os filhos merecem pais que cumpram o que pregam. Dê isso aos seus filhos. Não seja hipócrita.

18 de janeiro
ENSINE SEUS FILHOS A SEREM MINUCIOSOS

Crianças são exigentes. Elas não gostam disto. Não gostam daquilo. Elas precisam que *estes* sejam exatamente idênticos *àqueles*. Mas não deviam ser essas picuinhas que a mãe de John Lewis queria estimular quando vivia repetindo seu lema para os filhos enquanto cresciam: "Sejam minuciosos."

O que ela queria dizer foi o que David Halberstam escreveu em seu impactante livro sobre o movimento dos direitos civis, *The Children* [As crianças]: "Tenham cuidado, sejam responsáveis por si mesmos e estejam sempre bem preparados." Foram valores que ela tentou passar aos filhos não apenas quando eram pequenos, mas durante toda a vida. Na década de 1990, quando seu filho John se tornou o congressista John Lewis e já estava na casa dos cinquenta, ela ainda fazia questão de lembrá-lo de seu lema. Quando ele enfrentou uma série de embates políticos com Newt Gingrich, Willie Mae Lewis ligou para o filho e disse: "Quero que você seja minucioso com esse homem." O que significava, segundo Halberstam, que John Lewis "deveria ser cuidadoso nas críticas que fazia a Gingrich; qualquer ataque teria que ser bem embasado".

Não se trata de ser exigente, mas minucioso. Não é ser rigoroso, mas minucioso. Seja preciso. Lide com fatos objetivos. Faça seu trabalho. Não deixe que ninguém nem nada o impeça de fazer as coisas direito. Faça tudo bem-feito.

São excelentes lembretes para nossos filhos... mas, como sempre, é muito mais importante que *eles nos vejam colocando essas lições em prática*. Mostre a diferença entre ser exigente e minucioso, entre factual e fátuo, entre abrir espaço para o diálogo e *abrir mão de seus valores*.

Mostre o que significa ter responsabilidade. Mostre como ter cuidado e como estar sempre preparado. Porque um dia você não estará mais aqui, e eles terão seus próprios filhos, que precisarão aprender com eles essas lições muito *minuciosas*.

19 de janeiro
ONDE VOCÊ VIU ISSO?

> A menos que seja usada uma régua como referência, não se consegue endireitar o que está torto.
>
> SÊNECA

Sua filha fica irritada e bate a porta, aos berros. Seu filho prepara um lanche, deixa um rastro de destruição na cozinha e larga o desastre para outra pessoa limpar. Você os ouve ser grosseiros com um garçom. Você os vê escreverem algo ofensivo nas redes sociais.

Antes de se zangar, antes de condenar as ações deles, apenas chame-os de lado. Com gentileza e franqueza, faça uma pergunta que o fisiculturista Mark Bell afirma sempre fazer a seus filhos adolescentes: "Ei, quando foi que você *me* viu fazer isso?"

É uma excelente pergunta. Porque pode ser que você, de forma inadvertida, tenha servido de modelo para um comportamento que considera repugnante nos outros. E embora isso não seja desculpa para o mau comportamento, é útil saber se estamos tacitamente fazendo vista grossa para as coisas erradas que nossos filhos replicam. Mas se você não compactua com isso, eles têm ainda *menos* desculpas.

20 de janeiro
FAÇA AS COISAS QUE VOCÊ QUER QUE ELES FAÇAM

Você quer que seu filho seja forte e honesto. Você quer que sua filha seja forte e honesta também. Você quer que eles sejam afeitos ao trabalho duro, ajudem os outros, respeitem os pais e as pessoas que encontram na rua. Você quer que eles sejam limpos e organizados, que se divirtam e que sejam resilientes.

Claro que você quer essas coisas. Todo mundo quer. A questão é: como criamos bons filhos? A resposta está encarando você no espelho.

Austin Kleon, escritor best-seller e pai de dois filhos, fala sobre como esta é a parte mais difícil da paternidade: você tem que ser o tipo de ser humano que deseja que seus filhos sejam. Tem que fazer o que você quer que seus filhos façam. "Eu vejo isso acontecer com os pais o tempo todo", disse Austin. "Eles querem que os filhos façam coisas que eles mesmos não praticam." Austin quer que seus filhos se tornem leitores, então ele faz questão de que o vejam lendo. Ele quer que os filhos experimentem diferentes passatempos e interesses, então ele se certifica de que eles o vejam praticando um instrumento ou desenhando. Ele quer que os filhos trabalhem duro e encontrem uma profissão de que gostem, então garante que eles o vejam trabalhando em seu estúdio. Ele quer que os filhos tratem os outros com respeito e gentileza, então faz questão de que o vejam dando à mãe das crianças um presente que ele mesmo escolheu.

A pessoa que você é forma quem eles serão. Então, seja quem você quer que eles sejam. Faça o que você quer que eles façam. É difícil, mas é o único jeito.

21 de janeiro
O QUE SEUS FILHOS ESTÃO APRENDENDO COM O SEU COMPORTAMENTO?

> É isso que todos nós fazemos (...) Estamos dando exemplos (...) e a nossa conduta com certeza terá um peso enorme nos nossos jovens, e são eles o nosso futuro.
>
> JOHN WOODEN

Bruce Springsteen aprendeu com o pai coisas como vergonha, orgulho ferido e a luta contra demônios impossíveis de derrotar. Em muitas das canções do roqueiro dá para ouvir a dor que isso causou nele.

Por mais azaradas que fossem as cartas que Springsteen recebeu do destino, ele teve a sorte incrível de contar com uma mãe que lhe deu um exemplo muito diferente. Em sua autobiografia, *Born to Run*, Bruce descreve as visitas que fazia à mãe no emprego dela — ela era secretária num escritório de advocacia. "Eu ficava orgulhoso, ela ficava orgulhosa", escreve ele, recordando a sensação de vê-la em seu elemento, longe de casa, exercendo suas atribuições. Bruce se enxergava nela, e isso despertou nele a vontade de ser melhor. "Éramos cidadãos bem-vestidos e responsáveis daquela pacata cidade, dando o máximo de nós mesmos, fazendo o que precisava ser feito. Tínhamos um lugar no mundo, uma razão para levantar de manhã e inspirar aquela vida boa e sem percalços." Pense no que Bruce sentia ao ver a mãe fazer o próprio trabalho.

O que seus filhos estão aprendendo com o seu comportamento? Você está mostrando a eles, como o pai de Bruce fazia, como se sentir raivosos, amargos e perdidos? Ou, a exemplo da mãe de Bruce, você está mostrando a eles como ser corajosos e resilientes e como encontrar seu nicho? Seu exemplo desperta neles a vontade de serem melhores ou piores?

22 de janeiro
ELES ESTÃO SEMPRE OUVINDO

> As crianças nunca foram muito boas em ouvir os mais velhos, mas nunca deixaram de imitá-los.
>
> JAMES BALDWIN

Você já ouviu seus filhos dizerem algo que o deixou chocado? Um comentário que faz você instintivamente olhar duas vezes para acreditar, de tão estupefato? Como na cena do filme *Uma história de Natal*: Ralphie está segurando uma calota cheia de porcas de parafuso enquanto o pai troca um pneu numa noite de nevasca. O velho Parker esbarra na calota e as porcas saem voando. "Ah, zorra, baralho, vá pra ponte que partiu!", exclama Ralphie. "Só que eu não disse *zorra, baralho, vá pra ponte que partiu*", explica a narração em *off* de Ralphie. "Eu disse um monte de palavrões, grosserias das mais cabeludas!"

O velho Parker fica de queixo caído e olhos arregalados. *De onde veio isso?*, ele devia estar pensando. Onde foi que ele ouviu *isso?*

Mas é claro que ele sabe. Ralphie ouviu os palavrões da boca de seu pai, famoso pela "tapeçaria de obscenidades" que conseguia tecer com o vocabulário quando algo o irritava. O pequeno estava simplesmente seguindo os passos profanos do velho.

É aí que mora o problema: as crianças estão sempre observando, com os olhos, ouvidos e o coração abertos. Elas absorvem tudo, feito esponjas. O que seus filhos vão ouvir? O que sua boca vai despejar que mais cedo ou mais tarde vai encharcar seus filhos? Eis a questão.

23 de janeiro
VOCÊ TEM QUE CUMPRIR O QUE ANUNCIA

Há algumas leis muito básicas que todos os pais conhecem e tentam fazer os filhos seguirem. Envolvem trabalho duro, espírito esportivo, esforço, boas maneiras, respeito e limites. Você as conhece; são as regras básicas que sabemos de cor e salteado.

Há um milhão de outras que julgamos essenciais para o processo de crescimento. Algumas se tornaram clichês, outras são truísmos dos mais simples, mas só porque encontramos virtude em repeti-las, dia após dia, filho após filho, geração após geração. Porém, com menos frequência acontece de refletirmos se estamos realmente seguindo essas regras, se estamos cumprindo as leis que tentamos fazer cumprir. É como o bilionário norte-americano Charles Koch certa vez explicou sobre a principal lição que aprendeu com o estilo "mão na massa" de criação de seu pai: *você não pode dar sermões a seus filhos a respeito de coisas que você mesmo não cumpre.*

Você não pode pedir que seus filhos respeitem os outros, e depois tratar com grosseria um atendente de telemarketing ao telefone. Você não pode dizer a seus filhos que é importante ser feliz no que faz e, enquanto isso, trabalhar durante toda a infância deles em um emprego que paga bem, mas não o satisfaz. Você não pode afirmar a seus filhos que a família vem antes de tudo se suas próprias ações não demonstrarem isso.

Você não pode dar sermão a seus filhos. Tem que viver de acordo com as lições que quer que eles aprendam e cumprir o que você anuncia.

24 de janeiro
QUANDO VOCÊ CONSEGUE QUE SEUS FILHOS OUÇAM...

Era impossível ser mais rico do que E. H. Harriman. Um barão ferroviário. Um capitão de indústria. Ele proporcionava aos filhos tudo o que poderiam querer ou precisar. No entanto, ao contrário de alguns pais abastados, Harriman combinava esses luxos com máximas e conselhos severos. Queria que os filhos fossem alguém na vida, que fizessem a diferença no mundo. Gostava de repetir: "Ter grande riqueza é uma obrigação e uma responsabilidade. O dinheiro deve trabalhar para o país."

Todos nós dizemos coisas do gênero para nossos filhos, assim como nossos pais fizeram conosco. Cacos de sabedoria que vamos recolhendo de diferentes lugares. Torcemos para que eles nos ouçam. Torcemos para que nos entendam.

E quando isso acontece... Ah, é a *melhor sensação do mundo*.

Em 1901, quando a filha de Harriman debutou na alta sociedade, ela ficou, ao contrário das amigas, horrorizada com o espetáculo, as festas que as pessoas davam para si mesmas. Parecia uma extravagância tão inútil quanto autoindulgente. Então ela usou o orçamento que tinha para fundar o que se tornaria a Junior League, uma organização sem fins lucrativos de voluntariado que existe até hoje para ajudar os menos afortunados. Ela colocou seu dinheiro para trabalhar não apenas para o país, mas para o mundo e, ao fazer isso, melhorou inúmeras vidas.

Precisamos lembrar que, como pais, estamos sempre plantando sementes. Um comentário que fazemos aqui, um livro que lemos acolá. Um documentário a que assistimos juntos, um exemplo que damos, uma pessoa a quem os apresentamos. Quando conseguimos fazer com que nossos filhos nos ouçam? Quando eles realmente nos ouvem? Coisas maravilhosas podem acontecer.

25 de janeiro
COMO DISSUADIR OS FILHOS

> Devemos ser o que desejamos que nossos filhos sejam. Eles formarão seu caráter a partir do nosso.
>
> John S. C. Abbott

Há coisas que não queremos que nossos filhos façam. Então, estabelecemos regras. Criamos punições. Nós os supervisionamos de perto. E isso funciona — até certo ponto —, mas também é exaustivo. Enquanto isso, negligenciamos o impedimento mais poderoso de todos e o motivador mais influente: nossas próprias ações.
Plutarco afirma:

> Antes de tudo, torna-se indispensável que os pais (...) se revelem exemplos indiscutíveis para eles, a fim de que, ao encararem a vida dos pais como um espelho, se afastem de ações e palavras ignominiosas. Pois aqueles que repreendem os erros dos filhos, erros que eles também cometeram, esquecem que se acusam a eles próprios por meio do nome dos filhos.

Se você não quer que seus filhos façam algo, se quer dissuadi-los de alguma influência negativa ou má escolha, deixe que suas próprias ações sirvam de guia. Faça com que sua própria vida os instigue e ao mesmo tempo os detenha. Dessa forma, você pode ser sempre a inspiração para seus filhos.

26 de janeiro
MOSTRE A SEUS FILHOS O QUE CONSTITUI UM BOM CASAMENTO

Franklin Delano Roosevelt e Eleanor Roosevelt literalmente asseguraram um futuro para os filhos lutando pela paz mundial. No entanto, é difícil não os julgar pelo fato de que seus cinco filhos se casariam *espantosas dezenove vezes!*

Suspeita-se que Roosevelt seja o maior culpado. Por conta de seus inúmeros casos extraconjugais, ele desiludiu profundamente a esposa. Mimado por uma mãe excessivamente amorosa, o ex-presidente norte-americano podia ser imperioso e condescendente. Eleanor tampouco era inocente. Vivia *ocupadíssima*. Reprimia seus ressentimentos e sufocava sua raiva. Muitas vezes, fingia que tudo estava perfeito quando, obviamente, não estava. Além disso, os dois eram primos distantes, o que era muito normal na época... mas ainda assim bem bizarro!

Como seus filhos poderiam saber o que constitui um bom casamento? Eles assistiam de camarote a um relacionamento complicado, uma disputa de poder entre duas pessoas que muitas vezes colocavam quase tudo à frente de sua felicidade (ou deveres) como cônjuges... e como pai e mãe.

A questão aqui não é julgar o casamento dos Roosevelt nem decretar que você deve permanecer no seu atual. É lembrar que: seus filhos aprendem com você sobre tudo o que é importante. Incluindo relacionamentos. Então, o que você está ensinando com o seu relacionamento amoroso? Eles estão vendo algo que você talvez pode não estar enxergando? Você deve mostrar a eles o que constitui um bom casamento. Deve instruir sobre o que são relações saudáveis e parcerias em pé de igualdade, porque o exemplo que você der será o primeiro e o mais indelével.

27 de janeiro
VOCÊ PODE SER PAI EM QUALQUER LUGAR

Quando pensamos em um professor, nos remetemos a uma sala de aula. Quando pensamos em um líder, imaginamos um escritório ou púlpito ou um general à frente de suas tropas. Mas a verdade é que um professor, assim como um líder, pode lecionar em qualquer lugar e de várias formas.

Plutarco observou acerca de Sócrates:

> [Ele] não preparava mesas para seus alunos, não se sentava em uma cadeira de professor ou reservava um tempo predeterminado para dar aulas e caminhar com eles. Não, ele praticava filosofia enquanto se divertia (sempre que tinha oportunidade), enquanto bebia e servia em campanhas militares, enquanto perambulava pelo mercado com alguns de seus alunos e, finalmente, até enquanto estava preso e bebendo cicuta. Ele foi o primeiro a demonstrar que nossa vida está aberta à filosofia em todos os momentos e em todos os aspectos, enquanto vivenciamos todas as emoções e todas as atividades."

Tal como acontece com o ensino, a liderança e a filosofia, a paternidade e a maternidade podem acontecer em qualquer lugar. Você pode ser pai ou mãe a cada minuto de cada dia, para qualquer um e para todos. Você pode ser esse pai do mesmo jeito que Sócrates ensinou — pelo exemplo, se equiparando ao nível deles, sendo aberto e adaptando-se à situação em questão.

28 de janeiro
DEIXE QUE SEUS FILHOS VEJAM VOCÊ TRABALHAR

> O pai que dá o exemplo de amar seu trabalho pode ajudar os filhos mais do que objetos caros.
>
> PAUL GRAHAM

Nosso instinto é encontrar o tal "equilíbrio entre a vida profissional e a pessoal" sobre o qual tantas pessoas falam. Almejamos o sucesso e aspiramos a realizações em ambos os campos, mas não se um vier à custa do outro. Em vez disso, tentamos isolar o trabalho, de modo a não permitir que interfira no tempo que dedicamos aos nossos filhos.

Qual o problema disso? Bem, onde seus filhos, em tese, devem aprender sobre a importância de uma ética profissional? Como vão saber o que é um pai trabalhador se nunca conseguem vê-lo? Como vão sequer aprender o que é o trabalho?

Isso também é sua função como pai ou mãe. Dar o exemplo. Existe uma antiga expressão latina: *A bove maiori discit arare minor*. "O boi mais velho ensina o mais novo a arar." Porque os bois ficavam sempre atrelados um ao outro. O filho não apenas estava junto vendo o pai fazer o seu trabalho, como os dois ficariam literalmente amarrados, *para que o filho aprendesse no trabalho*.

É evidente que é importante impor limites. Obviamente, você não quer que sua vida profissional sobrecarregue sua vida doméstica ou nela interfira. Mas certifique-se de que lutar por esse equilíbrio não acabe privando seus filhos de um exemplo importante que lhes servirá por toda a vida.

29 de janeiro
CONSTRUA SUA PRÓPRIA CASA PRIMEIRO

Certa vez um crítico defendeu que Esparta se tornasse uma democracia. Licurgo, o grande legislador espartano, respondeu com um gracejo: "Primeiro faça de sua própria casa uma democracia."

É fácil opinar sobre o que os outros fazem. Por outro lado, é menos divertido aferrar-se a seus próprios valores. Você não gosta da dívida pública em constante expansão? Tudo bem... mas, em comparação com o déficit nacional, como andam as suas próprias finanças? Você odeia os jogadores que assinam contratos milionários e depois querem trocar de time, abandonando as equipes que fizeram sua fama e lhes pagaram rios de dinheiro? Mas você também não está de olho numa nova oportunidade profissional? Você não gosta de ver celebridades se casando e se separando a torto e a direito... e como está o seu casamento? Você acha que os políticos deveriam tomar vergonha na cara... mas quais verdades você anda falando, e a que custo?

A questão é que você deve aplicar suas opiniões sobre como o mundo deveria funcionar, antes de tudo, na pequena bolha onde você tem efetivamente algum controle. Ou seja, sua casa. Se quer ver a diferença no mundo, então dê o exemplo e faça a diferença em casa. Você tem várias coisas em que trabalhar, muito a consertar, muito a melhorar. Comece por aí.

Mostre a seus filhos que a mudança é possível. *Mostre* a eles por que suas opiniões importam, e de que maneira eles também podem fazer com que as opiniões deles importem. Permita que eles testemunhem o impacto concreto que resulta de praticar aquilo que se prega. Ajude-os a se beneficiar do prático em vez do teórico, do real em vez do hipotético.

Comece *agora*.

30 de janeiro
SEUS FILHOS FAZEM A MAIOR PARTE DO TRABALHO

Quando o comediante Pete Holmes soube que Mitch Hurwitz, o criador da série *Arrested Development*, tinha duas filhas, ambas já na casa dos vinte, ele o parabenizou. "Você conseguiu!", disse ele, reconhecendo que o amigo havia superado um árduo desafio equivalente a atravessar um corredor polonês, por ter criado bem duas filhas até a idade adulta.

Mas Hurwitz se recusou a aceitar o elogio. "As duas fizeram a maior parte do trabalho", brincou ele. E isso é a mais pura verdade! Como já mencionamos, embora ser pai seja incrivelmente importante, não somos tão importantes quanto pensamos.

Nós nos empenhamos da melhor forma possível para dar um bom exemplo. Mas são os filhos que fazem a maior parte do trabalho.

Por mais difícil que seja o nosso trabalho, o dos filhos é muito mais penoso. Você não se lembra de ter dez anos? Ou quinze? Ou vinte? Você não se lembra de quando era criança... talvez porque estivesse muito ocupado, literalmente, desenvolvendo um cérebro. Então, sim, é incrível ver o que os filhos se tornaram e o que fizeram.

Apenas lembre-se de que os filhos recebem o crédito — e você leva a culpa.

31 de janeiro
VOCÊ NUNCA PARA DE ENSINAR

Nell Painter já era uma adulta realizada. Estava na casa dos setenta anos e era uma historiadora mundialmente conhecida. Mesmo assim, sua mãe ainda lhe dava lições.

Como foi que, nessa idade, Nell teve coragem de abandonar uma produtiva carreira acadêmica e entrar numa escola de arte? Bem, o fato de sua mãe ter escrito o primeiro livro aos sessenta e cinco anos provavelmente teve algo a ver com isso.

"Levei anos para perceber a coragem, a robusta determinação que a metamorfose dela exigiu, pois ela era mais durona do que fui capaz de perceber durante sua vida", contou Nell. "Eu sabia que ela tinha mergulhado fundo para se expressar com honestidade e sem adornos. O que é difícil para uma mulher. Duplamente difícil para uma mulher negra. Triplamente difícil para uma mulher negra de certa classe e geração." Ainda assim, sua mãe conseguiu fazer tudo isso. Então, quando Nell atingiu seus próprios anos dourados, não achou estranho tentar algo diferente. Ela não se importava em parecer esquisita ou um peixe fora d'água. Não se importava em fazer algo difícil. Seu livro *Old in Art School: A Memoir of Starting Over* [Velha na escola de arte: memórias de um recomeço] é a prova do que a mãe lhe ensinou, de maneira implícita e explícita.

Devemos tirar daí duas coisas: nunca paramos de ensinar a nossos filhos. E mesmo se o que estamos fazendo agora não encontra eco neles, pode vir a lhes ensinar algo no futuro.

Continue fazendo o que precisa ser feito. Mostre o que você quer que seus filhos sejam. Continue crescendo. Continue oferecendo um exemplo que eles podem seguir. Continue a ensiná-los, de forma implícita e explícita.

FEVEREIRO

AME INCONDICIONALMENTE

(É A ÚNICA COISA QUE ELES QUEREM)

1º de fevereiro
NADA SUBSTITUI O SEU AMOR

Em sua bela autobiografia, repleta de vulnerabilidade, Bruce Springsteen conta que seu pai lhe dirigiu menos de mil palavras durante toda a sua infância. "Se não nos cumprimentam com amor e afeto, é porque não merecemos", relatou ele. Então, por décadas, Bruce fez de tudo para conquistar o amor do pai.

Nos anos 1980, aos trinta e poucos anos e já com alguns Grammys conquistados, Bruce começou a batalha contra a depressão. Ele não sabia ao certo o motivo. Já tinha conquistado mais do que sonhara. Como artista, era amado por milhões de pessoas e era assunto nas rodas de conversa em que seus ídolos (Elvis, Dean, Dylan) eram lembrados. Já como filho, homem e ser humano, a situação era muito diferente. Ele se sentia completamente sozinho.

Quando solitário, Bruce adquiriu o estranho hábito de dirigir pelo bairro onde passou a infância. Após anos percorrendo lugares assombrados pelo passado, o cantor escreveu: "Comecei a me perguntar o que diabos eu estava fazendo." Ele então procurou um psiquiatra, que não precisou ouvir sua história pregressa para perceber que Bruce estava sentindo que algo tinha dado errado e que agora tentava consertar. "Bem, o fato é que não tem conserto", disse o médico. Não é possível voltar atrás. Nenhuma criança pode transformar amor condicional em incondicional, ausência em presença.

No último verso da música inspirada nesse trauma, "My Father's House" (A casa do meu pai), Springsteen menciona como esse lugar sempre o assombrou. De acordo com a letra, a casa parecia um farol que o chamava à noite:

Calling and calling, so cold and alone
(Chamando e chamando, tão frio e sozinho)
Shining 'cross this dark highway where our sins lie unatoned
(Reluzindo do outro lado desta estrada escura, onde nossos pecados ainda não foram expiados)

A música é comovente e assombrosa, de partir o coração. Olhando de fora, parecia que Bruce Springsteen tinha tudo; por dentro, ele sentia que não tinha nada. É uma prova do nosso poder como pais. Dinheiro, fama ou prêmio nenhum é capaz de substituir o amor. Esse amor é tudo o que nossos filhos querem.

2 de fevereiro
NUNCA É DEMAIS DIZER ESTAS PALAVRAS

> "Só uma palavra nos liberta de todo o peso e dor da vida. Essa palavra é 'amor'."
>
> SÓFOCLES

Nossos filhos desdenham quando dizemos isto. É estranho dizê-lo em público... É clichê, é bobo, demonstra nossa vulnerabilidade. Não queremos envergonhá-los. Ou incomodá-los. Ou interrompê-los. Além disso, *eles sabem como nos sentimos*, certo? Já dissemos isso mil vezes em casa.

Temos um milhão de razões para não dizê-las, mas todas estão erradas porque nunca é demais dizer estas palavras:

Eu te amo.
Tenho orgulho de você.
Eu gosto de você.
Você é especial.
Você basta.
Você é a coisa mais importante do mundo para mim.

No fim da vida, você acha mesmo que vai se martirizar por ter dito essas frases em excesso? Ou provavelmente sentirá que gostaria de tê-las dito mais vezes? Imagine só cogitar a hipótese de que nossos filhos não saibam ou não sintam quanto os amamos e nos orgulhamos deles e como nada (sucesso, dinheiro ou a falta de qualquer um dos dois) poderia mudar o que eles significam desde o dia em que nasceram?

A vida é cheia de riscos, mas essa é uma aposta que você não precisa fazer. Então apenas fale. Diga a eles o que você sente. Diga que você os ama. Repita de novo e de novo e de novo.

Nunca será demais... mas você pode muito bem tentar ultrapassar a meta.

3 de fevereiro
AMOR SEM FIM, AMÉM

Pais "não amam seus filhos só de vez em quando". Como diz o verso da clássica canção de George Strait,

It's a love without end, amen. (É um amor sem fim, amém.)
It's a love without end, amen. (É um amor sem fim, amém.)

Pais não distribuem amor só quando as coisas estão fluindo bem ou só quando os filhos lhes dão ouvidos ou só quando eles correspondem às expectativas. Declarações de amor não servem apenas para quando os filhos são bem-sucedidos ou quando tudo está indo bem em nossa vida pessoal e profissional.

Esse amor não acontece só de vez em quando, mas está sempre presente. É um amor sem fim. Incondicional. Que existe mesmo quando eles batem nos irmãos, quando mentem a respeito de uma prova, quando não querem comer verduras e legumes, quando querem desistir de algo pelo qual você pagou, quando agem de maneira contrária aos valores que tentamos instigar.

Mesmo que não tenhamos recebido esse tipo de amor em nossa infância. Mesmo que esse amor pareça nebuloso diante de um desafio ou difícil de expressar quando estamos chateados. Mesmo quando eles não lhe dão o devido valor e dificultam as coisas, é preciso demonstrá-lo.

De vez em quando e sempre.
Amor sem fim.
Amém.

4 de fevereiro
AMAR TEM A VER COM SERVIR

> Não amemos de palavra nem de língua, mas de fato e de verdade.
>
> I João 3:18

Ser pai é conseguir dar coisas para os filhos. O copo d'água de que precisam antes de dormir. Uniforme para a escola. O abraço depois de um machucado... ou depois de um fracasso.

Literalmente, ser pai é estar presente, a serviço. Levar e buscar os filhos. Amarrar seus tênis. Lavar a louça e a roupa depois que eles chegam da maternidade com seu neto no colo. Segurar o cabelo para trás enquanto vomitam durante o tratamento de quimioterapia. Não importa a idade — deles ou a nossa — é para isso que estamos aqui. É isso que fazemos.

Devemos perguntar a mesma coisa que Tom Hanks pergunta aos filhos dele: "'O que você precisa que eu faça?' Oferecemos isso a eles. 'Farei tudo o que estiver ao meu alcance para cuidar de vocês.' É isso. Esteja presente e demonstre seu amor."

É assim que deve ser. Essa é a nossa função. Estamos aqui para servir.

5 de fevereiro
DEIXE-OS SABER QUE SÃO SUFICIENTES

Apesar de se tornar líder da maioria no Senado antes dos cinquenta anos, de ter sido eleito vice-presidente e depois presidente, e, por décadas, considerado o mais formidável mediador de poder na política democrata, Lyndon Johnson se sentiu muito injustiçado durante toda a sua vida.

Ele cresceu na pobreza. As condições de sua família e suas escolhas o levaram ao Southwest Texas State Teachers College, que é uma boa instituição, mas não do tipo que um presidente frequenta... Johnson tinha certeza de que era isso que todos os eruditos e sofisticados colegas de política oriundos da Ivy League pensavam ao testemunharem sua ascensão.

A insegurança bateu cedo à sua porta. Johnson nunca pensou que fosse bom o suficiente. Desde muito jovem, a mãe tinha expectativas irreais em relação a ele e o fazia sentir que tinha que conquistar o amor dela, que o próprio sucesso seria o termômetro para o orgulho dela. Sua mãe o fez se sentir muito mal diante dos fracassos, como quando Johnson decidiu parar de tocar piano ou dançar. "Mesmo dias depois de ter desistido dessas aulas", lembrou Johnson, "ela ficava andando pela casa como se eu não existisse. E ainda me forçava a vê-la sendo especialmente calorosa e gentil com meu pai e minhas irmãs."

Esse é um grave lembrete para todos os pais: o sentimento de insuficiência é muito pior que qualquer privação. Portanto, certifique-se de que seus filhos saibam que são suficientes, que são abundantes, que você os ama desde o momento em que nasceram. E *lembre* a eles que esse amor não demanda o cumprimento de nada. Não há nada que eles devam conquistar para merecer sua ternura e seu afeto.

Eles são bons o suficiente. Os talentos, os interesses, os objetivos que eles têm são *suficientes*.

6 de fevereiro
É PRECISO TER DISCIPLINA

Na década de 1960, a jovem poetisa Diane di Prima estava em uma daquelas lendárias festas da Geração Beat que os filmes costumam reproduzir. Todo mundo estava lá. Havia drogas, ideias, romances. Jack Kerouac era o centro das atenções. E, ainda assim, Diane se levantou para ir mais cedo para casa.

Por quê? Porque a babá esperava por ela. Todos os outros escritores na sala a julgaram, riram dela em silêncio, zombando que os filhos atrapalham a boa arte. Kerouac verbalizou seu desdém na frente de todos: "Você só vai se tornar uma escritora quando se esquecer da babá."

Boa mãe que era, Diane foi embora. Como Julie Phillips escreve em seu fascinante livro sobre criatividade e paternidade, *The Baby on the Fire Escape* (O bebê na escada de emergência): "Ela achava que não teria sido escritora se tivesse ficado na festa. Seu argumento era que escrever e voltar para casa a tempo exigiam 'a mesma disciplina o tempo todo': manter sua palavra."

Muitas vezes, pessoas importantes e talentosas usam o trabalho e o talento como desculpa para negligenciar suas obrigações como pais. Mas Diane di Prima estava certíssima em enxergar ambos os casos como uma questão de disciplina e compromisso. A ideia de que qualquer coisa (ou pessoa) melhora quando uma parte da vida é negligenciada é um absurdo. Mas o oposto é verdadeiro: ao mantermos a nossa palavra a nós mesmos e aos nossos filhos, estamos fortalecendo um músculo importante. Ao ser disciplinado e zeloso com a vida pessoal, estamos protegendo a vida profissional e nos dedicando a ela.

Não deixe que ninguém o convença do contrário. Não se permita ser julgado por agir dessa forma.

7 de fevereiro
ONDE QUER QUE ELES ESTEJAM, VOCÊ TAMBÉM ESTÁ

Buck Murphy caminhava por uma rua em Whiteville, Tennessee, no fim da década de 1950, quando um homem branco gritou: "Como está o seu filho presidiário?" Era um assunto delicado no Sul segregado dos Estados Unidos. O filho de Buck, Curtis, fora preso por envolvimento nos protestos de Nashville, o que acabaria por inflamar o movimento dos direitos civis no país. "Onde ele está?", provocou o homem. "Ainda na prisão de Nashville?"

Havia, sim, muitas razões para a família Murphy se preocupar com o interesse do filho pelo ativismo. É óbvio que eles acreditavam que a segregação era um mal e tinham sofrido diversas consequências nesse sentido. Mas também não queriam que nada acontecesse ao filho. Temiam represálias. Talvez até pensassem que Curtis estivesse tentando mudar o mundo rápido demais. Mas, naquele momento, desafiado por um valentão que zombava de seu filho, Buck demonstrou algo que todos os filhos desejam dos pais: apoio incondicional. Buck respondeu com firmeza: "Onde quer que ele esteja, eu também estou."

Nossos filhos tomarão decisões que nos deixarão assustados. As pessoas duvidarão deles. Vão criticá-los. Talvez você mesmo questione quão prudentes são suas escolhas, mas e aí?

Onde eles estão, você deve estar também.

Ame seus filhos. Torça por eles. Apoie-os. Lute por eles e com eles. Esteja ao lado e atrás deles. Onde quer que estejam.

8 de fevereiro
ELES NÃO TÊM QUE LHE DAR ORGULHO

> A maioria se orgulha, não das coisas que inspiram respeito, mas daquelas que são desnecessárias.
>
> LIEV TOLSTÓI

Dizemos isso com a maior naturalidade. Com a maior das boas intenções. Deixamos escapulir um: "Seja meu orgulho, filhão", enquanto eles correm pelo campo de futebol. "Deixe seus pais orgulhosos", pedimos quando ingressam na faculdade. E quando eles realizam grandes feitos, nossa recompensa é dizer: "Missão cumprida." Estamos, de fato, orgulhosos.

Queremos que isso lhes sirva de motivação. Usamos isso, muitas vezes de forma inconsciente, para responsabilizá-los. Mas é assim que deve ser? Não fica parecendo que eles nos devem algo? Que nosso apoio não é incondicional ou implícito? Que, se não marcarem um gol, não receberem um prêmio de reconhecimento ou não conseguirem o estágio apropriado, *não* estamos orgulhosos?

Nossos filhos não nos devem nada. Afinal, eles não pediram para nascer. Nós, que escolhemos trazê-los ao mundo, é que temos um compromisso com eles.

9 de fevereiro
COMO MANTER A FAMÍLIA UNIDA

"É um prazer para mim que meus filhos sejam livres, felizes e libertos da tirania dos pais", disse certa vez Abraham Lincoln, que sabia como era ter pais tiranos. O pai dele usava a força. Era controlador. Com o tempo, Abraham perceberia que o pai tinha boas intenções, mas poucas ferramentas à disposição, e as que tinha não funcionavam. Os filhos não gostavam dele e fizeram de tudo para se afastar o mais rápido possível.

E não é isso que queremos, certo? Queremos que nossos filhos de fato escutem, participem. Queremos tê-los por perto, que nos procurem. Que respeitem nossas regras e absorvam nossos valores. Que façam o que devem fazer, o que os tornará bem-sucedidos.

Mas como obter esse resultado?

Bem, para a maioria dos pais, a resposta é seguir o padrão da forma mais fácil e primitiva de liderança: a força. Há uma lógica simples por trás disso. Você os *obriga* a fazer isso: *porque sou maior do que você, porque posso desligar a TV, porque eu disse que é assim e ponto*. E parece que funciona... por um tempo. Talvez você se lembre de passar por situações assim na sua infância. Com o tempo, no entanto, a estratégia acaba desmoronando. No fim das contas, é contraproducente.

Escutemos Lincoln mais uma vez: "O amor é a corrente com a qual se mantém uma criança unida aos pais."

10 de fevereiro
QUANDO ELES VOLTAM...

Uma das parábolas mais famosas da Bíblia é a do Filho Pródigo. "Era uma vez um homem rico que tinha dois filhos", contou Jesus. "O mais novo disse a ele: 'Pai, quero a minha parte da herança.'" O jovem pegou sua parte, vendeu-a e fugiu com o dinheiro. Viajou, jogou, festejou, bebeu, comeu como um rei e, em uma semana, estava sem nada. Então encontrou um trabalho de alimentar porcos em uma fazenda. Como não tinha mais como comprar comida, alimentava-se com o que os porcos comiam. Até que lhe ocorreu que, em casa, mesmo os servos do pai comiam em abundância. Foi quando ele partiu para casa, com a intenção de confessar ao pai: "Eu não sou mais digno de ser chamado de seu filho; trate-me como um de seus empregados."

Antes que o rapaz pudesse admitir o que havia feito, o pai chamou seus servos: "Depressa! Tragam a melhor túnica e vistam-no. Ponham um anel no dedo dele e sapatos nos pés. Depois peguem o bezerro premiado e matem-no, e vamos comemorar com um banquete! Porque este meu filho estava morto, mas agora está vivo; estava perdido, mas foi encontrado."

Talvez seus filhos jamais exijam a parte deles, mas eles *vão* se desgarrar. Vão se comportar mal. Vão tentar estabelecer sua independência. Vão se meter em problemas. Como pais, temos que aceitar isso — e a eles como um todo. É nossa obrigação recebê-los quando retornam. Dar a eles o que necessitam.

Nunca, jamais, devemos recebê-los com reprovação ou um "eu te avisei", mas com carinho e compreensão.

11 de fevereiro
HÁ UM MOTIVO PARA ESTARMOS TÃO SENSÍVEIS

> Há de fato lugares no coração que você nem sabe que existem até amar uma criança.
>
> ANNE LAMOTT

Vivendo em uma época que parece o tempo todo trazer à tona o pior das pessoas, quem é pai sente as emoções de modo um tanto diferente. A verdade é que estamos mais sensíveis. Estamos vulneráveis. Choramos ao ouvir sobre a perda de um ente querido. Sentimos profundamente ao pensar em famílias lutando para sobreviver em condições adversas. Os vídeos emocionantes que viralizam todos os dias nos impactam de forma diferente. Padrastos e madrastas sendo presenteados com documentos de adoção? Pais surpreendendo filhos pequenos ao voltarem de surpresa do serviço militar? Famílias se reencontrando na fronteira?

As lágrimas rolam feito cachoeira...

E o que isso significa?

Que ter filhos nos deixou mais sensíveis. "Eu não estava emocionalmente preparado para a paternidade depois de passar os trinta anos anteriores com as emoções cauterizadas", escreveu o comediante e escritor Michael Ian Black. Mas a paternidade nos força a um envolvimento mais ativo com o mundo, com o próprio eu e as próprias emoções. Seria mais fácil atravessar a vida como uma pessoa fechada e cética? Existe mesmo algo tribal e reconfortante em nos concentrarmos em nós mesmos e em nossos próprios problemas, sempre jogando a culpa em outro lugar, em *outras* pessoas?

É claro que sim. Mas hoje isso é cada vez menos possível. Porque a paternidade transformou você. Fez você enxergar que tudo está conectado, que estamos *todos* conectados. A paternidade tornou você alguém melhor.

12 de fevereiro
AME O FILHO QUE VOCÊ TEM

> Você é uma pessoa muito especial. Só há um de você no mundo todo.

MISTER ROGERS

Jessica Lahey, professora do ensino fundamental, autora best-seller e mãe de dois, conversou com centenas de milhares de crianças sobre o que elas querem que seus pais escutem. "De longe, a resposta número um é alguma versão de 'Eu não sou meu irmão', 'Eu não sou minha irmã', 'Eu não sou meus pais quando eles tinham a minha idade', 'Eu não sei quem meus pais pensam que estão criando, mas não sou eu', 'Meus pais pensam que sabem quem eu sou, mas são todas as expectativas deles sobre mim, e eles não têm ideia de quem eu sou de verdade'."

Não é de partir o coração? Se houvesse uma lista de coisas que você nunca quis que seus filhos pensassem ou sentissem, essas respostas (que, segundo Jessica, são enviadas por e-mail para ela quase todos os dias) provavelmente estariam no topo. Nenhum filho deve sentir que o pai quer que ele seja outra pessoa, alguém diferente. Nenhum filho deve sentir que é uma decepção. Os filhos deveriam saber que são especiais por serem quem são, que, apenas por existirem, tornam o mundo e a vida de seus pais melhores.

Nossos filhos precisam ser vistos. Ouvidos. Amados. Precisam ser *conhecidos*. Pelo que são, pelo que escolhem ser. Não por quem ou o que você quer que eles sejam.

Isso é tudo o que eles de fato querem e merecem receber de nós. Esforce-se para que seja assim, a partir de hoje e pelo resto de suas vidas.

13 de fevereiro
VOCÊ SEMPRE PODE DAR ISTO

> Somos felizes na mesma medida em que fazemos os outros felizes.
>
> JEREMY BENTHAM

Queremos dar o mundo aos nossos filhos. Ou, pelo menos, um quarto para cada um e todos os bens materiais de que eles precisam. Não queremos nada além de fazê-los perfeitamente felizes, mas é inevitável ficar aquém dessa meta. Essa é a má notícia. A boa é que algumas coisas você sempre pode dar a eles, de um modo que ninguém mais pode. São coisas possíveis e que estão sempre ao nosso alcance: atenção, compreensão, amor.

Não importa o que aconteça, se você é rico ou pobre, quais erros você ou eles cometam, se você tem muito ou pouco grau de poder, essas são coisas que você sempre pode oferecer. Na verdade, são coisas que você sempre *deve* oferecer, visto que, no fim das contas, elas serão mais importantes que todas as demais. Amor e compreensão, em especial, são tudo que importa — e perduram até além da vida. Seu impacto é uma das principais forças que transformam o filho em adulto.

E, se pararmos para pensar sobre o assunto, a única razão pela qual eles de fato (e legitimamente) se ressentirão é se soubermos que essas coisas são verdadeiras e ainda assim não conseguirmos oferecer.

14 de fevereiro
A MELHOR COISA QUE VOCÊ PODE FAZER

Em *A segunda montanha*, David Brooks relata uma conversa que teve com um amigo acadêmico. "De fato não conheço muitos casamentos felizes", disse o amigo. "Conheço muitos em que os pais amam os filhos."

Em casamentos desse tipo, os filhos perdem um exemplo poderoso. Como disse Howard W. Hunter, "uma das maiores coisas que um pai pode fazer por seus filhos é amar a mãe deles". Mas, desde que essa observação foi feita, nossa noção do que é uma família se expandiu. Há famílias de pais solteiros. Há famílias divorciadas. Há famílias com configurações diversas (com filhos adotivos e biológicos e enteados) e também coparentais. Há famílias de casais homossexuais, transgêneros e famílias formadas pelo poliamor. Cada uma com sua singularidade.

Só que a verdade do sentimento não muda. Na realidade, ele só se expande. A melhor coisa que podemos fazer por nossos filhos é amar quem os trouxe ao mundo. Amar a pessoa com quem você os está criando. Mesmo que não sejam um casal, que você tenha sido profundamente magoado ou até traído, ame a pessoa responsável por metade do DNA ou da identidade de seus filhos. Ame quem seus filhos amam. É assim que eles saberão que são amados.

15 de fevereiro
O QUE ELES MAIS QUEREM

Eleanor Roosevelt teve uma infância complicada. Sua mãe era uma mulher difícil e crítica, mas ainda era sua mãe, e Eleanor ficou arrasada quando ela morreu aos 29 anos... e depois de novo, quando o pai faleceu apenas alguns meses mais tarde. Eleanor foi morar com a avó, uma pessoa que, logo ficou evidente, era a fonte dos traumas e da intolerância da mãe de Eleanor.

A tristeza e a dor só diminuíram quando Eleanor foi estudar em Londres, em uma escola especial para meninas. Lá, ela conheceu a professora Marie Souvestre, que enxergou em Eleanor não uma garota simples e tímida, mas alguém especial, com talento, ambições, e capaz de fazer a diferença no mundo. "Atenção e admiração eram as coisas que eu mais desejei durante toda a minha infância, porque fui criada para acreditar que nada em mim era especial ou me faria ser admirada!", refletiu Eleanor mais tarde.

E não é isso que nós mesmos desejamos? Atenção e admiração? No trabalho, na comunidade, no casamento? Por que com nossos filhos, ainda tão jovens e frágeis, seria diferente? E o que poderia ser mais significativo do que essa atenção e admiração partindo de nós?

É difícil ser criança. Elas ficam sobrecarregadas. Duvidam de si mesmas. Estão cheias de questionamentos (será que me encaixo? Será que sou importante?). É nossa função ajudá-las nesse sentido, fazê-las entender que são amadas, especiais, suficientes. É nosso dever dar a elas toda atenção e admiração que merecem.

16 de fevereiro
MANTENHA O PRINCIPAL COMO PRIORIDADE

> Quase tudo que dizemos e fazemos não é essencial. Se puder eliminar isso, terá mais tempo e paz. Questione-se o tempo todo: "Isso é necessário?"
>
> Marco Aurélio

Há uma expressão curta e maravilhosa: *o principal é manter o principal como prioridade*.

É óbvio que cada família, cada pessoa, tem sua prioridade. Mas se pudéssemos generalizar, o principal para nós, pais, é criar filhos bem ajustados, autossuficientes, decentes e felizes. O principal não é a faculdade. Não é torná-los sócios do nosso escritório de advocacia. Não é ter uma casa limpa. Não é ganhar alguma competição envolvendo outros pais. Não são as notas, não é seguir nossos passos, não é ser capitão do time de futebol ou um violoncelista habilidoso.

A prioridade é ter filhos saudáveis, preparados para a vida, com bons valores, uma boa noção de quem são e do que querem fazer da vida. O principal do principal do *principal* é amá-los e fazer com que *eles* se sintam amados.

17 de fevereiro
DEIXE-OS NA DÚVIDA SE VOCÊ SABE

Quando era um jovem boxeador em começo de carreira, o futuro campeão dos pesos-pesados Floyd Patterson passava tanta fome que a única escolha era ir para a casa da mãe já tarde da noite.

"Não conte à minha mãe que estamos com fome", pediu certa vez a um amigo que estava com ele. "Não quero que ela saiba que não estou conseguindo dar conta." No entanto, assim que Floyd disse "oi", a mãe começou a preparar um lanche para ele.

"Não se preocupe, mãe", falou ele, fingindo estar tudo bem. "Fomos a um restaurante esta noite e comemos tanto que não sobrou nem espaço." A mãe insistiu que era *só um lanchinho* e serviu uma refeição enorme. "Eu ficava me perguntando se minha mãe sabia que não se tratava de uma visita", que "eu não estava comendo apenas para ser educado", refletiu Floyd anos mais tarde em sua autobiografia.

Ora, é lógico que ela sabia! Os pais sempre sabem! Mas ela não disse uma palavra. Aquela mulher apenas fez o que era necessário, preocupada não apenas com o bem-estar do filho, mas também com o orgulho dele.

Quando nossos filhos precisam de ajuda, nossa única função é oferecê-la. E é para *ajudar*, não para dar sermões. Ser útil; jamais humilhar. É assim que se cria o tipo de relacionamento que Floyd e a mãe tiveram: aquele no qual os filhos sabem que sempre podem voltar para casa em busca de ajuda, seja a hora que for.

18 de fevereiro
COMO CONVENCÊ-LOS

> O ânimo dos jovens deve ser arrefecido aos poucos para que, quando chegado o momento de antagonizá-los com impedimentos repentinos, isso não os leve ao desespero e à perdição.
>
> Giovanni Boccaccio

Em 1941, Mary Churchill aceitou o pedido de casamento de um jovem chamado Eric Duncannon. Ela também era jovem e inexperiente. Os dois mal se conheciam. Era muito provável que Duncannon não fosse a pessoa certa para ela. É óbvio que os pais dela (líderes de uma dinastia política em uma época de casamentos rígidos e aristocráticos) estavam preocupados.

Mas, como Erik Larson detalha em seu livro *O esplêndido e o vil*, em vez de condenar a filha, Clementine Churchill somente perguntou se a jovem tinha *certeza* de que era a escolha certa. Não desaprovou logo de início, mas deixou a filha ciente de suas dúvidas. Como entendia que nenhuma filha quer ser informada pelos pais a respeito de com quem irá se casar, Clementine procurou alguém que Mary respeitava e em quem confiava para que lhe pedisse que ponderasse de forma independente e casual. O escolhido foi Averell Harriman, um dos conselheiros de Churchill, que namorava a cunhada de Mary.

Harriman chamou a jovem impulsiva até um canto. "Ele disse todas as coisas que eu devia ter dito a mim mesma", refletiu Mary mais tarde. Ele argumentou que ela tinha toda a vida pela frente. E que "não deveria aceitar o primeiro que aparecesse. Você não conheceu tantas pessoas... Cometer uma idiotice em relação à própria vida é um crime".

Tudo isso começou a pesar na decisão de Mary, que, depois de algumas semanas, decidiu romper o noivado. Por vontade própria... porém, mais tarde, ela compreendeu quanto tivera sorte de os pais a ajudarem a tomar aquela decisão. "O que teria acontecido se mamãe não tivesse intervindo?", escreveu ela. "Agradeço a Deus pelo juízo, pela compreensão e pelo amor que ela me devotou."

Nossos filhos vão fazer coisas das quais discordamos, mas serão raras as vezes em que conseguiremos convencê-los disso pela força ou por decreto. Temos que ser compreensivos. Temos que ser pacientes... talvez até um pouco sorrateiros. Temos que dar a eles os conselhos e as ferramentas para que esses conselhos façam sentido, porque, em última análise, são eles, por si mesmos, que devem tomar a decisão correta. E temos que garantir que eles saibam que, o que quer que decidam, nós os amamos.

19 de fevereiro
PRESSUPONHA O MELHOR

Você conhece seus filhos desde pequenos. Você os viu fazer as coisas mais fofas do mundo. Sabe quem eles são.

Então aqui vai uma pergunta: quando eles erram, quando não vão bem em um teste, quando batem o carro, quando se metem em encrenca, quando respondem de forma grosseira, por que você supõe o pior? Por que você os julga, reage com raiva? Por que você avança cheio de crítica ou frustração ou suspeita?

Você sabe que seus filhos são bons e decentes. Sabe que costumam dar o seu melhor. Sabe quais são os desafios que eles enfrentam. Você conhece os medos, as vulnerabilidades e as fraquezas deles. Sabe pelo que eles passaram (no fundo, você sabe que uma das coisas que enfrentaram na vida foi serem criados por você!).

Então por que isso não se reflete no tom com que está falando? Nas suposições que apresenta? Onde está a gentileza? Onde está a boa-fé? Por que você não está falando como alguém que acredita neles, que é fã deles? Onde está a paciência? Onde está a tolerância? Onde está o visível sentimento de *incondicionalidade* que você pretende ter com eles?

Pois é. E lembre-se de que tudo isso poderia valer também para as interações com seu cônjuge.

20 de fevereiro
ESTAS SÃO AS CRIANÇAS MAIS RICAS

Todo mundo se lembra daquela "criança rica" da infância. Até quem foi uma criança rica se lembra de outras que eram *mais ricas*. Tínhamos inveja das viagens para esquiar, das mansões e das casas de veraneio, dos equipamentos eletrônicos, das roupas.

Mesmo assim, quantas dessas crianças, agora adultas, parecem ter sofrido tantas privações?

Sem atenção em casa, sem felicidade, sem estabilidade. Talvez os pais brigassem o tempo todo. Talvez trabalhassem sem parar. Talvez tivessem alguma preferência, e não eram os filhos.

Agora adultos, percebemos que ser rico não é necessariamente ter dinheiro, até porque a "riqueza" se dá de diversas formas, o que é muito bom. Todos nós temos a capacidade de proporcionar aos nossos filhos uma vida rica. Podemos medir a riqueza no tempo e na atenção que dedicamos a eles. Se eles se sentem seguros e protegidos, se sentem que a casa deles parece um lar. Mesmo que o nosso salário seja baixo.

Seu filho pode ser a criança mais rica da escola inteira e não ter um centavo no bolso.

21 de fevereiro
SEJA SEMPRE AMIGO DELES

Por muitos anos, o empresário Ben Horowitz teve como mentor o lendário Bill Campbell, conhecido como *coach* do trilhão de dólares devido ao trabalho que desenvolveu com Larry Page, Steve Jobs e Sheryl Sandberg. Em um discurso que escreveu para o funeral de Campbell, Horowitz contou a história de um dos momentos mais difíceis que ele viveu como pai e como Campbell o ajudou a lidar com isso:

> Meu filho mais velho, Jules, se assumiu transgênero e passaria por uma cirurgia de redesignação sexual e pelo tratamento com testosterona. É impossível oferecer uma descrição completa de como um pai se sente em uma situação como essa, mas, em essência, medo era a palavra: medo de que ele não fosse aceito, medo de que sua saúde não desse conta, medo de que a cirurgia não fosse bem-sucedida, medo de que ele fosse assassinado por algum grupo intolerante. Eu estava tão cheio de medos que mal conseguia agir. Então decidi me abrir com Bill. Quando fiz isso, pude ver as lágrimas em seus olhos, e ele disse: "Isso vai ser muito difícil." Então ele imediatamente quis ver Jules e, quando se encontraram, Bill se certificou de abraçá-lo e que ele soubesse que não estava sozinho e que sempre poderia contar com ele. Bill *entendeu*.

Este maravilhoso testemunho aberto a respeito de uma batalha tão particular, compartilhada em homenagem a um mentor pessoal, toca em algo que a criança precisa ouvir dos pais, não importa o que eles estejam passando: *você vai passar por coisas na vida que são muito difíceis. Mas você não está sozinho. Sempre serei seu amigo.*

22 de fevereiro
ALGO QUE ELES LEVARÃO CONSIGO
AONDE FOREM

Em julho de 2008, o jornalista David Carr viu sua filha Erin ir para Londres assumir o primeiro emprego depois da faculdade. Erin passou por dificuldades nos anos anteriores. Quase teve problema com alcoolismo. Nem sempre namorava os melhores caras. Mas nunca teve dúvida de que seu pai a amava profundamente.

Quando Erin desembarcou em Londres, havia um e-mail do pai em sua caixa de entrada. É o tipo de mensagem que um grande pai escreve, o tipo que no caso de David, devido à sua morte trágica e inesperada aos 58 anos, guiaria sua filha muito tempo depois. A mensagem começa assim:

Querida, estamos muito, muito felizes por você.

Entenda que você carrega consigo não apenas nosso amor e apoio, mas nossa admiração, e temos orgulho da sua decisão de levar suas ambições para o mundo.

Certifique-se de que seus filhos saibam que, seja como for, eles são amados, aceitos, suficientes e têm o seu apoio. Certifique-se de que eles saibam que não importa aonde forem, eles levarão consigo o seu amor, apoio e admiração.

23 de fevereiro
ENSINE DESDE CEDO O VALOR
QUE ELES TÊM

> Desde a infância, deve-se ensinar aos jovens que não é certo usar ouro em seus corpos ou possuí-lo, uma vez que eles têm o próprio ouro misturado na alma, aludindo (...) à virtude que é parte da natureza humana e recebida no nascimento.
>
> PLUTARCO

Mister Rogers terminava cada um de seus programas com uma mensagem para as crianças que se tornou quase um sábio provérbio verdadeiro e atemporal: "Você fez deste dia um dia especial apenas por ser você", diria ele. "Não há ninguém no mundo como você, e eu gosto de você do jeito que você é."

Devemos, como pais, ensinar aos nossos filhos onde de fato está o valor deles. Não em suas realizações. Não em quanto eles ganham ou na aparência deles. Não pode ser encontrado em nada externo. O valor deles (para nós, para o mundo) é inerente. Existe porque *eles* existem. Porque não há ninguém no planeta com a mesma combinação de DNA, experiências e circunstâncias. Isso é o que os torna especiais: o que os torna mais raros que as joias mais raras e mais preciosos que os metais mais preciosos.

24 de fevereiro
TUDO O QUE ELES QUEREM

É difícil saber: do que nossos filhos *realmente* precisam? O que um pai *deve* fazer? O que é essencial? O que é opcional? Não há uma resposta fácil, mas, em 2008, o então presidente Barack Obama pareceu articular uma em um discurso em comemoração ao Dia dos Pais, quando falou sobre o que nossos filhos de fato precisam e querem de nós.

> Nossos filhos são muito espertos. Entendem que a vida nem sempre será perfeita, que às vezes o caminho fica difícil, que até mesmo os melhores pais não fazem tudo certo. Porém, mais que tudo, eles só querem que façamos parte da vida deles. (...) No fim das contas, é disso que se trata a paternidade: aqueles momentos preciosos e que nos enchem de orgulho e entusiasmo pelo futuro deles; as oportunidades que temos de dar o exemplo ou oferecer um conselho; as oportunidades de apenas estar lá e mostrar que os amamos.

Esse é o seu trabalho antes de qualquer outro. Fazer parte da vida deles: *uma parte positiva*. Eles precisam que você esteja lá para eles. Para dar conselhos. Para ser um bom exemplo. Para compreendê-los e amá-los.

Todo o resto é supérfluo.

25 de fevereiro
ATINJA-OS COM UMA DESTAS PALAVRAS

Seu filho está subindo as escadas e você pede que ele pare por um segundo: "Ei, antes de ir..." Você está assistindo à TV e sua filha está entrando no quarto dela: "Ei, querida, eu preciso lhe dizer uma coisa..." Seus filhos estão brincando no quintal, você abre a porta e chama: "Ei, pessoal..."

Eles acham que você quer lembrá-los de algum trabalho da escola. Ou criticar o que eles estão vestindo. Ou pedir que parem com a bagunça.

Não, você vai atingi-los com aquelas palavras que nunca é demais dizer: *eu te amo*.

Será que ouvir um "eu te amo" pegaria nossos filhos de surpresa? Será que ficam confusos quando externamos nossos sentimentos assim, do nada? A culpa é nossa, não deles. Isso diz algo a nosso respeito, não a respeito deles. E é algo que nós, não eles, temos que ajustar.

26 de fevereiro
É ISSO QUE VOCÊ VAI DESEJAR

Johnny Gunther era o orgulho e a alegria de seus amorosos pais. Era um menino brilhante, divertido e engraçado, prestes a ingressar em Harvard. Aí, de repente, veio o diagnóstico, seguido por uma batalha de quinze meses contra um câncer e uma morte precoce.

No fim de *Death Be Not Proud* (Morte, não se orgulhe), o comovente livro de John Gunther sobre a breve vida do filho Johnny, a esposa dele, Frances, reflete sobre a perda do jovem. O que resta, o que uma pessoa pensa e sente quando olha para trás e percebe que teve pouquíssimo tempo com o filho?

"Eu gostaria que tivéssemos amado mais o Johnny."

Era isso. Ela vivia voltando para esse ponto. Não é que eles não o amassem... Ninguém pode ler as memórias de John e Frances Gunther e não ficar impressionado com a família maravilhosa que formavam. É que, quando tudo fica às claras, Frances só consegue pensar nas oportunidades perdidas de aproveitar mais a presença do filho e o que tinham juntos.

Tomara que nunca tenhamos que experimentar essa perda. Nenhum pai deveria ter que enterrar um filho. Ainda assim, vamos tentar ponderar sobre o fim do nosso próprio tempo aqui na Terra. O que pensar, então? Ao refletir sobre nossas vidas, o que desejamos? *Gostaríamos de tê-lo amado mais*. Mesmo que lhes disséssemos mil vezes de mil maneiras diferentes todos os dias, acharíamos que, lamentavelmente, expressamos muito pouco quanto nossos filhos significam para nós.

Então vamos agora mesmo, enquanto ainda podemos, amá-los mais.

27 de fevereiro
OFEREÇA ISSO A ELES... ENQUANTO VOCÊ PODE

> O amor futuro não existe. O amor é apenas uma atividade presente.
>
> Liev Tolstói

O poeta William Stafford tinha alguns bons insights sobre a paternidade. Mas seu último foi o melhor.

Quando Stafford sofreu um infarto fulminante aos setenta e nove anos, sua esposa e seus filhos encontraram em sua escrivaninha um pedaço de papel com uma frase curta, talvez as últimas palavras que ele escrevera em seus cinquenta anos de carreira. Era apenas: "E todo o meu amor..."

Ora, *amor* não era uma palavra que Stafford usava com muita frequência. Você pode não se sentir muito confortável ao usá-la também. Mas você deveria usar... enquanto pode, enquanto ainda está aqui. E não *diga* apenas da boca para fora. *Pratique* o amor.

Seus filhos, sua família, seus *entes queridos*... eles merecem isso. Eles merecem viver todo o seu amor...

28 de fevereiro
O AMOR NÃO É UMA MARCHA DA VITÓRIA

> A vida é uma guerra e uma viagem para longe de casa.
>
> Marco Aurélio

Leonard Cohen, que teve dois filhos, disse que o amor não é uma marcha da vitória, mas um cântico frio e incompleto.

O objetivo não é desencorajá-lo a ser pai. Você já comprou o seu bilhete e agora tem o passeio garantido. É apenas um lembrete: se sair por aí esperando criar uma série interminável de momentos memoráveis dignos de um filme triste, você está se enganando com expectativas que não serão alcançadas. Se está comparando a vida com o que vê na televisão, está sendo injusto consigo mesmo.

O negócio é difícil. Muito difícil. Há momentos sombrios. Há momentos em que você não tem ideia do que está fazendo e pensa que é o pior dos piores. Há momentos em que vão lhe *dizer* que você é, na verdade, o pior. Mas você tem que continuar. Não pode desistir. Não pode se desesperar.

Eles estão contando com você.

29 de fevereiro
APROVEITE AS SEGUNDAS CHANCES

Você não se levantou feliz da vida quando sua filha apareceu no quarto às cinco da manhã querendo brincar. Você não deu ao seu filho adolescente muita chance de se explicar sobre as notas baixas que tirou. Você estava distraído no jantar, olhando o tempo todo para o celular.

E agora não dá pra fugir. Você estragou tudo. Você não deu o seu melhor.

Mas um detalhe importante sobre a paternidade é que ela dá segundas chances. Isso lhe dá não só um, mas muitos dias a mais a cada mês, a cada ano. As crianças esquecem. Elas precisam de você para outra coisa. Há muitas conversas difíceis. Vocês jantam todas as noites.

Embora não possamos desfazer o que aconteceu, devemos aproveitar essas segundas chances quando surgem. Dá para se prontificar a brincar, mesmo que a exaustão o domine. Da próxima vez, você pode se controlar antes de explodir, pode lembrar que ama o seu filho e que ele ainda está descobrindo as coisas. Pode colocar o celular em uma gaveta e de fato estar presente durante a refeição em família.

Não faremos isso para sempre. O amanhã nunca é garantido. *Hoje* é uma dádiva, um acaso (ainda mais em um ano bissexto). É por isso que cada interação deve ser pensada como um evento importante. E, ainda assim, não vamos acertar todas as vezes. Quando teremos a sorte de tentar de novo? É melhor tirarmos proveito disso. É melhor nos esforçarmos mais. É melhor estarmos presentes.

MARÇO

COLOQUE A FAMÍLIA EM PRIMEIRO LUGAR

(TRABALHO, FAMÍLIA, TUDO MAIS: ESCOLHA DOIS)

1º de março
VOCÊ SÓ PODE ESCOLHER DOIS

> Não há tempo que baste, meus caros.../ Para ter tempo para amar, trabalhar, ter amigos./ Ainda que amanheça, a meia-noite se encerra...

KENNETH KOCH

Perguntaram ao prolífico Austin Kleon, autor de *Roube como um artista* e pai de dois, como ele arranja tempo para tudo. "Eu não arranjo", respondeu ele. "A vida do artista é feita de trocas." Então acrescentou uma pequena regra que todos devemos manter em mente:

Trabalho, família, tudo mais: escolha dois.

Você pode ser festeiro e manter um relacionamento, mas não vai sobrar muito tempo para o trabalho.

Você pode trabalhar duro, ser o maior de todos na sua área, mas onde entra sua família?

E, comprometendo-se com a carreira e a manutenção de um lar feliz, você não terá tempo para mais nada.

Seria maravilhoso poder controlar todas essas variáveis... mas não dá. Ser pai é fazer escolhas a partir do momento em que nossos filhos chegam ao mundo: são as necessidades deles *versus* as nossas próprias vontades. A princípio, a mudança de paradigma pode ser um tanto assustadora, mas, quando decidimos do que abriremos mão e por quê, somos capazes de dizer sim com tranquilidade e confiança para o que importa. Para o que dura.

2 de março
TUDO É TEMPORÁRIO, MENOS ISSO

> Quando você é um narcisista, a mãe tira as crianças de você... Quando você é um narcisista, as coisas começam a desaparecer.
>
> SHAQUILLE O'NEAL

Charles de Gaulle ajudou a salvar a França. Depois, governou o país. No entanto, mesmo no auge do poder, ele tentava lembrar a si mesmo: "A presidência é temporária, a família é permanente." Assim, ele impunha limites entre a vida pessoal e a profissional. Arranjava tempo para si. Recusava-se a negligenciar os filhos que dependiam tanto dele, sobretudo sua filha com deficiência mental, Anne.

Que jamais esqueçamos: podemos até ser muito importantes para o mundo, mas, para esse pequeno grupo de pessoas que tem o nosso sangue, *nós somos o mundo inteiro*. Nada importa mais do que a família, e nada é mais permanente... até que deixe de ser. Porque, mesmo permanente, família é algo que podemos perder. Algo que nós mesmos podemos destruir. Algo que nós mesmos podemos afastar. E, quando isso acontece, é a ausência dela que se torna permanente.

Por favor, corra atrás do sucesso. Realize suas ambições. Apenas cuide para que isso não custe o que realmente importa.

3 de março
VOCÊ NÃO É BABÁ

Um dia, Stuart Scott, um falecido locutor da ESPN (e pai de duas meninas), estava em um restaurante com alguns amigos e seus respectivos filhos. Era uma daquelas cenas deliciosas e idílicas. Todo mundo estava se divertindo. As crianças estavam se comportando. Mães e pais presentes. Havia um clima de união. Tudo corria bem.

Então, uma mãe bem-intencionada passou e, reconhecendo Scott, tentou elogiá-lo por "estar de babá das crianças". O que essa mulher não sabia era quanto isso soou como um insulto para Scott — e, na verdade, para todos os homens que estavam ali. Porque os pais não são *babás* de seus filhos.

Ser babá é um serviço prestado para tomar conta dos filhos dos outros, geralmente por dinheiro. Por definição, a babá não pode ser a mãe da criança. Aquelas meninas eram filhas de Scott — ele não poderia ser a babá delas, nem se quisesse. É como chamar o proprietário da casa de segurança toda vez que você o visse trancar a porta da frente.

Scott estava exercendo sua função. Ele estava sendo pai. Nada mais e certamente nada menos do que isso. Como um amigo observaria após a perda trágica de Scott para o câncer: "Não nos víamos como figuras parentais que casualmente tiravam as crianças das asas da mãe por algumas horas."

Saiba que o que você faz é importante. Porque é mesmo.

4 de março
ESTEJA PRONTO PARA FAZER AJUSTES

O pai da rainha Elizabeth II, o rei George VI, se reunia com o primeiro-ministro Winston Churchill todas as terças-feiras às cinco e meia da tarde. Seria de se esperar que, quando sua filha assumisse o trono, em 1952, ela continuaria a tradição, certo? Afinal, Elizabeth era uma mulher de tradições.

Mas não. Na época, Elizabeth tinha dois filhos pequenos, e quem tem filhos sabe que cinco e meia é a hora do jantar, pouco antes da hora de dormir. Para evitar a dolorosa pergunta "Por que a mamãe não vai brincar conosco esta noite?", conta seu biógrafo, a rainha Elizabeth "mudou o horário do encontro para as seis e meia, o que permitia que ela fosse ao quarto das crianças para supervisionar o banho noturno e colocá-las na cama, para só então discutir assuntos de Estado com Winston Churchill".

A questão é: seja qual for a idade de seus filhos, esteja pronto para fazer ajustes. Seja qual for o seu trabalho, ele pode e deve ser ajustado em torno do que todos sabemos ser a nossa prioridade. Se a rainha podia fazer Winston Churchill esperar por uma hora, você pode reagendar aquela chamada de vídeo também.

A família vem em primeiro lugar. E sempre antes dos negócios... até mesmo os de Estado.

5 de março
QUANDO É A HORA DELES?

Ruth Bader Ginsburg explicou desse modo sua estratégia para criar a filha enquanto cursava a faculdade de Direito (numa época em que as mulheres não faziam essas coisas):

> Nossa babá ficava conosco das oito da manhã às quatro da tarde. Eu usava o intervalo das aulas para estudar, para ler a tarefa do dia seguinte, mas às quatro era a hora da Jane. Nós íamos ao parque, brincávamos, cantávamos músicas bobas, e eu só voltava aos livros depois que ela já estivesse dormindo. Eu precisava aproveitar ao máximo o tempo disponível. Não tinha tempo a perder.

Claro que você é um cara ocupado. Você tem um trabalho. Um casamento. Seus filhos. Todas as obrigações da vida adulta. É claro que todas essas coisas são importantes. Então, como conciliar tudo?

A verdade é que, se nossa rotina é feita na base do improviso, é *inviável* conciliar. Sempre deixaremos algo para trás e, muitas vezes, a primeira coisa que se perde é o tempo com nossos filhos. Porque podemos colocá-los na frente da TV. Porque podemos prendê-los na cadeirinha e levá-los para passear. Porque podemos dizer: "Desculpe, filho. Agora estou ocupado."

É por isso que ter horários definidos pode ser uma boa ideia. Para que você tenha certeza de que seus filhos terão o tempo *deles*. Um tempo não negociável. Assim como você faz com o trabalho ou qualquer outra coisa importante para você.

Quando legamos a eles apenas o tempo que sobra, sabe o que isso diz sobre nós? Nada de bom. *Eles* são a prioridade. Na próxima vez em que estiver prestes a assumir outro compromisso, lembre-se disso.

6 de março
É ASSIM QUANDO OS COLOCAMOS EM PRIMEIRO LUGAR

Durante toda a sua carreira, Archie Manning foi jogador do New Orleans Saints. Ele era ótimo, mas o time era péssimo. Durante anos, eles perderam vários jogos. Durante anos, ele suportou linhas ofensivas e táticas ruins, sem chegar nem perto das finais.

Ser negociado para o Houston Oilers e depois para o Minnesota Vikings teria sido uma bênção, certo? Eram passos que poderiam ter lhe dado um novo fôlego. Em 1984, Manning, que ainda tinha anos pela frente como profissional, estava diante de uma chance real de fazer parte de um grande time... finalmente! Mas, em vez disso, ele se aposentou.

O motivo? O filho, Eli — como explicou no livro *My First Coach: Inspiring Stories of NFL Quarterbacks and Their Dads* (Meu primeiro treinador: histórias inspiradoras de *quarterbacks* da NFL e seus pais):

> Percebi que meu relacionamento com Eli não era exatamente como tinha sido com Cooper e Peyton quanto os dois tinham a mesma idade... Eu vivia longe e não gostava disso. Lembro que essa foi uma das alegrias que tive quando me aposentei: estar em casa, estar por perto em tempo integral para Eli.

A paternidade verdadeira é assim. A grandeza verdadeira, dentro e fora do campo, é assim. Alguém teria notado aquelas duas temporadas a mais com os Vikings? Será que hoje alguém ainda se lembraria delas? Talvez sim, talvez não. Mas sabe quem definitivamente notou? Sabe quem definitivamente se lembra? Eli. E ele se beneficiou de maneira inquestionável e imensurável da escolha do pai. Sua família feliz e suas duas vitórias no Super Bowl são a prova disso.

Como seria se você colocasse sua família em primeiro lugar? Se você *realmente* a colocasse à frente de todo o resto? Não dá para ter certeza absoluta até que se faça isso, mas pode ter certeza de que será ótimo.

7 de março
O QUE VOCÊ ESTÁ DEPOSITANDO NO BANCO DELES?

> Em cada dia de nossas vidas fazemos depósitos nos bancos de memória dos nossos filhos.
>
> Charles R. Swindoll

Pense na sua infância. Do que você se lembra? Dos grandes momentos? Você sabe, aqueles planejados. Que estão marcados no calendário. Ou quem sabe apenas das manhãs de Natal? Das férias? Dos churrascos em datas especiais?

Ou suas lembranças são muito mais corriqueiras?

O que lembramos da nossa infância são os pequenos momentos. Lembramos de sentar no banco do carona ao lado do pai em uma viagem longa. Lembramos de comer pizza depois do treino de futebol. Lembramos de acordar de um cochilo e descer a escada para assistir ao futebol na TV. Lembramos de um pequeno conselho. Da sensação de receber um abraço quando pensávamos que receberíamos uma bronca.

Da mesma forma, as mágoas que sentimos muitas vezes vêm de outros pequenos momentos. Da sensação de ser ignorado. De ouvir gritos por termos deixado os sapatos na sala. Da vez que nossa mãe não nos defendeu. Da tensão silenciosa entre nossos pais.

Hoje é você quem está fazendo muitos desses pequenos depósitos nos bancos de memória dos seus filhos. Como você quer que seja a leitura desses registros?

8 de março
SER IMPORTANTE NÃO É DESCULPA

> Eu construí um escritório atrás da nossa casa. Um dia, minha filha vai olhar e pensar: "Era ali que meu pai trabalhava para nos sustentar", e ficará emocionada. O que eu nunca espero que ela pense é: "Aquele era o lugar que meu pai amava mais do que eu."
>
> DONALD MILLER

Seria maravilhoso se essas citações não existissem, mas elas existem, e vêm dos filhos de grandes homens. Do filho de Albert Einstein. Da filha de Nelson Mandela. De crianças cujos pais foram presidentes, reis, astros do rock ou CEOs. As afirmações costumam ser assim: "Parte do seu trabalho era sempre estar presente para muitas pessoas, mas nunca para mim" ou "Você foi o melhor do mundo em tudo o que fez... exceto em ser pai".

É de partir o coração. É claro que o mundo *precisava* de Nelson Mandela. Precisava de Eleanor Roosevelt. Precisava de Steve Jobs. Precisava de Albert Einstein. Seus feitos foram heroicos e importantes. Exigiram sacrifício. E esse sacrifício foi feito à custa de suas famílias — precisava ser assim.

Mas precisava ser a um custo *tão* alto?

Não há trabalho, carreira ou responsabilidade que justifique estar ausente da vida dos filhos. Ser importante, ter uma vocação, alcançar o sucesso, é tudo ótimo. Mas ser importante não muda a sua função mais importante: ser pai ou mãe. Estar presente para *eles*. Ser o melhor pai ou mãe *do mundo*.

Porque quando seus dias de fama terminarem, quando status e importância tiverem diminuído, você ainda será pai e seus filhos ainda precisarão de você para tudo aquilo que os filhos sempre precisarão de seus pais.

9 de março
O ÚNICO SUCESSO QUE IMPORTA

> Sempre que se sentir culpado por não atender a alguma demanda insana e inatingível, pergunte-se: "Isso me ajuda a melhorar meu relacionamento com meus filhos? E isso ajuda a minha comunidade?"
>
> JESSICA GROSE

Todos nós, antes de nos tornarmos pais, buscamos o sucesso à nossa maneira. Alguns quiseram mais do que outros. Alguns conseguiram. Outros não. Então tivemos filhos. E o que isso mudou? Bem, certamente consumiu mais tempo e energia. Tornou a segurança financeira uma questão preocupante e nos fez amadurecer. Mas, principalmente, ter filhos nos faz mudar total e irrevogavelmente nossa definição de sucesso. Como explicou Theodore Roosevelt:

> Existem muitos tipos de sucesso que valem a pena ter na vida. É extremamente interessante e atraente ser empresário, ferroviário, fazendeiro, advogado ou médico bem-sucedido ou escritor, presidente, coronel de um regimento de combate ou caçador de ursos e leões. Mas, se as coisas correrem razoavelmente bem, para interesse e diversão incansáveis, uma casa cheia de filhos certamente fará com que todas as outras formas de obter sucesso e realização percam a importância comparativamente.

Ainda queremos ser bons em nosso trabalho, é claro. Queremos ganhar grandes campeonatos ou conquistar bons clientes. Queremos reconhecimento e a emoção da caçada. Mas, tendo vivido a experiência, hoje sabemos como essas coisas parecem pequenas se comparadas a uma noite tranquila em casa. Um domingo no parque. Um café da manhã cheio de risadas. Observá-los em um palco ou correndo de braços abertos pela calçada até você.

Agora, esse é o único sucesso que importa.

10 de março
BEM-VINDO À REALIDADE INEVITÁVEL

Quando nasceu o filho do escritor e colunista David Brooks, um amigo enviou a ele um e-mail que dizia apenas: "Bem-vindo ao mundo da realidade inevitável."

Todo pai sabe o que isso significa. Essa frase captura perfeitamente o que é ser pai. A maior mudança que um filho traz não é financeira — não é a privação do sono nem mesmo a necessidade de cuidar de outra pessoa ou o estresse que isso causa nos relacionamentos. A maior mudança é estar frente a frente com a inevitável realidade de que você não é mais o centro de seu próprio mundo — algo que você, apesar do que pensava, desconhecia por completo.

Como adulto, você fazia o que queria. As coisas funcionavam no tempo delas. Você tomava decisões e assumia compromissos, e pronto. O mundo era lógico e controlado. Mas agora, e para o resto da vida, a realidade é diferente. A que horas você vai chegar à festa? Quando sua filha acordar da soneca. Eles estão gripados? Você está gripado? Eles acordaram meio mal ou então estão fervilhando com os hormônios da adolescência? Parece que você também! A realidade inevitável significa que você não está no controle. Significa que você vai sentar e brincar na caixa de areia pelos próximos noventa minutos porque Deus sabe que você não vai arriscar um chilique. A realidade inevitável são os fins de semana de jogos de futebol e as noites de peças escolares, as caronas e o leva e traz da escola. Significa que você não pode simplesmente deixar de jantar e comer alguma coisa no caminho — a vida não funciona mais assim.

Isso é quem você é agora. Essa é a realidade inevitável. E adivinhe? É maravilhoso. Acostume-se.

11 de março
TEM A VER COM ESTAR PRESENTE... MUITO

> Você não acha que talvez sejam a mesma coisa? Amor e atenção?
>
> Greta Gerwig

Como se comunicar com nossos filhos? Como mostrar a eles o que é certo? Como garantir que eles saibam quanto nos importamos com eles?

A resposta é simples: estando presente. Muito. Há quem diga que a palavra *amor* se soletra assim: T-E-M-P-O. E é verdade. Se você estiver sempre presente — *se tiver colocado o tempo com eles acima de qualquer outra coisa* —, seus filhos não precisarão imaginar, não precisarão perguntar (a você, ao seu parceiro ou a outras pessoas) como você se sente em relação a eles. Estar presente também alivia a pressão de "encontrar as palavras" em momentos difíceis, porque o convívio estabelece um diálogo contínuo, regular e permanente entre vocês. *As palavras estão lá.*

E ser um ótimo pai não tem a ver só com esses momentos cruciais. Não tem a ver só com dinheiro ou colocá-los em uma ótima escola para que eles sejam alguém na vida. É principalmente, e majoritariamente, o TEMPO do cotidiano. É, todos os dias, servir de modelo sobre como ser uma boa pessoa. É, cada vez que você os vê, mostrar que você se importa, que eles são a prioridade, que são amados.

Tem a ver com estar presente. Muito.

12 de março
ELES EM PRIMEIRO LUGAR

A rainha Elizabeth II havia acabado de voltar de uma viagem de seis meses ao exterior. Seus filhos estavam a bordo do iate real havia dias, aguardando ansiosamente por seu retorno. Ela traria presentes? Contaria a eles histórias maravilhosas? Ela iria sufocá-los com beijos?

Quando ela subiu a bordo, o príncipe Charles, o futuro rei, correu em sua direção. Eterna defensora do protocolo, no entanto, a rainha primeiro cumprimentou educadamente um grupo de dignitários. "Não, você não, querido", repreendeu ela, terminando seus negócios antes de abraçar a família.

Hoje, mesmo passados mais de sessenta e cinco anos, mesmo que você tenha um trabalho importante, mesmo que seja um ávido defensor do protocolo (e mesmo que não goste de Charles), essa história ainda é de partir o coração. Especialmente sendo essa a mesma mãe que mudou a reunião semanal com o primeiro-ministro para estar presente na hora do jantar de seus filhos. Ela sabia fazer melhor.

E aí, depois de tanto tempo separados, foram aquelas suas primeiras palavras para o filho de seis anos? O que havia mudado? Será que Elizabeth não enxergava o terrível simbolismo ali presente? Ela estava literalmente colocando o trabalho antes da família. Depois de já os ter deixado de lado durante seis meses.

Seus filhos devem vir em primeiro lugar. Não apenas nos primeiros meses ou anos de vida, *sempre*. Diga a eles: "Sim, querido, você", e nunca o contrário.

13 de março
NÃO DEIXE QUE ROUBEM VOCÊ DA SUA FAMÍLIA

Algumas semanas antes de sua trágica morte, Kobe Bryant recebeu um bilhete de uma repórter da ESPN. Ela estava trabalhando em uma reportagem sobre um momento da história dos Lakers e queria incluir Kobe nela. É um daqueles pedidos que as figuras públicas recebem o tempo todo. Faz parte do trabalho. Na verdade, é uma das características que os atraiu para o trabalho: aparecer nos jornais, fazer com que as pessoas queiram ouvir a sua opinião, fazer crescer a sua marca. Kobe respondeu: "Não posso no momento. Estou ocupado com as minhas meninas. Me procure em duas semanas."

Você teria a disciplina de enviar uma mensagem dessas? Você é forte o bastante para colocar sua família em primeiro lugar? Qual é a qualidade das suas defesas contra as infinitas solicitações, oportunidades, imposições e obrigações que vêm com seu trabalho em particular e com a vida em geral? É muito fácil permitir que as pessoas roubem seu tempo, que elas afastem você daquilo que o mantém ocupado: seus filhos, sua família.

Em face de sua morte trágica, Kobe Bryant não terá mais tempo com suas filhas, elas não terão mais tempo com ele. E é isso que faz da atitude dele com a jornalista um lembrete tão poderoso: um ato final para inspirar quem continua aqui, após sua partida.

Coloque sua família em primeiro lugar. Coloque seus filhos em primeiro lugar. Diga que está muito ocupado. Recuse educadamente. Você tem outras prioridades.

14 de março
VOCÊ OS CONHECE?

É uma história tão ruim que deve ser verdade. O segundo conde de Leicester caminhava pelo corredor de sua enorme propriedade quando uma jovem babá segurando a mão de uma criança passou por ele. "E esse é filho de quem?", perguntou ele. Surpresa, tudo o que ela conseguiu fazer foi responder calmamente: "É seu, meu senhor."

Desnecessário dizer que o conde morreu infeliz e praticamente sozinho.

Hoje, felizmente, a maioria de nós não é tão indiferente. Ninguém aceitaria ou toleraria mais esse tipo de parentalidade ausente — nem na conjuntura do estilo aristocrático mais benigno pelo qual os britânicos eram conhecidos. Mas, ainda assim, essa história levanta a questão: quanto você conhece seus filhos... *de verdade*?

15 de março
AS NECESSIDADES DOS NOSSOS FILHOS SÃO MUITO MODESTAS

> Seus filhos não estão prestando atenção na sua carreira... Eles só querem um pai que esteja presente e que os apoie.
>
> BEN STILLER

David Letterman era o rei do *"late night"*. Seu programa foi ao ar por trinta e três temporadas, tornando-o o apresentador de talk-show noturno mais longevo da história da televisão norte-americana. No auge, ele ganhava cerca de trinta milhões de dólares por ano, com uma audiência semanal de milhões de espectadores.

Em 2014, Letterman anunciou sua saída de cena. No dia em que tomou a decisão, ele procurou seu filho pequeno (que teve quando já era mais velho) para dar a notícia. "Vou parar. Estou me aposentando", disse ele a Harry. "Eu não vou mais trabalhar todos os dias. Minha vida vai mudar. Nossas vidas vão mudar."

"Ainda vou poder assistir ao Cartoon Network?", perguntou o menino. "Acho que sim. Vamos ver", respondeu Letterman. Ali estava ele, abandonando uma das vagas mais cobiçadas da televisão, e a principal preocupação do filho era se *ele* ainda poderia ver TV.

As crianças dão esse tipo de lição sobre humildade. Nós achamos que somos muito importantes. Achamos que nosso trabalho é muito importante. Na verdade, é isso que dizemos a nós mesmos: que trabalhamos muitas horas para ganhar dinheiro e proporcionar a eles certo tipo de vida. Quando, na verdade, as necessidades dos nossos filhos são muito modestas. O que eles mais querem somos nós. Ah, e em geral ficam muito contentes com lanche. E um videogame de vez em quando. Uma mangueira de borracha para brincar. Um ímã de geladeira que você comprou no aeroporto quando estava voltando de uma viagem de negócios. Um pai que não grita com eles o tempo todo. É fácil impressioná-los. Suas necessidades são pequenas.

16 de março
NÃO É POSSÍVEL SEM LUTA

Em um evento para juízas na década de 1980, durante o mandato de Sandra Day O'Connor como primeira juíza da Suprema Corte, uma professora de Direito perguntou a ela: "Como cuidar da família e ter uma carreira?" O'Connor respondeu: "Sempre coloque a família em primeiro lugar."

Uma resposta inspiradora, sim, mas todas as mulheres pioneiras que estavam na sala sabiam que não era totalmente verdadeira. Como escreveu a biógrafa de O'Connor, as mulheres na plateia desconfiavam que a melhor resposta era "lutando o tempo todo", fazendo trocas e escolhas dolorosas. Não podemos ser levianos quanto a isso. Colocar a família em primeiro lugar, antes de nossas ambições, é essencial, mas também *muito difícil*. Se fosse fácil, todos os pais fariam isso.

De fato, mais tarde na vida, O'Connor falaria sobre como foi "desesperadamente difícil" equilibrar trabalho e família. Ela tentava aconselhar seus assistentes, homens e mulheres, sobre essa luta. Não ignorava o fato de que era difícil e compartilhava o que havia aprendido. E, o mais importante, ao se expor, O'Connor deu a eles, e agora a nós, o alívio de saber: não é possível sem luta.

17 de março
VOCÊ NUNCA VAI SE ARREPENDER DE BRINCAR COM SEUS FILHOS

Mesmo que tenha acabado de se vestir para o trabalho. Mesmo que já esteja atrasado. Mesmo que a piscina esteja congelando. Mesmo que eles tenham se metido em encrenca ou estejam dando trabalho em casa. Mesmo que você esteja sobrecarregado. Você nunca vai se arrepender de ter decidido parar o que estava fazendo, ou prestes a fazer, para brincar com seus filhos. Você nunca vai se arrepender de pular na água com eles, de jogar videogame com eles, de passar alguns minutos com eles, de tornar aquele sábado realmente um dia em família.

Você sempre ficará satisfeito por ter aproveitado esse tempo. Porque não temos como saber por quanto tempo isso será possível. Não há mensagem mais impactante do que esta: "Nada é mais importante para mim do que você." Por mais ocupado que você esteja, por mais coisas com que esteja lidando, jamais existiu um pai que não tenha melhorado ou se revigorado depois de passar um tempo no mundo do filho.

Mas, é claro, você ainda assim vai se arrepender de deixar passar muitas dessas oportunidades. Na verdade, você já se arrepende... porque sabe quantas já deixou passar.

18 de março
O VERDADEIRO IMPOSTO PATERNO

Uma das vantagens da paternidade é o chamado "imposto paterno": uma mordidinha no sorvete, alguns docinhos do Halloween, a maior costeleta de porco da travessa. Como a casa é sua e você é maior, você pode cobrar dos seus filhos sempre que quiser.

O técnico de basquete John Thompson, que cresceu em uma família pobre em Washington, D.C., lembra que o pai sempre comia o que ele e os irmãos deixavam no prato. Mas, à medida que crescia, Thompson percebeu que aquele era um tipo diferente de imposto paterno, pois o pai estava pagando, não cobrando. "Hoje eu sei que ele devia sentir fome, mas se sacrificava para que pudéssemos ter mais do que ele", escreveu Thompson em suas memórias. "Eu era egoísta a ponto de não perceber por que ele roía aquela costeleta de porco que eu deixava para trás, por que lambia o molho do meu prato. Bem, aquele era o meu pai sendo nosso provedor. Ele não comia para que nós pudéssemos comer."

Colocar a família em primeiro lugar não tem a ver apenas com as suas tarefas. O autor Simon Sinek escreveu que "líderes comem por último". Assim como deveriam fazer os pais: a responsabilidade inerente e inquestionável que você assumiu no minuto em que seu filho nasceu foi a de que eles vêm em primeiro lugar. Eles ficam com a maior parte do que estiver disponível. Eles não pegam só a maior costeleta de porco, e sim *quantas* costeletas de porco quiserem. Eles experimentam a diversão e a doçura da vida. Se houver sobras, mesmo que migalhas, talvez você experimente um pouco.

19 de março
NÃO FAÇA ISSO COM ELES

Quando Angela Merkel era uma garotinha, seu pai passava muito tempo fora de casa. Ele precisava viajar para ver sua congregação. Tinha encontros a comparecer e negócios da igreja a resolver. Como todos nós, ele era uma pessoa ocupada. Tinha responsabilidades de trabalho, responsabilidades espirituais, responsabilidades de adulto.

Isso cobrou um preço da sua família. "O pior era quando ele dizia que voltaria logo", contaria Merkel mais tarde, "mas demorava muito para voltar." Muitas vezes, ela passava horas na calçada, esperando que ele aparecesse a qualquer momento, mas sempre se decepcionava.

Todos fazemos isso de uma forma ou de outra. "Vai ser só um minutinho", dizemos a eles enquanto executamos uma tarefa. "Só vou terminar essa ligação rápida", dizemos, pedindo silêncio enquanto eles imploram para brincar conosco. "O jantar vai estar pronto logo", dizemos, sabendo que ainda vai demorar a sair. "Estarei de volta antes de escurecer, prometo", dizemos, como se o trânsito não pudesse nos atrasar. Ou, como acontecia com o pai de Merkel, nossas saídas e viagens acabam se estendendo, e perdemos coisas... ou os deixamos acordados, esperando.

Embora ninguém possa controlar totalmente o tempo ou a programação, podemos mudar a forma como nos comunicamos com nossos filhos — como damos nossa palavra e como a cumprimos. E é essencial levarmos isso a sério. Não podemos apenas esperar que nossos filhos lidem com isso. Eles devem ser comunicados e informados com respeito. Eles merecem uma explicação sobre o que nos afastam deles, que os afastam das coisas que é nossa responsabilidade adulta fornecer. É uma questão de dever, certamente, porém, mais importante, é uma questão de confiança.

20 de março
UM DETERMINADO NÚMERO DE VEZES

> Às vezes a gente só sabe o valor de um momento quando ele se torna uma memória.
>
> Dr. Seuss

Eles só vão pedir a você um determinado número de vezes: para entrar na piscina com eles, sentar ao lado deles, ajudar com o dever de casa, conversar sobre um problema que estão tendo.

Não porque você tenha apenas certo número de verões, passeios de carro e momentos com seus filhos — embora isso seja verdade. Eles só vão pedir a você um determinado número de vezes porque em algum momento vão entender a mensagem.

O papai vive ocupado; ele não é mais divertido. A mamãe julga; ela não é uma boa pessoa para quem pedir isso.

Essa mensagem.

Então, não adie a oportunidade de responder. Não perca a paciência por ser a enésima vez que ele faz a mesma pergunta ou o mesmo pedido. Não dê nada menos do que o seu melhor, o seu eu mais presente, o seu eu mais divertido. Porque este pedido — neste momento — é isso.

É a sua chance. Não desperdice. Não envie a mensagem errada a seus filhos. Aproveite a oportunidade. Mostre quem você é.

21 de março
SE VOCÊ QUER QUE SEUS FILHOS
SE SAIAM BEM...

Sêneca chamava a riqueza material de "indiferente preferido". Não é algo bom nem ruim, mas é bom tê-la. E ele tinha razão. O dinheiro de fato melhora algumas coisas. Certamente é melhor ter do que não ter. Mas é um erro pensar que só o dinheiro proporcionará uma infância maravilhosa para seus filhos.

O dinheiro não garante uma vida boa para seus filhos. Não os poupa da dor e da perda. O dinheiro não está no topo da lista de necessidades deles.

O que as crianças realmente querem é *você*. O que as crianças realmente precisam é de *você*. Como Dear Abby afirmou de maneira brilhante em uma coluna na década de 1950: "Se você quer que seus filhos se saiam bem, passe o dobro do tempo com eles e gaste metade do dinheiro."

Não pague alguém para estar presente para os seus filhos. Não pague alguém para fazer um trabalho que é seu. Claro, o dinheiro facilita as coisas; pode custear creches, tutores. Mas isso nunca será tão importante quanto o que você pode lhes dar se colocar a mão na massa, se for um bom exemplo, se demonstrar quanto se preocupa com eles e os valoriza.

A prova disso? Pense em quantas pessoas excelentes se deram bem praticamente sem dinheiro.

22 de março
ELES SÃO O SEU TRABALHO

> Quando você ama, deseja fazer coisas por quem ama. Deseja se sacrificar. Deseja servir.
>
> Ernest Hemingway

Todos nós somos muito ocupados. Todos nós temos responsabilidades conflitantes e muita coisa para administrar ao mesmo tempo. Ainda assim, jamais podemos esquecer qual é o nosso primeiro e *verdadeiro* trabalho. Como o economista Bryan Caplan diz a seus filhos, todos os quatro escolarizados em casa: "Vocês não são uma interrupção do meu trabalho. Vocês *são* o meu trabalho."

Nosso trabalho é criar ótimas crianças. Ou, mais precisamente, nosso trabalho é criar ótimos *adultos*. O tempo que passamos com eles — seja ensinando ou assistindo à TV no sofá — não é uma distração do nosso trabalho. É o trabalho de fato. Um trabalho realmente importante.

Quem poderia afirmar que se deu bem na vida sendo famoso à custa de ver os filhos enfrentando dificuldades? Quem ficaria verdadeiramente feliz em aceitar um Prêmio Nobel sabendo que falhou como pai ou mãe? De que adiantaria um bilhão de dólares se todo o dinheiro do mundo não pudesse convencer seus filhos a voltar para casa nas férias?

É por isso que as crianças nunca podem "tirar" das nossas carreiras ou "nos impedir" de algo. Não é possível que eles interrompam o nosso trabalho... porque eles são o nosso trabalho.

23 de março
VOCÊ É O MELHOR DOS ARTISTAS

O que quer que tenha realizado ou espere realizar, existe uma coisa que realização nenhuma jamais será capaz de superar. Como escreveu Dorothy Day, a ativista católica e provável futura santa:

> Se eu tivesse escrito o maior dos livros, composto a maior das sinfonias, pintado a mais bela das pinturas ou esculpido a figura mais requintada, ainda assim eu não teria me sentido uma artista melhor do que quando colocaram minha filha em meus braços... Nenhuma criatura humana poderia receber ou conter uma onda tão vasta de amor e alegria quanto a que me dominou após seu nascimento. Com isso, veio a necessidade de idolatrar, de adorar.

Aquele sentimento, aquele que o invadiu no instante em que segurou seus filhos nos braços. A sensação de quando eles correm em sua direção e chamam você de papai ou de quando entram em seu quarto para pedir conselhos ou de quando você se senta à mesa na frente deles e os vê comer. Esse sentimento — o orgulho, o amor, a conexão — é o que você deve carregar aonde for.

Seu filho é a sua obra-prima. Você é o melhor dos artistas. Busque ser um pai ou mãe de modo a honrar esse feito.

24 de março
DÊ AQUILO QUE VOCÊ NÃO RECEBEU

O jogador da NFL Marqise Lee não jogou futebol americano em 2020. Ele poderia ter jogado com Bill Belichick, mas não jogou. Não porque estivesse exausto ou com medo daquela rotina difícil, pois, como atleta e jogador, ele estava no auge da carreira.

Ele optou por não participar da temporada porque, como aconteceu com tanta gente, a Covid-19 atrapalhou tudo. Assim como os negócios, o mundo dos esportes envolve viagens e muito tempo longe da família. Mas, com os protocolos restritivos da pandemia, o acesso ficaria ainda mais limitado a familiares e amigos na estrada, então aquela temporada da NFL foi diferente. Teria sido tempo demais longe para Lee, mais do que ele estava disposto a suportar. Como ele disse à ESPN:

> Pessoas que conhecem meu passado, de onde eu vim e coisas do tipo, sabem que eu não tive um pai muito presente. Eu nunca tive uma figura paterna real além dos treinadores quando fiquei mais velho. Esta é a oportunidade que eu tenho de estar presente para a minha filha. Eu esperava que ela me visse jogar nesta temporada, mas, como ela não poderia fazer isso, eu senti que era importante apenas passar esse ano com ela e voltar no próximo. No fim das contas, o futebol vai estar lá.

Lee estava colocando a família em primeiro lugar. Estava fazendo algo que seu pai não fez por ele. Estava traçando um limite. Decidindo não desperdiçar o que temos de mais precioso com nossos filhos: tempo. Todos nós devemos seguir seu exemplo.

25 de março
POR QUE VOCÊ NÃO ARRUMOU UM TEMPO PARA MIM?

> Não viver fugindo de minhas responsabilidades para com as pessoas ao meu redor por causa de 'negócios urgentes'.
>
> Marco Aurélio

"Espero que você esteja muito bem", escreveu um jovem Winston Churchill ao pai, sempre muito ocupado, de seu internato, em 1886. "Você nunca veio me ver no domingo quando estava em Brighton."

Não foi a única vez que ele escreveu algo assim para o pai.

"Não sei por que você não veio me ver enquanto estava em Brighton. Fiquei muito decepcionado, mas imagino que estivesse ocupado demais."

Como Josh Ireland observa no fascinante livro *Churchill and Son* (Churchill e filho), não é apenas a decepção do menino que está registrada depois de todos esses anos, mas também suas tristes tentativas de racionalizar o egoísmo do pai.

Não seremos pais perfeitos. Vamos errar, sim, mas devemos fazer o possível para evitar inspirar essa pergunta dolorosa: *Por que você não arrumou um tempo para mim?* Porque não existe uma boa resposta para isso. E a racionalização que *eles* criam abala seu emocional e pode redobrar o dano da nossa ausência.

Seus filhos não se importam que você seja presidente. Não se importam que esteja no meio da época movimentada das vendas. Não se importam que você esteja cuidando de pais doentes. Não se importam que você esteja brigando pela guarda deles. Eles só se importam com a sua ausência.

O tempo não é algo garantido. Tempo se cria, e depende de nós fazer isso. Esse é o nosso trabalho. É a nossa maior prioridade.

26 de março
AQUI ESTÁ O QUE VOCÊ SIGNIFICA PARA ELES

Sean Lennon, o único filho de John Lennon e Yoko Ono, cresceu sem pai. Tragicamente, John Lennon foi assassinado na porta do prédio onde morava em Nova York quando Sean tinha apenas cinco anos de idade. Ainda assim, aqueles poucos anos que Sean passou ao lado dele o transformaram no homem que ele é.

Em uma entrevista para Marc Maron, Sean explicou que, quase diariamente, alguém se aproxima dele e diz algo como "Você *não faz ideia* do que seu pai significou para mim" ou "Você *não tem como entender* quanto a música do seu pai é importante para mim".

São coisas estranhas de ouvir, explicou Sean, porque é claro que ele entende. John Lennon e sua música são *ainda mais* importantes na vida de Sean. Porque John Lennon era seu pai. Porque Sean se mantém apegado a esse laço a cada minuto desde que seu pai foi tirado dele. Porque a música de John é o único canal que Sean tem para se conectar com o pai.

Os pais devem levar a sério o que isto significa: mesmo o maior astro da música de todos os tempos é mais importante como pai para seus filhos do que como artista para o mundo. Não importa quanto nosso trabalho seja bom, quanto ele nos torne ricos ou o que signifique para bilhões de pessoas. Nada ofuscará o impacto que causamos em nossos filhos.

27 de março
TUDO BEM SER AMBICIOSO

Tem coisas nessa vida que você quer fazer. Talvez queira escrever um livro ou esteja abrindo uma empresa. Talvez esteja tentando vencer um campeonato ou concorrer à Presidência. Mas é claro que você também quer ser um ótimo pai, o que necessariamente torna os outros objetivos mais difíceis de alcançar.

Seria um dilema moral? Uma escolha de Sofia? É possível ter realização pessoal e ser um ótimo pai ao mesmo tempo? Ou será que, como lembram as histórias das juízas Ginsburg e O'Connor, um exige o sacrifício do outro?

Durante a maior parte da história, as mulheres sentiram de forma mais intensa a pressão desses desejos conflitantes e foram forçadas a escolher um em detrimento do outro. Os pais, por outro lado, têm sido incentivados (e até mesmo é esperado deles) a buscar realização e reconhecimento fora de casa, porque, para os homens, ter sucesso profissional *significava justamente* ser bom pai.

À medida que a sociedade evoluiu, no entanto, todos os pais tiveram que administrar a tensão de servir a dois senhores, até mesmo primeiros-ministros e bilionários.

Em sua autobiografia, Margaret Thatcher, a primeira mulher a ocupar o cargo de primeira-ministra do Reino Unido, cita Irene Ward, outra política britânica pioneira: "Embora deva ser sempre o centro da vida de uma pessoa, o lar não deve ser o limite de sua ambição."

Você está autorizado a pensar maior. Não há problema em ter uma carreira e querer ser excelente profissionalmente. Tudo bem tentar mudar o mundo. Desde que você compartilhe suas intenções e tenha sempre uma visão ampla sobre suas conquistas, você estará ensinando a seus filhos sobre você e o mundo. Estará ensinando sobre a importância do trabalho árduo, de fazer o que é certo, de dar vazão ao próprio potencial, de ser útil à sociedade.

28 de março
UM ASSUNTO DE FAMÍLIA

A incrível obra de Taylor Branch sobre Martin Luther King Jr. e o movimento pelos direitos civis abrange três volumes. São quase três mil páginas com centenas de notas de rodapé. A trilogia ganhou prêmios como o Pulitzer na categoria de não ficção e o National Book Critics Circle Award.

Sem dúvida, Branch ficou bastante satisfeito com esse resultado primoroso de erudição histórica, sobre o qual passou incontáveis horas pesquisando, escrevendo, editando e falando. Mas há uma nota escondida nos agradecimentos do último volume que captura tanto a experiência quanto o esforço familiar que tal conquista exigia. Branch escreve:

> Nosso filho, Franklin, que nasceu semanas antes da minha primeira viagem ao Lorraine Motel, terminou a faculdade a tempo de me ajudar em minha pesquisa final.

Seus filhos estão ao seu lado na jornada, seja ela qual for. Pode ser muito fácil ver sua carreira como algo centrado em *você* e somente você, mas ela não é. Sua carreira é um assunto de família. Isso também se aplica às ambições de cada membro dela. E quanto mais vocês se envolverem uns com os outros nessas jornadas pessoais, melhor. Isso torna as realizações mais tranquilas, o trabalho mais completo... e os sacrifícios menos dolorosos. Porque tudo foi feito em conjunto.

29 de março
COMO PASSAR MAIS TEMPO COM ELES

Todo pai gostaria de ter mais tempo com seus filhos. Nós invejamos os pais que parecem não ter esse problema, que não trabalham em horário comercial, que dispõem da sonhada flexibilidade que lhes permite passar mais tempo com os filhos.

Se ao menos Todos tivessem essa sorte...

O comediante Aziz Ansari conta uma piada sobre uma conversa que ele teve com o músico Frank Ocean. Maravilhado com a autonomia que Ocean parece ter em sua carreira, Aziz pergunta como ele consegue compor só quando quer, fazer turnês só quando quer, fazer só o tipo de coisa que está a fim.

Não é tão difícil, responde Ocean, *você só precisa se sentir confortável ganhando menos dinheiro.*

Sério, quanto do tempo que passamos no trabalho está relacionado a colocar comida na mesa? Quanto desse tempo está pautado em necessidade? No básico de uma vida saudável e sustentável? Provavelmente não tanto quanto tentamos nos convencer (ou a eles).

Nós trabalhamos por outras razões (muitas vezes boas), mas não porque *precisamos*. Poderíamos ter mais flexibilidade se quiséssemos. Poderíamos escolher um trabalho diferente. Poderíamos optar por colocar a família antes da carreira, antes dos salários de seis ou sete dígitos, antes de realizar nossos sonhos de consumo.

Precisamos parar de agir como se a liberdade (e a oportunidade) pela qual ansiamos não estivesse ao nosso alcance. Nós *podemos* passar mais tempo com nossos filhos. Nós *podemos* ser mais presentes. Só precisamos nos sentir confortáveis ganhando menos dinheiro.

30 de março
UMA REGRA IMPORTANTE

O economista Russ Roberts vive sua vida de acordo com uma série de regras e rituais. Ele guarda o Shabat, por exemplo, e se compromete a pagar o dízimo regularmente. Ele tem outra regra, como pai, que todos devemos observar em nossa relação parental:

> Se seu filho lhe oferecer uma mão para segurar, aceite.

A vida e os relacionamentos são uma dança interminável de estender a mão e se afastar. Você estende a mão para seus filhos, eles se afastam — eles estão ocupados, estão na frente dos amigos ou com raiva de você. Você tenta ajudá-los, e eles não aceitam. Você quer o melhor para eles, mas eles não entendem.

Está fora do nosso controle. O que podemos controlar é a seguinte decisão: sempre que eles estenderem a mão, estaremos lá para segurá-la. Quando eles quiserem deitar na cama conosco, que assim o façam. Quando eles ligarem, sempre deveremos atender — mesmo se estivermos no meio de uma reunião. Quando eles pedirem para conversar, escutaremos *o que quer que seja*. Nós podemos abraçá-los com força sempre que tivermos oportunidade.

Não podemos exigir que essas coisas aconteçam, mas podemos seguir essa regra de que, quando acontecerem, iremos aceitá-las pelo tempo que durarem.

31 de março
A PRIORIDADE MÁXIMA

Como é realmente colocar a família em primeiro lugar? Parece que Ricky Rubio deixou claro que sua carreira profissional no basquete terminaria abruptamente. A estrela da NBA disse:

> Quando meu filho entrar para a escola, a NBA não valerá a pena. Vou ter que voltar [para a Espanha]. Não quero atordoá-lo por se mudar aos seis anos de idade, que é a idade de começar a fazer amigos. Discuti o assunto com a minha esposa, e temos isso muito claro. Chegará um momento em que o basquete não será a prioridade.

Ele vai levar isso adiante? Nossa carreira inerentemente vai de encontro com a missão de ser um bom pai? Bem, é algo que cabe a ele e a cada um de nós decidir. Ainda assim, em algum momento, nossos filhos devem vir em primeiro lugar. Devemos fazer o que é melhor para eles. Devemos nos sacrificar por eles. Devemos dar a eles a vida que merecem: a vida com a nossa presença.

Carreira é importante. Mas família é para sempre. Ela deve ser a prioridade máxima.

ABRIL

CONTROLE SUAS EMOÇÕES

(LIÇÕES SOBRE PACIÊNCIA E AUTOCONTROLE)

1º de abril
SEMPRE AGARRE A ALÇA CERTA

> Tudo tem dois lados, com duas alças: uma que se pode suportar e outra que não se pode. Se teu irmão for injusto, não agarres a alça da ofensa, isto é, a da injustiça (é o modo inadequado, pois essa é a alça que não se consegue suportar), mas, antes, usa a outra: que ele é teu irmão e que fostes criados juntos — assim terás agarrado a alça que se pode suportar.
>
> EPICTETO

Todos os dias, possivelmente centenas de vezes por dia, você se depara com situações com as quais precisa lidar. Um filho que mentiu sobre ter feito o dever de casa. Uma esposa que foi ríspida com você. Um carro que tem que ser levado à oficina para trocar o óleo. Um chefe teimoso que nem uma mula. Avós a quem seus filhos amam, mas que o tiram do sério. Algum parente que você tem que levar ao aeroporto duas horas antes da decolagem.

Como você vai reagir? Você vai se irritar, se afastar, discutir, ficar ressentido? Ou vai respirar fundo, sentir empatia, pedir desculpas, ignorar, relaxar e passar longe da ideia de ser alguém que curte controlar tudo?

Todos os dias, em todas as situações, há uma escolha. Qual das alças vamos segurar? Qual das alças mostraremos aos nossos filhos como agarrar? A fácil? Ou a certa?

2 de abril
SEU TRABALHO É FAZER TRANSIÇÕES RÁPIDAS

O consultor Randall Stutman, especialista em liderança que trabalhou com executivos de alto escalão de quase todos os principais fundos *hedge* e CEOs de Wall Street, fala sobre o que significa ser um líder em casa:

> Seu trabalho como líder é fazer transições rápidas. Você desempenha muitos papéis diferentes em muitos lugares diferentes — seu trabalho não é levar para casa os assuntos do escritório (...) Se isso significa que você precisa se recompor e ficar sentado no carro por alguns minutos antes de entrar em casa para ser pai, então é melhor fazer isso. Mas seu trabalho não é entrar em casa carregando tudo o que aconteceu durante o dia.
>
> Você não pode deixar que um dia ruim ou uma pessoa ruim o impeça de ser um bom pai ou uma boa mãe. Você não pode levar para casa o lixo do escritório. Você tem que manter sua casa limpa — livre dos detritos de responsabilidades adultas que seus filhos não seriam capazes de entender. Você precisa deixar essas coisas do lado de fora, e deve fazer isso depressa, no intervalo entre sair do trabalho e chegar em casa.

3 de abril
DE NOVO: QUAL VAI SER?

> Nossa ira dura mais do que a nossa ferida. Melhor seguir o caminho inverso. Acaso alguém pareceria estar em seu juízo perfeito se revidasse a uma mula com coices ou a um cão com mordidas?
>
> SÊNECA

O tempo que Arthur Ashe teve com a filha foi tragicamente interrompido. No final de sua autobiografia, já à beira da morte, sabendo do escasso tempo que lhe restava, ele escreveu alguns conselhos para ela que se relaciona a algo que falamos em 5 de janeiro.

"Estamos sendo observados por nossos ancestrais, assim como estou observando você. Temos mais coisas do que eles jamais sonharam em ter, por isso nunca devemos decepcioná-los."

Somos observados por nossos ancestrais, sim, mas, como disse Bruce Springsteen, também somos assombrados pelos fantasmas deles. Qual dos dois você será para o seu filho?

Você é o tipo de exemplo de que seus filhos precisam? Você deixou um legado que os protegerá? Que os guiará? Que os inspirará a serem decentes e disciplinados, excelentes e bondosos, como Arthur fez com a jovem filha? Ou você vai assombrá-los com seus erros, com a dor que infligiu a eles, com as coisas não ditas nem resolvidas?

4 de abril
VOCÊ ESTÁ VELHO DEMAIS PARA SE COMPORTAR MAL

> Ser bobo ainda é permitido, a idade adulta não acaba com isso. O que a idade adulta descarta é o comportamento irrefletido. Portanto, seja bobo e ponderado.
>
> HANK GREEN

Somos regidos por todo tipo de regras práticas que determinam quando certos comportamentos são ou deixam de ser apropriados de acordo com a idade: quando os filhos devem parar de fazer xixi na cama; quando devem parar de fazer birra só porque estão cansados; quando já não é mais justo que outras pessoas arrumem a bagunça deles.

Aí, quando nossos filhos são malcriados ou fazem alguma besteira, dizemos: *Você já está grandinho para agir assim! Cresça!*

Infelizmente, aplicamos esse padrão a nós mesmos com muito menos frequência. Quer seja um problema sério, quer seja uma bobagem, parece que nos esquecemos de que devemos nos policiar. Nossos filhos ainda são *crianças*, mesmo quando estão agindo um pouco aquém da idade. Você é um adulto. Qual é a sua desculpa?

Lembre-se hoje e todos os dias de que você está envelhecendo, de que é hora de abandonar esses hábitos tolos aos quais você, por preguiça, se permitiu incorrer. Tenha em mente que você já está velho para se comportar mal, para não agir com dignidade, para não ser responsável por si mesmo. Além disso, seus filhos estão sempre de olho, então aja como o adulto que eles acreditam que você é.

5 de abril
NÃO SE ESQUEÇA DE QUANTO SEUS FILHOS SÃO PEQUENOS

> O mundo seria um lugar terrível sem as crianças, que trazem consigo a inocência e a esperança de uma maior perfeição do homem.
>
> JOHN RUSKIN

Há uma cena de cortar o coração no melancólico romance *O doce amanhã*. Um marido viúvo está dobrando as roupas de sua falecida esposa. Enquanto segura as coisas dela, ele fica impressionado ao constatar quanto ela era fisicamente pequena. Essa pessoinha a quem ele amava muito e de quem sente tanta falta ocupava tanto espaço em seu coração, ocupava uma porção tão grande de seus pensamentos, que ele a enxergava muito maior do que ela de fato era.

Isso é verdadeiro também em relação aos nossos filhos. Eles ocupam muito espaço em nossa vida. A presença deles é imensa. *Eles são tão barulhentos*. Assim, é fácil esquecer que são pessoas pequeninas, minúsculas. Eles mal têm controle sobre si mesmos. Somos maiores do que nossos filhos em superioridade física, em experiência, em nossa confiança na maneira como as coisas vão acontecer.

Precisamos ter cuidado. Quer sejam adolescentes ou crianças de colo, não podemos esquecer quanto nossos filhos são pequenos. Quando eles adormecerem no carro e você os carregar para a cama, pare um segundo para reparar no tamanho deles. Ao arrumar as malas e empacotar os pertences deles para deixá-los na faculdade, observe como eles têm *poucas* coisas — porque a vida deles ainda é muito curta.

Quanto mais miúdos você perceber que seus filhos são, mais gentil você será com eles. Mais protetor e paciente você será. Mais você apreciará o afinco com que eles estão tentando entender as coisas — a si mesmos, seus relacionamentos, o mundo.

Eles são muito pequenos. Não se esqueça disso.

6 de abril
VOCÊ ESTÁ USANDO ESSE PODER?

> Entre o estímulo e a resposta existe um espaço. Nesse espaço está nosso poder de escolher nossa resposta.
>
> VIKTOR FRANKL

Em seu livro *Crianças francesas não fazem manha*, a escritora Pamela Druckerman fala sobre *"le pause"* — a pausa —, que é o segredo dos franceses para educar os filhos. Druckerman descreve isso no contexto do treinamento do sono dos bebês, mas, a bem da verdade, a pausa pode ser uma ótima estratégia para os pais em todas as facetas da vida dos filhos.

Quando seu filho tropeça e cai, você precisa sair correndo para ajudá-lo? Ou você pode *fazer uma pausa* e deixá-lo descobrir sozinho quanto se feriu, se ele quer ou se precisa chorar? Quando sua filha chega e tenta lhe contar alguma coisa, é preciso completar as frases dela? Ou você pode *fazer uma pausa* e deixá-la se esforçar para encontrar as palavras e decidir por conta própria o que está tentando dizer? Quando seu filho adolescente anuncia que vai sair do time de basquete, é necessário contra-argumentar imediatamente? Ou, em vez disso, você pode *fazer uma pausa* e ouvir os motivos dele e do que ele quer participar? E que tal se, quando seu filho vier passar as férias em casa, pedir o carro emprestado no fim de semana e devolvê-lo arranhado, você não ficar chateado? Você consegue *fazer uma pausa* e cogitar a ideia de que provavelmente não foi intencional?

Como pais, temos que escolher nossas respostas e reações com sabedoria, não por reflexo. Não devemos julgar, mas sim ouvir e refletir. Temos que praticar a pausa para que nossos filhos nunca precisem pensar duas vezes sobre vir até nós com seus problemas, suas dúvidas, suas esperanças e seus sonhos.

7 de abril
VOCÊ TEM QUE SEGUIR EM FRENTE

> Deixe o passado morto enterrar seus mortos!
>
> Henry Wadsworth Longfellow

Você lembra quando precisou do seu pai e ele não estava presente para lhe dar apoio? Porque ele tinha seus próprios problemas emocionais. Porque ele trabalhava demais. Porque ele era alcoólatra. Você lembra como o afeto excessivo de sua mãe fazia você se sentir sufocado ou insignificante? Você lembra como a rigidez dela o impedia de curtir as coisas das quais as crianças devem desfrutar? Você se lembra do ciúme da sua mãe, da mesquinhez dela ou de suas súbitas mudanças de humor? Você lembra como o egocentrismo de seus pais parecia fazer com que o mundo inteiro — inclusive as coisas com as quais você precisava de ajuda — girasse ao redor deles?

Claro que você lembra. E como poderia esquecer? Foram experiências definidoras, decisivas. Coisas que machucaram muito e ainda doem. E agora você sente raiva. Era de esperar. Eles tinham um trabalho a fazer e não fizeram — não fizeram direito, em todo caso. Você, a criança inocente, sofreu por causa disso. Você carrega as feridas do fracasso deles.

Mas o negócio é o seguinte: *você tem que seguir em frente*. Por mais justificada que seja a raiva que sente — mesmo que seus pais tenham mantido esse comportamento até hoje —, você tem que superar e sair dessa. Porque agora você tem seus próprios filhos. E eles merecem um pai que está sempre presente, por inteiro. Não alguém que se apega ao passado. Alguém que não coloca o peso de sua própria bagagem sobre os ombros dos filhos.

Não será fácil seguir em frente. Ninguém disse que seria. Você terá que refletir e dar um jeito. Você terá que fazer terapia. Ou ler livros. Ou encontrar um grupo de apoio. Você terá que ficar sozinho com seus pensamentos. Você terá que perdoar as pessoas — ou cortá-las de sua vida. É como dizem por aí: seus problemas podem até não ser sua culpa, mas são sua responsabilidade.

É sua responsabilidade *seguir em frente*. Seus filhos precisam que você faça isso. Você precisa fazer isso.

8 de abril
PARA TER UM LAR MAIS TRANQUILO, TENHA MENOS OPINIÕES

> Essas coisas não estão a pedir que as julgue. Deixe-as em paz.
>
> MARCO AURÉLIO

Uma coisa está no cerne da maioria dos conflitos entre pais e filhos e, frequentemente, entre cônjuges: julgamentos. Nós temos opiniões, eles têm opiniões próprias, e essas opiniões são a causa de desacordos e desavenças. Se nós, como pais, quisermos melhorar nosso relacionamento com nossos filhos, podemos colocar em prática uma coisa bem simples: ter menos opiniões.

Você precisa mesmo emitir uma opinião sobre a comida que será servida no casamento da sua filha (ainda que esteja pagando pela festança)? Você precisa mesmo reclamar sobre a forma como seus filhos cortam o cabelo? Os amigos dos seus filhos são amigos *dos seus filhos*, então tem importância o que você pensa a respeito deles ou dos pais deles? E daí se eles gostam de músicas que parecem estranhas para você? E daí se eles quiserem dar aos próprios filhos uma criação diferente?

Poucas coisas na vida ficam melhores com o peso do julgamento pairando, iminentes, sobre elas... sua família, sobretudo.

9 de abril
DEIXE NA PORTA

Durante o dia inteiro, no trabalho, você sente o estresse na pele. Você testemunha a estupidez alheia. Você é vítima dos humores e das emoções dos outros. Seu celular não para de vibrar com notícias alarmantes do mundo, as dores e invejas que impulsionam as redes sociais.

O que fazer? Como diz o velho adágio diplomático — "as questões políticas internas do país não podem transcender as fronteiras" —, o estresse do mundo exterior deve parar na soleira da sua porta. Você não pode carregar essas porcarias para dentro de casa. Não dá para deixar a TV ligada no noticiário como trilha sonora de fundo enquanto você janta com sua família.

Como disse Randall Stutman, você precisa fazer uma rápida transição de profissional frustrado para pai totalmente presente, a fim de que sua casa continue sendo um lugar seguro do qual você é o protetor. Não um protetor no sentido de um guerreiro, e sim mais próximo ao papel de leão de chácara, encarregado da vigilância e manutenção da ordem na casa: *Não, sinto muito, entrada proibida, você não está na lista de convidados*. Seja como o Teflon: antiaderente. Não permita que as explosões rabugentas do seu chefe de pavio curto e cara feia grudem em você. Os vestígios do contágio com o pânico ou com a discórdia não podem invadir sua sala de estar. Você deve manter sua casa limpa. Você tem que rechaçar essas coisas.

Ao chegar em casa, esteja pronto para ser presente. Pronto para se divertir. Pronto para ser o pai ou a mãe de que seus filhos precisam... não aquele que sobra após a devastação do dia.

10 de abril
ADOTE ESTE MINDSET

No Tibete, os monges budistas constroem belas mandalas de areia. Passam horas, até dias, elaborando esses intrincados desenhos geométricos... tão logo terminam, apagam tudo com uma escova e recomeçam a tarefa.

Não é exatamente assim que deveríamos ver todo o trabalho que exercemos como pais?

Você acaba de limpar, e um instante depois a casa já está suja de novo. Você lava a louça, e cinco minutos depois a pia está abarrotada. Literalmente antes mesmo de você terminar de ajudar seus filhos a guardar os brinquedos, já estão espalhados pelo chão. Aquelas roupas novinhas que acabou de comprar para as crianças? Sujas e surradas.

Se você permitir, todas essas coisas vão tirá-lo do sério. Podem enfurecer e indignar você. Ou você pode aprender a amar essas coisas. Você pode aprender a ver que tudo isso é como as mandalas que os monges elaboram — um processo efêmero e interminável que começamos de novo e de novo e de novo. Você pode aprender a ver tudo não como um trabalho, mas como uma obra de arte. *Terminar?* Terminar significaria o fim — o fim da infância deles, o fim de nossa vida juntos.

Não, preferimos que seja meio parecido com o filme *O feitiço do tempo*, em que o sujeito fica preso no tempo e vivencia para sempre os eventos de um mesmo dia. Adoramos que isso signifique uma chance de acordar e fazer todas as coisas com nossos filhos de novo.

Faça isso lindamente. Faça bem-feito. Faça junto com eles.

11 de abril
NÃO SE IRRITE COM PESSOAS BOAS

> Fale quando estiver com raiva, e você fará o melhor discurso do qual sempre se arrependerá.
>
> AMBROSE BIERCE

Quando você perde a paciência, quem parece ser sempre o alvo da sua irritação? Sua família. É estranho. Engolimos sapos e toleramos comportamentos rudes de desconhecidos na rua, mas imagine se seu filho deixar os sapatos lá fora! Você age com o maior profissionalismo do mundo ao pedir a seu assistente (pela milésima vez) que realize uma tarefa no escritório, mas se irrita com sua esposa ou seu marido porque não conseguiu ouvi-lo(a) por causa da barulheira na outra sala.

Parece um paradoxo, mas na verdade é uma questão de intimidade. Justamente porque são as pessoas mais próximas, você se sente mais à vontade para ficar chateado com elas do que com qualquer outra pessoa. É uma situação triste e não deveria ser assim. As pessoas más estão distantes e raramente são alvos de nossa raiva. Mas as que são quase sempre boas — as que, no geral, nos ajudaram e nos amaram muito mais do que nos magoaram — são as que pagam o pato e sofrem o peso da nossa fúria?

"Não nos irritemos com os bons", escreve Sêneca em *Sobre a ira*. Hoje, quando você se sentir chateado ou irritado com alguém que você ama, lembre-se de que as características positivas dessa pessoa superam o que incomoda você. Lembre-se de que gritar não a faz ouvi-lo melhor. Lembre-se de que ela provavelmente sabe que errou e já está se sentindo mal por conta própria. Lembre-se de quanto ela é pequena. Lembre-se de quanto ela é *boa*.

O fato de *podermos* ficar irritados com alguém porque essa pessoa nos ama o suficiente a ponto de aturar isso ou porque é criança e tem que conviver com isso (e conosco) não é desculpa. Devemos tentar não nos irritar com ninguém, mas, se for inevitável, que o objeto de nossa frustração seja alvo de agravo, não de oportunidade.

12 de abril
QUE TIPO DE ENERGIA VOCÊ ESTÁ EMANANDO?

A onipresença da palavra *energia* nos dias de hoje é provavelmente um sinal de como a pseudociência e os charlatães se difundiram em nossa cultura. Somos inundados por mensagens de curandeiros e gurus de energia e cristais energéticos. Você pode contratar consultores para analisar a energia da sua empresa. Você pode tomar um banho de som para eliminar a energia negativa ou pagar a um leitor de aura para interpretar a energia que você emite no mundo. A quantidade de sálvia queimada em apartamentos para purificar as energias negativas após separações rivaliza com a quantidade de sálvia usada nos pratos dos restaurantes.

No entanto, apesar de toda essa conversa fiada, a energia é uma coisa que de fato afeta a criação dos filhos. Assim como o adestrador Cesar Millan fala sobre projetar a energia certa para o seu cachorro, seus filhos também podem captar a energia que emana de você. Teve um dia ruim no trabalho? Seus filhos sentem isso. Odeia o lugar onde mora? Eles sentem isso. Irritado com seu cônjuge? Seus filhos percebem, mesmo que vocês discutam apenas quando eles já estão dormindo.

Por que seus filhos estão correndo de um lado para outro feito monstrinhos hoje? Bem, talvez seja melhor verificar o tipo de energia que você está gerando. Por que seu filho está batendo no irmãozinho? Talvez porque você viva tenso e frustrado, e isso é contagioso. Por que sua filha está se comportando tão mal? Talvez todo aquele ressentimento acumulado dentro de sua esposa tenha algo a ver com isso. Talvez sua filha não tenha conseguido suportar a situação que vivenciou hoje no café da manhã — todo aquele constrangimento e estranheza.

Quando você detectar problemas de comportamento e atitude nos seus filhos, ajuste sua própria energia. Primeiro olhe no espelho. Se você quer um lar feliz, um lar em que haja bondade, amor e paz, então traga essa energia com você. Projete essa energia de forma consciente e deliberada. Mostre como as coisas estão boas com você, e elas ficarão melhores com todo mundo.

13 de abril
ESTA É A LINGUAGEM DE SEUS FILHOS

A linguagem primordial das crianças é o comportamento, não as palavras. Se você quer saber o que seus filhos estão pensando ou como estão se sentindo, observe o que eles fazem, não o que dizem.

Ao repetirmos a máxima de que "as ações falam mais alto que as palavras", é isso que queremos dizer. Quanto menores forem seus filhos, maior a probabilidade de se comunicarem inteiramente por meio de ações em vez de por palavras. E isso se deve a um motivo simples e inegável: eles ainda não têm vocabulário suficiente. Porém, mesmo que tivessem, as crianças não entendem seus sentimentos — sejam físicos ou emocionais — a ponto de articulá-los na forma de palavras. Muitas vezes, nem sequer sabem o que estão sentindo.

Observe um bebê de dezoito meses com dor de ouvido — não há palavras, há apenas desconforto e a mãozinha batendo na lateral da cabeça ou acordar no meio da noite aos gritos. Observe uma criança de oito anos com ansiedade — não há palavras, há apenas dores de barriga, pânico e xixi na cama. Um adolescente magoado pode, por sua vez, magoar outras pessoas de volta.

É por isso que precisamos "ouvir" nossos filhos de outras maneiras além da óbvia e literal. Temos que observá-los. Temos que ser pacientes. Temos que entender que uma birra por causa do uso do iPad quase com certeza tem a ver com outra coisa. Temos que entender que a letargia e as notas baixas na escola são declarações ou sintomas. É seu filho se comunicando com você por meio do comportamento.

Você vai ouvi-los com atenção? Você será capaz de falar com eles sobre isso, não apenas com palavras, mas com suas próprias ações?

14 de abril
É A COISA MAIS DIFÍCIL

Chesty Puller lutou nas Guerras das Bananas. Participou de operações de guerrilha. Conquistou ilhas no Pacífico durante a Segunda Guerra Mundial. Combateu na Guerra da Coreia. Então poderíamos imaginar que ele era um homem capaz de lidar com praticamente qualquer coisa que a vida lhe pusesse no caminho. Mas, assim como você, ele era pai, e descobriu que essa era a coisa mais difícil que poderia enfrentar.

Assim que voltou para casa depois de meses na Coreia, onde desembarcou em Inchon e lutou contra inimigos no frio brutal, Chesty acompanhou a esposa para levar a filha ao hospital, onde a menina removeria as amígdalas. Chesty, que no fundo sempre foi um doce de pessoa e uma manteiga derretida, carregou a filha para a sala de cirurgia. Falando baixinho com ela, tentou deitá-la na mesa e deixar a enfermeira prepará-la para a cirurgia. Mas a menina, assustada e aturdida, recusava-se a soltá-lo. Ela chorou, gritou, esperneou e se agarrou com força ao pai, até que, por fim, conseguiram separar os dois e sedá-la. "Ela nunca vai me perdoar, Virginia", disse Chesty à esposa quando voltou à sala de espera. "Isso é pior do que a Batalha de Peleliu."

Era exagero, mas não tanto. Essa coisa chamada parentalidade exige mais de nós do que quase qualquer outra tarefa na vida. Ser pai ou mãe é um desafio emocional, físico e mental. Mexe com todos os nossos sentimentos. A pessoa pode se fortalecer para lutar na guerra, pode apostar friamente milhões de dólares no trabalho, mas não há nada a fazer quanto ao ponto fraco a que seus filhos têm acesso. Nada deixa um pai tão vulnerável quanto os filhos... porque, para ele, nada é tão importante quanto os filhos.

Esta é a coisa mais difícil que você fará. Saiba disso. Aceite isso. Seja grato por isso.

15 de abril
VOCÊ JÁ VIU AS COISAS PELA PERSPECTIVA DE SEUS FILHOS?

> Meus pais se esqueceram de que um dia já foram jovens? Aparentemente, sim.
>
> ANNE FRANK

Achamos que eles estão inventando desculpas. Achamos que estão inventando histórias. A única coisa que queremos é que voltem para seu quarto e durmam em sua própria cama. Ou que ouçam o que o treinador do time está mandando. Ou que façam direitinho o dever de casa. Está tudo bem, afirmamos. Apenas tente mais um pouco. Apenas experimente a jaqueta; não é tão desconfortável assim. Faça sua lição de casa; não é tão difícil assim.

Você leu *O sol é para todos?* Sabe o trecho em que Atticus fala sobre ver as coisas do ponto de vista de outra pessoa, se colocar no lugar dela e dar umas voltas? Bem, você já fez isso alguma vez? Não com alguém de quem você sente pena ou alguém que você gostaria de ser, mas com alguém a quem você almeja orientar, ensinar e nutrir? Alguém como seu próprio filho, por exemplo?

Se seu filho acorda no meio da noite e entra no seu quarto, tente dormir na cama dele. Talvez o quarto dele realmente seja assustador. Vá assistir ao treino de futebol. Talvez o treinador seja mesmo um babaca. Você acha que essa jaqueta veste bem em uma criança? Talvez seja quente demais. Você gostava de fazer sua lição de casa quando tinha a idade de seu filho?

Veja as coisas pela perspectiva de seus filhos. Ponha-se no lugar deles e dê umas boas voltas por aí. Em seguida, dê um passo para trás e seja o melhor pai ou mãe possível.

16 de abril
ISSO RESOLVE A MAIORIA DOS PROBLEMAS

Qualquer pai tarimbado é capaz de falar sobre a mágica panaceia chamada *comida*.

Por que seu filho está gritando? Por que está perturbando o irmãozinho? Por que ele não consegue se concentrar durante as aulas? Por que não consegue dormir? Por que seu filho adolescente anda tão mal-humorado?

A resposta é simples: eles estão famintos. Eles estão irritados por estarem com fome. *E não sabem disso.*

É por essa razão que, desde sempre, as mães carregam lanchinhos na bolsa. A comida resolve a maioria dos problemas. Acalma os nervos mais exaltados. Tranquiliza as situações mais difíceis.

Seus filhos sempre se esquecem de comer, então cabe a você alimentá-los. Pergunte se estão com fome. Faça questão de lembrá-los de que estão com fome. Mantenha um cronograma constante das refeições. Observe o que acontece.

Ah, quando você também estiver rabugento, frustrado, ansioso e impaciente com seu cônjuge e seus filhos, talvez esteja irritado por estar com fome. Em 2014, pesquisadores da Universidade Estadual de Ohio descobriram que a maior parte das brigas entre casais ocorre porque um dos dois está com fome. Então, assim como sair para dar uma caminhada ou respirar fundo cinco vezes, fazer um lanchinho provavelmente resolverá a maioria dos seus problemas de adulto.

17 de abril
VOCÊ SABE COMO É SUA APARÊNCIA QUANDO ESTÁ FURIOSO?

> A alguns irados, foi benéfica uma olhada no espelho. Perturbou-os a grande transformação em si.
>
> SÊNECA

A raiva pode até *parecer* merecida ou apropriada, mas quase sempre *tem uma aparência* horrível.

Da próxima vez que sair de casa, tente observar quando outros pais estão começando a se irritar por causa de algo que os filhos fizeram. No próximo jogo de futebol de seu filho ou filha, observe a multidão. Acompanhe uma família no aeroporto prestes a embarcar para a viagem de férias. Preste atenção na grande família que come na comprida mesa à sua frente na pizzaria. Provavelmente, isso será o mais próximo de uma boa olhada no espelho que você vai conseguir.

Como você acha que fica seu rosto quando, alto demais, você repreende seu filho — *"Sente-se! Eu já mandei você sentar!"* — nas ocasiões em que ele está brincando e pulando com excesso de energia? Como você acha que fica seu semblante quando, com os cabelos em pé, você agarra com força o braço de seu filho e o puxa para mais perto de si numa fila? Você acha que o som de sua voz é agradável quando ameaça remover algum privilégio básico de seu filho porque ele não está se comportando do jeito que você gostaria? Ou quando você grita com ele para andar mais depressa? Você acha que não fica com o aspecto monstruoso quando, depois que a discussão se agrava além de sua capacidade de lidar com as palavras, dá uma bofetada no rosto dele?

Você fica com uma aparência *terrível*. Sua fisionomia se torna tão horrenda e vergonhosa quanto a das pessoas que você viu fazerem a mesma coisa em público, com os filhos delas, enquanto você tentava desviar o olhar. Ninguém é bonito quando está zangado. Pior ainda, essa imagem medonha de um rosto tomado pela fúria pode ficar gravada no cérebro de nossos filhos por muito tempo.

18 de abril
ESTE É O INIMIGO

> Não tenha medo de se livrar de coisas que distraem sua atenção.
>
> Liev Tolstói

Você se distraiu porque acabou de chegar um e-mail de trabalho todo esquisito. Você ficou de mau humor por causa de algo que viu. Você está se sentindo mal por causa de algo que alguém lhe disse. E o que acontece? Bem, seus filhos é que pagam o pato e aguentam o rojão. Ou acabam ficando com apenas 50% de você no jantar, porque você está em casa, mas não está *de verdade* em casa.

A preocupação é inimiga da boa parentalidade. E sabe qual é a pior parte? As crianças sentem isso. Elas são simultaneamente esponjas e espelhos, além de, ainda por cima, bem pouco lisonjeiros. Quando se comportam mal, fazem bagunça, mordem o irmão, tingem o cabelo de cor-de-rosa — é isso que está acontecendo. Elas sentem sua energia e estão respondendo a isso.

A triste verdade é que a maior parte das coisas que nos preocupam nem sequer tem importância. Deixamos aquele colega babaca do escritório se intrometer nos nossos pensamentos. Por iniciativa própria, *escolhemos* entrar no Twitter e passar horas percorrendo compulsivamente as calamidades do dia. Não há necessidade de checarmos nossa caixa de entrada o tempo todo. E preocupar-se com dinheiro nunca é a solução para os nossos problemas financeiros.

Temos que afastar todas essas coisas para que possamos estar presentes por completo, não pela metade. Para que possamos ser pacientes. Para que então possamos ser *pais*.

19 de abril
NÃO DESPERDICE ESSAS OPORTUNIDADES

Sim, foi irritante, seu filho encheu o saco por passar tantas horas esperando no aeroporto. Sim, foi decepcionante quando sua filha chegou em casa com péssimas notas no boletim. Sim, foi assustador quando você voltou para casa depois de receber do médico um diagnóstico terrível. Sim, foi cansativo passar mais uma noite sem dormir com seu filho pequeno.

Mas a pergunta, ou melhor, a oportunidade é: isso serviu para aproximar vocês?

Não precisa, é claro. Você pode ficar com raiva. Pode ficar aborrecido. Pode ficar sobrecarregado, aflito, transtornado. Ou... você pode saborear o momento — mesmo que seus filhos estejam chorando, mesmo que você esteja desapontado, mesmo que *você* esteja chorando. Em vez disso, você pode sentir *amor* e *gratidão* e *felicidade*.

Porque essa é uma chance para conversar. É uma chance de ver seus filhos de um ângulo diferente. É uma chance de fazer perguntas. É uma chance de passar algum tempo juntos. Uma crise, como os políticos gostam de dizer, não se desperdiça. É uma chance de fazer coisas que vocês nunca fizeram. Coisas que não seriam possíveis em circunstâncias normais.

É sempre uma chance de se aproximar. De amar mais. De entender melhor.

20 de abril
NÃO É JUSTO

> Os velhos são sempre muito impacientes com os jovens. Os pais sempre esperam que seus filhos tenham suas virtudes, mas não seus defeitos.
>
> Winston Churchill

Esperamos muito de nossos filhos. Nós os pressionamos, cobramos. Nós os instigamos. Nós dizemos a eles o que fazer. Nós os punimos — mesmo de leve — quando ficam aquém e deixam a desejar.

O que perdemos de vista é que muitas vezes as nossas expectativas são impossíveis para esses pequenos seres humanos que carecem das décadas de experiência de vida às quais nós, desatentos, não damos o devido valor.

Não existe padrão nem receita a ser copiada. Supor que existem ou, pior, imaginar que existem e depois julgar nossos filhos com base nessas expectativas é extremamente injusto. Podemos criar expectativas em relação a nossos filhos? Sim. Podemos tentar tomar providências para que eles não caiam nas mesmas armadilhas ou desenvolvam os mesmos vícios que nós? Seria um crime se não fizéssemos isso.

Mas temos que nos lembrar de que eles são iguais a nós... para o bem *e* para o mal. Eles viveram a vida inteira na mesma casa que nós. Eles aprenderam com nossos exemplos, inclusive os ruins... *especialmente* os ruins, em muitos casos. Eles não serão perfeitos. Eles terão as nossas fraquezas... e possivelmente algumas fraquezas próprias também. E puni-los com nossas expectativas utópicas, ainda que não seja nossa intenção, literalmente pelos pecados do pai, é uma profunda injustiça.

Nosso trabalho é amá-los e ser pacientes com eles, e não exigir deles o impossível.

21 de abril
NUNCA FAÇA ISSO

> [Catão, o Velho] costumava dizer que um homem que bate na esposa ou no filho está colocando mãos sacrílegas sobre a coisa mais sagrada do mundo.
>
> PLUTARCO

Por sorte, estamos em um ponto da história em que a maioria das pessoas não precisa mais ouvir este conselho; porém, infelizmente, algumas ainda precisam. Talvez elas estejam lendo este livro. Talvez não. Mas vale a pena dizer novamente com todas as letras; sempre vale a pena ter em mente o precioso tesouro que lhe foi confiado.

Levantar a mão, aberta ou fechada, para bater ou ameaçar bater no cônjuge ou nos filhos é inaceitável.

Não importa quanto você esteja furioso. Não importa quem começou. Não importa quantas vezes você chamou a atenção do seu filho. Não importa que seus pais faziam o mesmo com você. Não importa que em algumas culturas ainda seja uma prática aceita.

Faz dois mil anos que sabemos, no fundo, que encostar um dedo no cônjuge ou nos filhos é errado. Você está aqui para protegê-los, servi-los e amá-los. Violar esse dever porque não consegue se controlar no calor do momento, porque se irritou? Isso é violar um juramento sagrado. E, uma vez que você faz isso, nunca mais pode ser desfeito.

Você não pode fazer isso. *Nunca*.

22 de abril
É BOM QUANDO ELES SÃO RUINS?

Em um artigo publicado no jornal *The New York Times*, Melinda Wenner Moyer (autora do fantástico livro *How to Raise Kids Who Aren't Assholes* [Como educar os filhos para não serem idiotas]) pede ao leitor que pondere sobre aquela que possivelmente é a ideia mais contraintuitiva no que diz respeito à criação dos filhos: a de que talvez, apenas talvez, não seja um problema tão grave assim quando os filhos se comportam mal. Pode ser, sugere ela, que na verdade esse comportamento seja um sinal de como eles se sentem amados e seguros. Melinda escreve:

> Pense desta forma: quando as crianças são sempre respeitosas, prestativas e obedientes com os adultos, invariavelmente é porque têm medo desses adultos. Não é por acaso que as pessoas que se gabam de como seus filhos são bem-comportados também podem ser aquelas que usam frases como "Poupar a vara é estragar a criança" e "Criança muito acariciada nunca foi bem-educada".

Isso não quer dizer que o caos seja algo bom, que não se deve impor nenhuma regra. É um lembrete para que você, antes de se considerar um péssimo pai porque seu filho lhe desobedeceu ou porque ele fez birra, reflita sobre *o que significa ele se sentir confortável de fazer isso na sua frente*.

Na verdade, pode ser que seus filhos ouçam você — sobretudo quando você diz que os apoia, que os ama de maneira incondicional, que deseja que eles pensem por conta própria. É possível que eles o respeitem profundamente. Porém, ainda mais do que isso, pode ser que confiem em você mais do que em qualquer outra pessoa no mundo.

23 de abril
NÃO EMPURRE SEUS FILHOS PARA LONGE

É lógico que os filhos podem ser irritantes. Malinhas sem alça. Crianças berram no seu ouvido e mancham suas roupas com as mãos emporcalhadas de comida e sujeira. As crianças podem tirar o seu fôlego quando se empoleiram feito macaquinhos nas suas costas e agarram o seu pescoço.

No entanto, você tem que absorver tudo isso. Mesmo que doa. Mesmo que você ame a camisa agora arruinada. Mesmo que você não consiga respirar. Você não pode empurrar seus filhos para longe.

Sim, claro, você tem que explicar a eles o que é apropriado e o que não é. Claro que você tem que proteger seu próprio bem-estar físico. Mas a questão é que as crianças ainda não têm ideia de como as ações delas afetam outras pessoas. Nem mesmo os adolescentes compreendem totalmente o conceito de consequências, de causa e efeito (por que você acha que eles dirigem feito loucos, comem um monte de porcaria e falam todo tipo de besteira?). O que eles conseguem compreender é que você fica chateado e se afasta.

As crianças sentem sua energia mudar, mesmo que não sejam capazes de definir em palavras *qual é* a sensação que isso causa nelas e *como* isso as afeta. E o aspecto mais difícil de tudo é que esse sentimento doloroso e confuso — por mais que seja provocado e instintivo — pode permanecer com elas para sempre. Portanto, trabalhe para ter o controle de si mesmo. Trabalhe para ficar com a casca mais grossa.

Com toda a delicadeza, você pode tirar os bracinhos dos filhos enroscados do seu pescoço. Você pode comprar uma camisa nova. Você pode inverter o jogo e brincar de correr atrás deles. Você pode fazer o que era chato se tornar divertido. Você pode conversar com eles com calma, corrigi-los e, então, com brandura, transformar a dor em um momento de conexão profunda. Isso está inteiramente nas suas mãos.

24 de abril
E SE ALGUÉM TRATASSE SEUS FILHOS DESSA MANEIRA?

Imagine que você contrata uma babá e a flagra mexendo no celular em vez de tomar conta de seu filho — você ficaria furioso. Imagine que você entra numa sala e dá de cara com um professor, um avô ou *qualquer um* gritando com seu filho — você perderia as estribeiras. Imagine que você ouve alguém fazendo um comentário sarcástico sobre seu filho, uma provocação ou intimidação — no mesmo instante você o defenderia.

No entanto... você mesmo faz algumas dessas coisas! Você sente a frustração crescendo quando seu filho se recusa a ouvi-lo, e de repente, *bum!*, agarra o braço dele e berra: "PARE COM ISSO AGORA!" Você ignora o jogo de futebol do seu filho. Você finge não ver suas incessantes tentativas de chamar sua atenção. Pior ainda: sua atenção está em outro lugar enquanto seu filho brinca na piscina... e por quê? Por causa de um e-mail? Por causa de uma mensagem? Por causa do feed do Twitter? Você se acha engraçado e gosta de fazer piadinhas e brincadeiras... mas se visse outra pessoa fazendo isso, sabe do que você chamaria? *Bullying*.

Jamais deixaríamos escapar impune alguém que tivesse as mesmas atitudes que, no nosso próprio comportamento, nós racionalizamos, desculpamos ou justificamos. Isso não quer dizer que você seja abusivo ou um pai ruim, de forma alguma. É apenas um lembrete: seu trabalho não é somente proteger seus filhos de outras pessoas. É protegê-los também de seus próprios maus hábitos, sua própria impaciência, seu próprio temperamento irascível, seus próprios defeitos. É exigir de si mesmo o que esperaria de *qualquer um* a quem confiasse a segurança e o bem-estar de seus filhos. Ou seja, você tem que exigir o *melhor* de si mesmo.

Sem desculpas. Preste atenção em si mesmo como você assistiria ao comportamento da babá por uma câmera. Confie, mas verifique, como você agiria em uma escola ou creche nova. Pergunte a si mesmo: eu deixaria que alguém fizesse o que estou fazendo?

25 de abril
ADIE, ADIE, ADIE

> Um homem irritado abre a boca e fecha os olhos.
>
> Catão, o Velho

Sêneca afirmou: "O adiamento é o melhor remédio para a raiva." É a mais pura verdade.

Adiar é a melhor maneira de desanuviar a mente, assegurar que a raiva não vai levar você a fazer algo de que vá se arrepender depois. A raiva é um exagero. Ela intensifica o pior em todas as situações. A raiva também é um agravante. Pega uma situação ruim e a *torna* pior por causa da reação desmedida que produz em nós.

O adiamento ajudará você a dar um jeito para que isso não aconteça, que a raiva não leve a melhor. Da próxima vez que estiver irritado, respire fundo cinco vezes e veja se consegue voltar ao mesmo nível de fúria de antes. É quase impossível.

Ora, ninguém está dizendo que você não pode reagir. Você provavelmente terá que lidar com o problema que fez seu sangue ferver, seja lá o que tenha sido. Terá que tomar uma atitude. Seus filhos precisam aprender que mentir é inaceitável, que responder à mãe de forma agressiva ou desrespeitosa é intolerável, que deixar o fogão aceso pode incendiar a casa. Mas espere um minuto, dê tempo ao tempo. Saia para uma caminhada. Coloque um lembrete para trazer o assunto à tona no dia seguinte. Lide com o problema quando chegar em casa depois do trabalho. Deixe que as cabeças mais frias prevaleçam.

Faça disso um momento de aprendizagem. Ensine a seus filhos que é possível controlar suas reações.

26 de abril
OS MOMENTOS DE BRANDURA IMPORTAM

> Errar é humano; perdoar é divino.
>
> ALEXANDER POPE

Na Geórgia, em meados da década de 1930, quando tinha apenas dez anos, Jimmy Carter foi pescar com o pai. Durante a pescaria, o pai ia amarrando cada vez mais peixes em um espinhel que enganchou no passador do cinto de Jimmy, motivo de muito orgulho para o menino.

Porém, várias horas depois, Jimmy olhou para baixo e percebeu que a linha do espinhel havia se rompido ou se soltado sem que o menino percebesse. Em um desesperado frenesi, ele mergulhou na água na esperança de encontrar os peixes, aterrorizado de que seu pai ficasse zangado.

"Qual é o problema?", perguntou seu pai.

"Perdi os peixes, papai."

"Todos eles?"

"Sim, senhor, sim, senhor", foi tudo o que Jimmy conseguiu dizer em meio às lágrimas.

"Papai raramente tinha paciência para tolices ou erros", refletiria Carter oitenta anos mais tarde. Mas então, depois de uma longa pausa, seu pai sorriu e disse:

"Deixe pra lá, filho. Há muito mais peixes no rio. Nós os pegaremos amanhã."

Tantos anos depois, era desse momento de paciência, bondade e perdão que Carter se lembrava. Os peixes não importavam mais; na verdade, nunca importaram. O que importava era que seu pai sabia do que Jimmy precisava naquele momento.

E você, entende o poder da brandura, da ternura e da tolerância? Consegue deixar as coisas pra lá? Consegue controlar seu temperamento e suas frustrações? Sabe quando é hora de estabelecer limites e quando é hora de puxar os filhos para mais perto?

27 de abril
VOCÊ É A VOZ NA CABEÇA DE SEUS FILHOS

> O fator mais influente da sua vida é a voz que ninguém ouve. O que determina a qualidade de sua vida é a maneira como você revisita o tom e o conteúdo dessa voz oculta.
>
> Dr. Jim Loehr

Você está apenas tentando fazer com que seus filhos se comportem, escutem, parem de bater na irmãzinha, levem a escola a sério, façam *seja lá o que for*. Por isso você fala com firmeza, até mesmo com rispidez. Você está cansado, já teve essa conversa mil vezes, e pode não estar sendo tão delicado quanto deveria. Talvez você até tente fazer piada com isso, para suavizar a forma áspera com que expressa sua opinião sobre o que eles estão fazendo... só que a piada atinge um ponto fraco.

Nesses momentos, você *sabe* o que está fazendo? Você está consolidando uma voz muito específica na cabeça de seus filhos.

Tudo o que dizemos, cada interação que temos com nossos filhos, acaba por moldá-los. A maneira como falamos com eles alicerça a forma como eles falarão consigo mesmos. Se quiser uma prova cabal disso, pense em todos os complexos, traumas e narrativas que você mesmo aprendeu com seus pais — talvez coisas que analise na terapia agora, décadas depois.

Então, enquanto puder, antes que seja tarde demais... contenha-se, controle-se. Pense em como você pode ser um ancestral em vez de um fantasma. Faça com que cada interação seja gentil, paciente e amigável. Fale com eles do jeito que gostaria que eles falassem consigo mesmos. Porque não é uma questão de *se* eles vão internalizar as coisas que ouviram na infância; é uma questão de *o que* eles vão internalizar. Coloque uma *boa* voz na cabeça de seus filhos para que eles possam se lembrar das coisas boas.

28 de abril
VOCÊ SE IMPORTA MESMO?

> Um ponto-chave a se ter em mente: é melhor não dar às pequenas coisas mais tempo do que elas merecem.
>
> Marco Aurélio

Parece ser muito importante para você: que seus filhos não batam a porta com força; que as tarefas domésticas sejam feitas de certa maneira; que tudo seja guardado imediatamente; que eles coloquem os pés no chão, não em cima dos móveis.

Mas a verdade é que você não se importa com essas coisas em si. *Você não se importa*. Se tivesse que escolher entre seus filhos terem lembranças agradáveis e manter as paredes de casa limpas, você escolheria os momentos divertidos. Se tivesse que escolher entre notas um pouco mais baixas na escola e seus filhos tendo mais autoestima, escolheria a autoestima. Se tivesse que escolher entre qualquer outra coisa e a segurança, a felicidade e a autoimagem de seus filhos, jamais escolheria *qualquer outra coisa*.

No entanto, aí está você, sendo cabeça-dura e discutindo sobre as mesmas idiotices de novo. Transformando bobagens em cavalos de batalha. Preferindo ter razão a ser feliz. Escolhendo proteger um pedaço de reboco ou gesso acartonado para o qual, *admita*, você não dá a mínima. O que realmente importa, ou seja, o que essas regras de fato representam são a obediência e o controle. O que realmente preocupa você, motivo pelo qual você está insistindo, é a profunda ansiedade de que talvez você esteja estragando seus filhos.

Relaxe! Releve. Deixe essas coisas de lado. Sério, deixe pra lá. Você não vai se arrepender.

29 de abril
QUANTO TEMPO VOCÊ AGUENTA?

> Pessoas gentis nunca se envolvem em discussões; e aqueles que gostam de discutir nunca são gentis.

Lao Tsé

No fim das contas, você vai desejar ter brigado menos com seus filhos. Vai desejar ter arranjado menos encrenca por tantas coisas pequenas. Ninguém olha para trás e examina a própria vida ou a vida dos filhos e pensa: *"Estou tão feliz por termos entrado em todas aquelas discussões. Estou feliz por ter sido tão duro com eles. Estou feliz que finalmente tenham aprendido todas as regras."*

Você sabe disso. Tudo bem. Então, hoje, quanto tempo você aguenta?

Quanto tempo você aguenta ficar sem repreender seus filhos? Sem emitir opiniões sobre as escolhas de seu filho adolescente? Sem fazer questão de lembrar que ele precisa parar de arrastar os pés, apoiar os cotovelos sobre a mesa, deixar as coisas espalhadas pela casa?

Tente eliminar o tom crítico nas interações com seus filhos. Isso não significa que você precisa ser positivo ao nível da ingenuidade com eles, apenas que deve tentar parar de incomodá-los com tantas besteiras. Nada disso importa agora — por mais que você tente convencê-los, e a si mesmo, do contrário —, e sem sombra de dúvida não importará daqui a alguns anos, quando todos vocês estiverem refletindo sobre a vida que tiveram juntos.

Então, segure um pouco as críticas e pare de apontar defeitos. Lembre-se: você não precisa ter opinião sobre tudo. Se puder deixar de lado algumas dessas críticas ou mantê-las bem guardadinhas no bolso de trás, você e seus filhos serão mais felizes.

30 de abril
QUEM MERECE SUA PACIÊNCIA?

O pai da ex-chanceler da Alemanha, Angela Merkel, era pastor na Alemanha Oriental. Amado por sua congregação, ao longo de muitos anos ele forjou um profundo vínculo com os paroquianos. Mas dentro de casa as coisas eram um pouco diferentes. Ele era severo e impaciente. "O que realmente me deixava com raiva quando criança era sua maneira de demonstrar tanta compreensão com as outras pessoas", refletiria sua filha, "mas se nós, os filhos dele, fizéssemos algo de errado, sua reação era completamente diferente."

Era evidente que o pai dela era *capaz* de ser compreensivo e gentil — ele fazia isso o dia inteiro, todos os dias, como parte de seu trabalho. Mas talvez fosse este o problema: o pai esgotava a paciência no trabalho, e não sobrava nenhuma para a família quando voltava para casa. Ou talvez ele tivesse dois padrões diferentes para si mesmo, o profissional e o pessoal, um comportamento público e outro em âmbito privado. Ou talvez cometesse o erro que muitos de nós cometemos, esquecendo que nossos filhos são pessoas pequenas com problemas assim como todas as outras, apenas de tamanho diferente. E, por causa disso, às vezes não os tratamos com o nível apropriado de dignidade, respeito e compaixão.

Você não grita com um colega de trabalho só porque ele deixou uma porta aberta. Se for treinador de um time esportivo, não pune um de seus jogadores por pedirem mais atenção e orientação suas. E, no entanto, crianças no mundo inteiro tiveram relacionamentos parentais em que esse foi exatamente o tipo de tratamento recebido, de pais que estavam no limite de suas forças e com a paciência esgotada.

Seja bondoso e gentil com sua família. Faça todo o possível para que seus filhos recebam a mesma paciência e compreensão que você demonstra para com todos os outros. Na verdade, esqueça isso: faça todo o possível para que eles recebam *mais*. Porque muito tempo depois de você ter saído desse emprego ou deixado de treinar aquele time, seus filhos ainda serão seus filhos.

MAIO

CARÁTER É DESTINO

(LIÇÕES SOBRE O QUE É CERTO E ERRADO)

1º de maio
ISTO PREVÊ TUDO

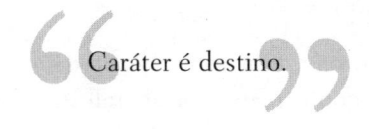

> Caráter é destino.
>
> HERÁCLITO

Quem uma pessoa é determina os acontecimentos e as possibilidades do futuro. Isso vale nos esportes, na política, nos negócios. Qualquer que seja a extensão do talento de uma pessoa, de seus incentivos, da grandeza do sistema que o cerca... No fim das contas, o caráter é o que importa. O caráter não pode ser escondido nem compensado.

É um traço evidente.

A função do pai, ao tentar proporcionar um mundo melhor para os filhos e criá-los para serem bons neste novo ambiente, é valorizar o caráter e moldá-lo. É ensinar valores a eles. Elogiá-los e recompensá-los por essa característica quando você a percebe neles. Sim, queremos que sejam inteligentes. Sim, queremos que sejam ambiciosos. Sim, queremos que sejam criativos e trabalhadores. Mas essas qualidades não valem de nada se não estiverem associadas a um bom caráter.

Hoje percebemos os custos de ignorar esse fato em todas as facetas da vida. Precisamos mudar isso. E a tarefa começa em casa.

2 de maio
O SEU CARÁTER DESENVOLVE O DELES

A imagem do Escalade preto batido na árvore estava por toda a parte. Em seguida, as mulheres começaram a se manifestar: primeiro uma, depois outra, então uma terceira. Até que ele acabou confessando. Tiger Woods havia traído a esposa... com mais de 120 mulheres.

Uma novidade para todo mundo. Mas quem o conhecia mais intimamente ficou um pouco menos impactado. E quem o conhecia *muito bem* não ficou nada surpreso. Os biógrafos de Woods, Jeff Benedict e Armen Keteyian, mencionam aqueles "clichês bem manjados": "Tal pai, tal filho... Filho de peixe, peixinho é." Por muitos anos, quando Earl Woods levava o filho Tiger para torneios de golfe em todo o país, não fazia "nenhum esforço para esconder seus vícios". Mulheres entravam e saíam dos quartos de hotel. Ele parava em lojas de conveniência e saía com sacolas cheias de garrafas de bebida. Convidava garçonetes para fumar um cigarro com ele.

Os jogos de azar, as garçonetes, a infidelidade... não eram um desvio de conduta para Tiger. *Eram o seu caráter*, ou melhor, eram traços de caráter e conduta *ensinados* pelo pai dele. Algo construído a partir do modelo e do exemplo do pai, Earl. Filho de peixe, peixinho é, uma vez que um dá origem ao outro.

3 de maio
REFORCE ESSA CARACTERÍSTICA

A principal e mais importante influência sobre a rainha Vitória não foi sua mãe, mas sua amada governanta, a baronesa Lehzen, que mais tarde se tornou sua conselheira e amiga.

Foi Louise Lehzen quem forneceu a espinha dorsal para que Vitória se tornasse uma das grandes rainhas da Inglaterra, tendo governado por sessenta e três anos, mais de quarenta deles sozinha. Como disse Lehzen, com a modéstia que lhe era peculiar:

> Com certeza, não criei na princesa, e sim alimentei, uma qualidade, que é testar, considerar e permanecer firme àquilo no qual ela acredita ser certo e bom.

Você tem muitas responsabilidades como pai, mas nenhuma delas supera esta. É verdade, queremos que nossos filhos sejam inteligentes. Que sejam úteis e saudáveis. Que se saiam bem na escola. Mas nada disso será possível sem ter alimentado a habilidade que Lehzen ajudou Vitória a cultivar.

Persiga este objetivo todos os dias.

4 de maio
ENSINE A ELES ESTAS QUATRO VIRTUDES

> Se, em algum momento da vida, você se deparar com qualquer coisa melhor do que justiça, verdade, autocontrole e coragem, deverá ser uma coisa extraordinária de fato.
>
> MARCO AURÉLIO

Aristóteles as adorava. Cristãos e estoicos também. No Ocidente, nós as chamamos de "virtudes cardeais", da palavra latina *cardo*, que significa "curvar". Estas são as virtudes para as quais a boa vida se curva, aquelas que todo pai é obrigado a ensinar aos filhos:

Coragem: para levantar, seguir em frente, não ter medo nem timidez.

Moderação: para conhecer o equilíbrio, ter autocontrole, evitar excessos ou extremos.

Justiça: para fazer a coisa certa, cuidar dos outros, cumprir seu dever.

Sabedoria: para aprender, estudar, manter a mente aberta.

Esses são os quatro princípios essenciais para a vida.

Como pai, você deve venerar essas virtudes... e criar filhos que façam o mesmo. Seja um modelo vivo dessas qualidades e ensine, por meio de exemplos e instruções, como eles também podem conseguir isso. A vida deles, assim como o futuro, depende disso.

5 de maio
TUDO O QUE VOCÊ FAZ É ENSINAR

> Pregue o Evangelho o tempo todo. Use palavras se necessário.
>
> São Francisco De Assis

Quando jovem, o boxeador campeão e ativista dos direitos civis Floyd Patterson só se metia em encrenca. Ele roubava, matava aula e acabava se envolvendo em brigas. Em um triste episódio, ele tirou uma foto de si mesmo e acabou raspando os olhos que o encaravam na imagem... Não gostava do que via. Em determinado momento, as autoridades acabaram mandando-o para um reformatório.

Poderia ter sido mais um capítulo trágico em uma vida trágica. Em vez disso, Patterson teve a sorte de ser enviado para uma instituição no norte do estado de Nova York. Lá, sob a orientação de um psicólogo gentil e não convencional, o dr. Papanek, o mundo de Patterson mudou. Pela primeira vez, ele foi compreendido. Ele era mais que "reformado", na linguagem do sistema prisional americano; ele era amado. De acordo com a filosofia do dr. Papanek:

> A punição apenas ensina a criança a punir. A repressão por professores a ensina a repreender. Ao mostrar a ela que compreendemos, nós a ensinamos a compreender. Ao ajudar, nós a ensinamos a ajudar. Ela aprende a cooperar cooperando.

É bem provável que seus filhos não se envolvam em problemas tão sérios. Espera-se que não sejam um caso praticamente perdido como a maioria das pessoas ao redor de Floyd achavam que ele era. De qualquer modo, a lição é a mesma: em tudo o que fazemos com eles, para eles e perto deles, estamos ensinando. Mesmo quando temos boas intenções, mesmo quando eles estão errando, como explicou o dr. Papanek, estamos ensinando... muitas vezes o oposto do que gostaríamos de mostrar, mas mesmo assim.

6 de maio
ENSINE-OS A VARRER O GALPÃO

O All Blacks da Nova Zelândia é a franquia de rúgbi mais bem-sucedida de todos os tempos. Seu legado rivaliza com as grandes equipes em quase todos os demais esportes, desde o San Antonio Spurs até o New England Patriots e a Seleção norte-americana de futebol feminino. Como eles fizeram isso?

Sendo fortes, é óbvio. Sendo extremamente talentosos, é evidente. Mas há um elemento menos conhecido e contraintuitivo para o sucesso da equipe: eles limpam tudo antes de deixar qualquer local. Em seu livro *Legado*, James Kerr mostra a equipe arrumando o vestiário depois de um jogo:

> Varrendo.
> Arrumando com todo o cuidado,
> para que ninguém tenha que limpar a sujeira dos All Blacks.
> Porque ninguém toma conta dos All Blacks.
> Eles tomam conta de si mesmos.[*]

Se quisermos que nossos filhos arrumem tudo, temos que ensinar por que isso é importante. Se quisermos que cuidem de si mesmos, temos que ensinar a encontrar orgulho e satisfação nisso. Se quisermos que eles varram os galpões, temos que ensinar que não se trata de uma tarefa qualquer, mas de uma prioridade. Um atestado de caráter, compromisso e autossuficiência... Um exemplo de quem você é.

Nossa forma de fazer uma coisa, qualquer que seja, exemplifica nossa forma de fazer tudo. Essa é a lição que temos que passar para nossos filhos. Deixar uma bagunça por aí não é apenas uma bagunça, mostra que *você está uma bagunça*.

---

[*] *Legado — 15 lições de liderança*, de James Kerr. Tradução de Maria Silvia Mourão Netto. São Paulo: Benvirá, 2016.

7 de maio
NÃO ALIMENTE O EGO

Você ama seus filhos mais do que qualquer coisa. Acha que eles são presentes de Deus (e, para você, são mesmo!). Quer que eles saibam como você se sente em relação a eles e fica chateado quando eles se sentem mal consigo mesmos. Todos esses são sentimentos perfeitamente saudáveis e louváveis.

Ao mesmo tempo, devemos ter certeza de que não estamos inflando o ego deles com elogios sem fim. Temos que controlar nossa tendência natural em relação às virtudes deles e limitar nossa cegueira quanto aos vícios. Como Sêneca escreveu, isso requer falar com honestidade, com bondade, e responsabilizá-los por suas ações. Mesmo que isso nos doa. Sêneca explica:

> A bajulação deve ser mantida bem fora do alcance da criança. Deixe que ela ouça a verdade, que, às vezes, a tema, porém sempre a reverencie. Deixe que se levante na presença dos mais velhos. Não permita que obtenha qualquer coisa com acessos de raiva: que ela receba quando estiver quieta o que lhe foi recusado quando gritou. Deixe que ela tenha conhecimento das riquezas do pai, mas não faça uso delas; deixe que seja repreendida pelo que faz de errado.

Sêneca sabia que manter esse equilíbrio não é fácil para nenhum pai. Mas se nosso objetivo é criar crianças equilibradas e conscientes de si, teremos que nos esforçar. Mesmo que nosso instinto se adiante para dizer que nossos filhos são os melhores e mais especiais do mundo.

8 de maio
A PUNIÇÃO DEVE TORNÁ-LOS MELHORES

> Punir os outros é como colocar mais lenha na fogueira. Todo crime em si já é uma punição, mais cruel e mais justa do que qualquer uma criada por outrem.
>
> LIEV TOLSTÓI

Randall Stutman recebe muitas perguntas sobre ser pai dos CEOs e executivos com quem trabalha como coach de liderança. Já sabemos quanto ele reprova transições rápidas entre o trabalho e a casa, mas ele tem mais um conselho para líderes poderosos que também querem ser ótimos pais:

Punições devem torná-los melhores.

Um conselho muito apropriado vindo de um coach. Pense nisto: um treinador de basquete desapontado com o empenho de um jogador pede que ele faça sprints ou flexões. Não é divertido *e* deixa a pessoa mais forte. Um jogador de futebol que não obtêm o desempenho escolar adequado tem que assistir às aulas extras. Um atleta que se mete em problemas fora da quadra pode ter que realizar serviço comunitário ou escrever uma carta pedindo desculpas. São mais do que simples castigos. São punições estratégicas, que tornam os transgressores melhores tanto como jogadores quanto como pessoas.

Quando ficar chateado, quando pegar seu filho fazendo algo que não deveria, não se deixe tomar pela emoção (seja raiva, medo ou vergonha) ao puni-lo. Pare um pouco. Pense em um castigo que os torne melhores. Algo que eles não *escolheriam* fazer, mas que será bom para eles. Fazer exercícios de vocabulário. Memorizar capitais. Realizar trabalho voluntário. Recolher o lixo. Pintar a casa.

Eles não vão gostar, mas um dia podem vir a agradecê-lo por isso.

9 de maio
OCUPADO DEMAIS PARA SE COMPORTAR MAL

Uma vez perguntaram a Harry Truman se ele costumava se meter em encrencas quando era criança. "Muito, mas muito raramente. Eu estava sempre ocupado. Aos catorze anos já tinha lido todos os três mil livros da biblioteca", disse ele. Havia algum encrenqueiro no seu bairro ou na sua escola? "Ah, sim, havia uns meninos terríveis", respondeu ele. "Mas eu estava ocupado demais lendo livros para me comportar mal."

O capítulo do mês de setembro está repleto dos benefícios de se educar filhos leitores, mas Truman dá uma ótima razão para mencionar isso aqui também, em maio: os leitores muito, muito raramente, se metem em encrenca. Eles já vivem em um mundo de altos riscos (nos grandes romances, nos épicos, nas narrativas históricas), por que sair por aí criando drama e problemas no mundo real? Eles já estão muito ocupados.

As crianças se metem em encrenca por muitas razões, é claro, mas "não ter nada melhor para fazer" é algo que você, pai ou mãe, pode resolver agora. Apresente-os ao mundo dos livros. Desafie-os, incentive-os a ler. Deixe-os se apaixonarem por esses universos e viver lá quanto tempo quiserem.

Garanto que vocês dois se meterão em bem menos encrencas.

10 de maio
SUCESSO É ISSO AQUI

A Bíblia apresenta uma boa definição de vida bem-sucedida: "Um ancião deve ser irrepreensível, fiel à esposa, um homem cujos filhos são confiáveis e não estão sujeitos à acusação de serem selvagens e desobedientes."

Podemos desconsiderar o gênero e ainda assim é verdade. Nossas funções são:

- viver uma vida honrada;
- tratar bem nosso cônjuge (e respeitar nosso casamento);
- ensinar os filhos a serem honestos e confiáveis;
- evitar mimá-los.

E se, além de tudo isso, você ainda puder ser bem-sucedido ou famoso ou respeitado em seu ofício... fantástico! Apenas lembre-se de que nenhum ganho material terá importância — especialmente no fim da vida — se você falhou em ser bom para aqueles com quem mais gostaria de ter compartilhado esses ganhos.

11 de maio
VOCÊS SÃO OS MOCINHOS?

Isto é o que o menino pergunta ao pai em *A estrada*, de Cormac McCarthy: "Ainda somos os mocinhos?"

É a doçura do menino, sua insistência em fazer a coisa certa e gentil, apesar das coisas ruins no mundo, que impede o pai de entrar em desespero ou partir para a crueldade.

Vocês são os mocinhos? Ou você se deixou ser estragado por suas visões políticas? Ou quem sabe corrompido pela profissão que exerce? Ou ainda se tornou insensível e indiferente por conta de todas as responsabilidades e tensões da vida? Está ocupado demais se preocupando com as prestações da casa ou com a próxima partida de golfe para se importar com outras pessoas? Será que trilhou um caminho sem volta? Que o impede de questionar e refletir? E quanto à possibilidade de ver as coisas sob uma nova perspectiva?

A boa notícia é que você tem um menino como o do livro na sua vida. Seus filhos são uma fonte maravilhosa de inocência e pureza. Eles enxergam as coisas com novos olhos. Ainda não estão calejados. Também são uma espécie de garantia. Por que você deveria mudar? Por que deveria ser, sim, um dos mocinhos? *Para eles e por eles.*

Dê esperança a eles. Seja um modelo. Seja um dos mocinhos.

12 de maio
O QUE IMPORTA MAIS QUE OS RESULTADOS

Atriz Tracee Ellis Ross tem uma mãe famosa e talentosa, vencedora de diversos Grammys, lenda da Motown: Diana Ross. É de se pensar que alguém tão bem-sucedido se importaria demais com conquistas. Um pai motivado incentiva a obter boas notas, a ganhar jogos, a ser os mais fortes, os mais bonitos ou os mais populares, a seguir seus passos. Seus altos padrões se estendem e influenciam a escolha da faculdade, a escolha da profissão.

Mas Tracee teve sorte. A mãe dela fez a coisa certa. Porque, enquanto a maioria dos pais pergunta "Como estão as notas?", "Você ganhou?" ou "Você é o melhor da sala?", Diana Ross perguntava: "Você fez o seu melhor? Como você se sente em relação a isso, filha?" Tracee (que teve um começo instável, mas se tornou uma atriz muito realizada) explicou que a ênfase da mãe lhe ensinou uma mudança de perspectiva essencial: "Como transitar pela vida sob a ótica de como ela é para você, ao contrário de como ela parece para os outros."

O que importa mais que as notas dos filhos na escola são as prioridades que eles escolhem e os valores que absorvem. Então esta é a questão: você está ensinando que as notas são o mais importante ou o aprendizado em si? Está ensinando que o sucesso é vencer competições arbitrárias ou se tornar a melhor versão de si mesmo?

Os resultados não importam. Pelo menos, não os óbvios. O que conta é quem seus filhos estão se tornando e suas atitudes ao longo dessa jornada para ajudá-los.

13 de maio
FAÇA-LHES ESTA PERGUNTA TODOS OS DIAS

> Onde quer que haja um ser humano há uma oportunidade para a bondade.
>
> Sêneca

Vivemos enchendo nossas crianças de perguntas: *Como foi a escola? Como foi o treino de beisebol? Você se comportou? O que o professor disse sobre sua nota de matemática? Você se divertiu com seus amigos?*

As perguntas servem para puxar assunto, porque estamos preocupados, porque consideramos as respostas importantes. Nossos filhos percebem isso. Eles são inteligentes o suficiente para entender que essas perguntas são um reflexo dos nossos valores, de como o mundo avalia uma pessoa e determina o significado de sucesso.

É por isso que é primordial que façamos perguntas que reforcem o que é de fato importante na vida. Coisas que não consideramos só conversa fiada sem relevância. A maneira como Diana Ross perguntava a Tracee Ellis Ross sobre como tinha sido o dia é um ótimo exemplo.

Aqui vai outro: em vez de perguntar aos seus filhos se eles se comportaram bem ou se tiveram um bom desempenho ou mesmo se se divertiram, pergunte *se eles fizeram algo gentil*. Pergunte a eles todos os dias: *Qual foi a sua boa ação de hoje? O que você fez por outra pessoa? Quem você ajudou?*

Pense na mensagem que isso transmite. Reflita sobre como isso os faz pensar sobre o próprio dia: rever as próprias ações sob a lente da empatia, de como elas afetam os outros. Avalie as prioridades que o seu monitoramento estabelece: a de que os pais não estão controlando quantas respostas os filhos acertaram, mas quantas *coisas certas* eles fizeram. Reflita sobre como o mundo seria melhor se todos pensassem assim, se todos fossem criados assim.

14 de maio
TENTE COMPETIR COM ISTO

> O certo é competir apenas consigo e torcer por todos os outros.
>
> CANDICE MILLARD

Todos nos vemos em meio a uma competição com outros pais. Na porta da escola, comparamos se o nosso carro é melhor ou pior ou se estamos bem-vestidos para o evento de arrecadação de fundos. Queremos ser admirados. Mas esse tipo de competição pode facilmente contaminar nossos filhos: queremos ter certeza de que eles tenham os mesmos tablets e celulares que os colegas; comparamos possíveis faculdades com as dos colegas e começamos a empurrá-los para serem oradores da turma, capitães do time de beisebol ou presidentes do conselho estudantil.

Esta não é apenas uma competição superficial, e sim estúpida e até destrutiva (como a dos pais de *Marcação cerrada* que cumprem sentenças de prisão devem nos lembrar). Não somente porque perder é inevitável (sempre haverá alguém mais rico, mais atraente, alguém cujos filhos são naturalmente mais talentosos), mas porque pode afetar nossos filhos da pior maneira possível.

Devemos dizer a eles que, se vão competir com alguém, que seja consigo mesmo, para ser a melhor versão de si. Deseje coisas que você de *fato controla*. E, não se engane, devemos nós mesmos seguir esse conselho.

Cobre a si mesmo para estar mais presente, para ser mais gentil, para se divertir mais com seus filhos... para superar o que herdou dos seus pais. Concentre-se nas coisas que dependem de você, que podem ser um exemplo para seus filhos à medida que eles se tornam quem você gostaria que se tornassem.

15 de maio
ENSINE-OS A TER EMPATIA

Segundo estudos, um dos maravilhosos benefícios de ler ficção é que o gênero ajuda a cultivar a empatia. Ao ler e experimentar a vida dos personagens nas páginas de um livro, somos lembrados de que nem todo mundo pensa e age como nós. Somos lembrados de que nem todos tiveram a mesma sorte que nós.

A ficção também pode ensinar essa empatia por meio de conselhos e admoestações específicas. Talvez você se lembre desta frase de abertura de *O grande Gatsby*:

> Em meus anos mais jovens e mais vulneráveis, meu pai me deu um conselho que venho revirando em minha mente desde então:
> "Sempre que sentir vontade de criticar alguém, lembre-se de que nem todo mundo teve os mesmos privilégios que você", disse ele.

É essencial que isso esteja bem claro para nossos filhos. Por isso é tão importante que leiam clássicos. Precisamos sempre, e de forma explícita, relembrá-los, da mesma forma que o pai de Nick Carraway faz no livro. Porém, mais importante, precisamos ser nós mesmos um modelo desse ensinamento.

16 de maio
NOSSOS ATOS REPERCUTEM

> É a partir de inúmeros atos de coragem, dos mais diversos, que a história humana é moldada. Cada vez que um homem defende um ideal ou age para melhorar a vida de outrem ou combate uma injustiça, ele envia uma pequena onda de esperança, que se cruza a partir de um milhão de diferentes centros de energia, construindo uma corrente capaz de varrer mesmo os muros mais resistentes da opressão.
>
> Robert F. Kennedy

No belo livro infantil *Each Kindness* (Cada gentileza), Jacqueline Woodson conta a história de uma jovem chamada Chloe que, segundo um comportamento bastante usual em crianças, trata um colega de classe de forma cruel. Ela é motivada a mudar quando a professora demonstra a maneira como a água se propaga quando se joga uma pedra nela.

Isso também acontece com a gentileza, explica a professora. Quando fazemos algo bom para alguém, isso repercute em nossa vida e em tantas outras por aí em uma onda de bondade. Quando Chloe, inspirada pela lição, decidiu mudar, era tarde demais. A garota que fora objeto de sua crueldade já havia saído da cidade. Hoje, sempre que joga uma pedrinha no lago perto de sua casa, Chloe só consegue pensar nas oportunidades perdidas que teve para melhorar a vida de alguém, para tornar seu dia melhor.

Um ensinamento valioso para nossos filhos, não? Ao tratá-los bem, com compaixão, empatia e amor incondicional, ajudamos não apenas a eles, mas a todos que eles vierem a encontrar. Que você se sinta encorajado ao saber que essa bondade, seja ela demonstrada em um gesto pequeno ou grandioso, repercutirá em sua vida mesmo depois de terem saído de casa, crescido, e muito depois de termos partido.

17 de maio
ENSINE-OS A DAR TUDO DE SI

O belo poema de Rudyard Kipling, "If" (Se), escrito como conselho para seu filho, tem a ver com resistência e virtude, honra e dever. Mas há um verso que não recebe tanta atenção, talvez por ser um pouco confuso:

Se puder, preencha o minuto implacável
Com sessenta segundos de distância

Kipling menciona a importância de dar tudo de si em prol de algo, seja fisicamente ou não. Há uma expressão no esporte que diz que "o jogo só acaba quando o juiz apita". No boxe e nas artes marciais, você só para de golpear o adversário quando ouve o sino. No beisebol, a meta é acertar a bola. Na corrida, ultrapassar a linha de chegada. Ou seja, tudo tem a ver com completar a ação. Dar cem por cento de si. *Jogar do jeito certo*.

Esta é uma lição importante para ensinar a nossos filhos: não parar na linha de chegada. Dar tudo de si. Persistir na tarefa até que seja concluída ou o tempo acabe. Preencher esse minuto implacável.

É a maneira correta de jogar... e viver.

18 de maio
ENSINE-OS A FAZER A COISA CERTA

"Apenas faça a coisa certa. O resto não importa."

Marco Aurélio

No belo e hilário romance *Um homem chamado Ove*, o jovem Ove trabalha no mesmo pátio ferroviário que o pai. Ele está limpando um vagão com outro funcionário, Tom, quando encontram uma pasta esquecida por um passageiro. Instintivamente, Tom parte para roubá-la. Ove fica surpreso. Poucos segundos depois, ele encontra e pega uma carteira deixada por outro passageiro.

Nesse momento, o pai de Ove entra e pergunta o que ele pretende fazer com a carteira. Ove sugere que eles a devolvam aos achados e perdidos, onde a mulher que a perdera logo foi procurar. "Poucas pessoas devolveriam tanto dinheiro", comenta a mulher. O pai de Ove responde: "Bem, muitas pessoas também não têm decência." Mais tarde, naquela noite, Ove perguntou ao pai por que ele não contou à gerência sobre a pasta que Tom havia roubado. O pai balançou a cabeça e respondeu: "Não somos do tipo que dedura os outros."

Em ambos os casos, o pai de Ove mostra ao filho o que é a decência. Decência tem a ver com as *nossas ações*. Não é um padrão que você estabelece para os outros. Decência é aquilo que *você faz* com uma carteira cheia de dinheiro. É assim que criamos nossos filhos. Não é algo do qual se gabar, não é algo sobre o qual fofocar, e sim algo a ser incorporado em nossas atitudes.

19 de maio
ENSINE-OS A SEREM MAIORES

Jim Lawson, de dez anos, estava andando pela rua quando, ao passar por um carro, uma criança pequena olhou para ele e o chamou de macaco. Atordoado com o ódio e a maldade, Lawson enfiou a mão no carro e deu um tapa no rosto do menino.

Quando sua mãe descobriu, ficou preocupada, e com razão. No Sul então segregado e racista dos Estados Unidos, as ações de um jovem negro poderiam levar a algo terrível e trágico nas mãos de adultos horríveis e irresponsáveis. Porém, mais do que isso, ela não queria que o ódio do mundo definisse ou mudasse a pessoa que Jim era.

"Que bem isso trouxe, Jimmy?", perguntou a mãe. "Todos nós te amamos, meu filho, e Deus também te ama, e todos nós acreditamos em você e em como você é bom e inteligente", explicou ela. "Nós temos uma vida boa, e a sua também será assim. Então eu lhe pergunto: vivendo cercado de tanto amor, que mal esse insulto estúpido faz? Nenhum, meu filho. São apenas palavras vazias e ignorantes de uma criança ignorante que saiu da sua vida assim que as proferiu."

Esse episódio mudou não só a vida de Jimmy, colocando-o no caminho da não violência, mas também o mundo: ele organizaria os primeiros protestos pacíficos em Nashville, na década de 1960.

A lição de sua mãe mostrou a Jimmy que ele estava acima das coisas horríveis que outras pessoas diziam e faziam, e que o que importava era *o que ele dizia e fazia*. O que importava era responder com bondade e amor. O que importava era saber que ele era bom e que era amado e que nada que alguém pensasse poderia mudar isso.

Os pais de Lawson lhe deram o dom de saber que ele era maior do que a pequenez das pessoas. Que ele poderia *ser* melhor e *fazer* coisas melhores. Hoje, aqui e agora, você é capaz de fazer o mesmo por seus filhos?

20 de maio
NÃO PRESSUPONHA QUE TUDO VAI DAR CERTO

Em *Meditações*, Marco Aurélio reserva um momento para se lembrar da "malícia, astúcia e hipocrisia que o poder ocasiona" e da "peculiar crueldade frequentemente demonstrada por pessoas de 'boa família'".

Mesmo que você seja bem-educado, tenha feito o bem para sua família e não seja um monstro, não há garantias de que passará esses traços louváveis para seus filhos. A vida é cheia de tentações. Somos presas fáceis para maus hábitos e más influências. Veja o exemplo dos filhos de Marco Aurélio. Ele e a esposa eram pessoas calmas e sábias... e, ainda assim, algo deu errado com Cômodo, que era perturbado e acabou sendo um terror para o império. Tão ruim quanto o Cômodo de *Gladiador*. Ou pior.

A questão é a seguinte: não é porque somos bem-sucedidos, porque podemos pagar as melhores escolas e sermos mais presentes do que nossos pais foram que estamos fora de perigo. Trata-se de uma tarefa difícil essa com a qual nos comprometemos. O risco é enorme. A margem para erros é pequena. As crianças não se "transformam" de repente em boas pessoas. É preciso *trabalho* para moldá-las, guiá-las, ensiná-las por meio do exemplo e impulsioná-las por meio da presença constante dos pais.

É seu dever oferecer tudo isso. Não dá para relaxar. Não pressuponha que tudo vai dar certo sem a sua dedicação.

21 de maio
"E O QUE VOCÊ FEZ?"

Na década de 1920, muito antes de ser poeta, de ser um objetor de consciência e de ter os próprios filhos, William Stafford era apenas uma criança vivendo em uma era em que o *bullying*, o racismo e todos os tipos de crueldade existiam de forma escancarada.

Um dia, o jovem William chegou em casa e relatou aos pais que duas crianças negras estavam sendo atormentadas pelos colegas na escola. Os pais então perguntaram: "E o que você fez a respeito, Billy?"

Observe que eles não ignoraram a situação por não se tratar de algo acontecendo *ao filho deles*. Nem correram para o telefone para ligar para os professores. Não gritaram. Não fizeram suposições. Usaram o episódio como uma oportunidade para enfatizar um ensinamento básico da vida: somos responsáveis uns pelos outros. Não podemos nos omitir diante das injustiças.

Pode-se imaginar que eles estavam esperando ouvir uma resposta que revelasse que o filho absorvera as lições que vinham tentando ensinar em casa durante toda a vida. Como faria qualquer bom pai, aqueles dois estavam testando para ver se o menino entendia como a virtude, o dever, a bondade e a decência humana devem ser praticados para serem aperfeiçoados. E dá para imaginar como devem ter se sentido ao escutar a resposta:

"Fiquei ao lado delas."

22 de maio
ENSINE SOBRE ESTAS TRÊS OBRIGAÇÕES

A vida é irritante, especialmente quando somos muito jovens. Quando crianças, sempre nos vemos diante de situações para as quais não temos experiência, para as quais não fomos preparados, para as quais parece não haver uma resposta evidente ou óbvia. Algumas delas são bastante importantes, como sofrer *bullying* ou quebrar um braço; outras são pequenas, como ficar nervoso quanto a dormir pela primeira vez na casa de um colega ou ter inveja de algum amigo. Às vezes, é uma bênção; outras, é a maldição do azar.

Como essas crianças devem reagir? Bem, é nossa função lhes ensinar. Porque, por mais díspar, irritante e único que cada momento da vida possa ser, existe um conjunto de valores capazes de fornecer orientação para toda e qualquer situação.

Seja lá qual for o desafio a enfrentar, nossos filhos devem saber que é possível resolvê-lo com base em:

- trabalho duro
- honestidade
- solidariedade

Isso nem sempre levará ao sucesso, é lógico, mas com certeza o resultado será algo do qual eles poderão se orgulhar. Sempre será útil. Seja uma mudança de sorte ou uma recompensa repentina, sejam eles culpados ou um mero espectador inocente, a vida exige o que nós, como pais, esperamos deles: trabalho duro, honestidade e solidariedade.

23 de maio
É MELHOR SER GENTIL DO QUE INTELIGENTE

Eis aqui um episódio da infância de Jeff Bezos. Certo dia ele estava com os avós, ambos fumantes, quando ouviu no rádio uma campanha antitabagismo explicando quantos minutos de vida a pessoa perde a cada cigarro consumido. Assim, sentado no banco de trás, sendo a típica criança precoce, Jeff colocou suas habilidades matemáticas em prática e, todo orgulhoso, disse à avó enquanto ela fumava: "Você acabou de perder nove anos de vida, vovó!"

A resposta típica a esse tipo de atrevimento inocente é dar um tapinha na cabeça da criança e dizer quanto ela é inteligente. A avó de Bezos não fez isso, mas, compreensivelmente, começou a chorar. Depois desse episódio, o avô chamou o neto num canto e transmitiu uma lição que Bezos carrega consigo até hoje: "Jeff, um dia você vai entender que é mais difícil ser gentil do que inteligente."

Bancar o espertinho para chamar a atenção é fácil. Difícil mesmo é se esforçar para ser uma boa pessoa e ter paciência para colher os frutos. É preciso dedicação extra para parar e pensar que nossas palavras e ações impactam a vida das pessoas. Mas uma pessoa verdadeiramente bem-sucedida, uma criança verdadeiramente boa, só resulta de pais que dedicaram tempo a transmitir essa habilidade. De pais que recompensem os filhos por sua bondade e compaixão, não apenas por inteligência, notas ou língua afiada. Porque todos esses traços egocêntricos, se não forem equilibrados com empatia e bondade, podem resultar numa vida perversamente solitária.

24 de maio
VÁLIDO PARA A MAIORIA DAS PESSOAS

> "Nenhum homem inteligente acredita que alguém erra ou pratica o mal por querer."
>
> Sócrates

Existem muitas pessoas egoístas por aí. Pessoas cruéis. Idiotas. Más. Às vezes, todas essas características aparecem numa só pessoa. Seus filhos vão conhecer alguns exemplos disso. Eles estão prontos para esse momento? Talvez uma pergunta melhor seja: *você* está pronto? Pergunto isso porque é necessário protegê-los desse tipo de gente, é claro, mas também para garantir que sua descrença no mundo e nas *pessoas* não afete seus filhos cedo demais.

Há um excelente livro infantil chamado *Most People* (A maioria das pessoas) que lembra que a maioria das pessoas é boa. A maioria das pessoas se esforça o máximo que pode. A maioria vai ajudá-lo se puder. Segundo o livro, quase todo mundo deseja as mesmas coisas. A maioria das pessoas é feliz... e mesmo quem não é, de acordo com o autor, preferiria ser se pudesse.

Sendo adultos, nem sempre é fácil acreditar nisso, mas, seja como for, não podemos transmitir a nossos filhos o fardo mental de nossas próprias experiências, frustrações e traumas. Esta é a difícil tensão que temos que resolver como pais. Temos que preparar nossa prole para um mundo que não é um mar de rosas e ao mesmo tempo fazê-los entender que não existe somente maldade no mundo. Que, na verdade, as coisas ruins são causadas pela minoria das pessoas.

Queremos que nossos filhos mantenham a chama acesa. Queremos que busquem isso em outras pessoas. E queremos que sejam como essa maioria do livro: pessoas boas. Gentis. Felizes. Prestativas.

Somos nós que traçamos esse caminho.

25 de maio
VOCÊ ENSINA VALORES A SEUS FILHOS?

> Qualquer sistema de educação que não incute valores morais somente fornece a ferramenta intelectual pela qual homens e mulheres podem satisfazer melhor seu orgulho, ganância e luxúria.
>
> Hyman Rickover

É verdade, queremos que eles frequentem ótimas escolas. Queremos que aprendam o máximo possível. É por isso que monitoram suas notas. É por isso que os pais estão preocupados com as mudanças no currículo, é por isso que economizam e investem na educação deles.

Mas estamos de fato focados nas coisas certas? A educação tem um papel muito maior do que apenas titular nossos filhos: deve muni-los com habilidades reais que possam de fato aplicar no mundo. É necessário questionarmos também se nossos filhos estão sendo ensinados a ser boas pessoas: em casa, na sala de aula e na rua.

Muitos políticos corruptos ou empresários cruéis estudaram nas melhores escolas e universidades. Muitas pessoas aprenderam desde a infância a serem bem-sucedidas, mas foram privadas das habilidades e da decência necessárias para gerenciar esse êxito de forma ética e responsável.

O objetivo da educação não é tornar nossos filhos mais egoístas, mais gananciosos, mais convencidos das próprias ideias ou superiores: é torná-los seres humanos, cidadãos e, quem sabe, um dia, pais melhores.

26 de maio
EPÍTETOS PARA OS FILHOS

Uma das passagens mais interessantes nas *Meditações* de Marco Aurélio é a seguinte:

> Epítetos para si mesmo: Justo. Modesto. Objetivo. São. Cooperativo. Tente não trocar por outros.

Essas eram essencialmente as palavras que sinalizavam como Marco Aurélio queria viver, seus princípios expressos no menor número de sílabas possível. E se você também se sentasse (de preferência, com o outro responsável) e detalhasse o que essas palavras significam para cada um dos seus filhos? Que tipo de criança vocês estão tentando criar? Quais são os lemas que as escolhas de vocês transmitem a elas?

Eis alguns óbvios: *Gentileza. Lealdade. Moral. Honestidade.*

E talvez algumas mais específicas para ajudá-los a ter sucesso no mundo profissional: *Criatividade. Trabalho. Estudo de idiomas. Postura de eterna aprendizagem.*

Talvez para alguns pais seja importante que os filhos sejam atléticos. Para outros, que sejam leitores ou que levem uma vida plena. Há muitas possibilidades e, felizmente, a maioria das respostas que você encontrar estará certa. Mais importante que o número de palavras nos epítetos é o conteúdo deles.

Afinal, como esperar atingir um objetivo quando não se tem ideia do que se está buscando? Como você sabe que não está ensinando seus filhos a trocar um epíteto por outro, sem querer? A verdade é que você não pode. Então comece a escrever.

27 de maio
NOSSO PRINCIPAL ENSINAMENTO

O divertido livro de filosofia moral de Michael Schur, *How to Be Perfect* (Como ser perfeito), termina com uma meditação sobre um dos trabalhos mais difíceis, até mesmo para os mais sábios e mais inteligentes: como transmitir as lições importantes da vida para nossos filhos.

Esta passagem capta perfeitamente quais são elas:

> Vocês são pessoas na Terra. Não estão sozinhas, e isso significa que têm certas responsabilidades para com os outros residentes. O que devemos à comunidade, de certo modo, é agir de forma sempre justa para todos (supondo que sejam pessoas decentes e razoáveis).

Ele ensinou um pequeno exercício para que seus filhos nunca se esqueçam: sempre que pensar em fazer algo, pergunte se seu irmão ou irmã acharia isso uma boa ideia. Depois, pergunte se um amigo acharia uma boa ideia, ou um professor ou até mesmo algum colega do qual você não goste muito, mas ache inteligente. Explicando o imperativo categórico de Kant para uma criança de cinco anos, pergunte: "Haveria algum problema se todo mundo agisse assim? Como você acha que o mundo seria se cada pessoa pudesse fazer o que eu estou prestes a fazer?"

Para criar seres humanos decentes e gentis devemos ensinar às crianças como suas ações afetam outras pessoas, quais são suas obrigações para com os outros. Não é preciso ser um filósofo para tal... apenas uma pessoa boa e decente.

28 de maio
NÃO É ACIDENTE

Florence Nightingale era uma mulher incrível. Ela revolucionou a enfermagem. Salvou milhares de vidas. E chocou a alta sociedade da Inglaterra vitoriana, que não aceitava mulheres focadas na carreira, muito menos que se envolvessem em um trabalho ativo como o de um hospital.

Mas qualquer um que olhasse para a árvore genealógica de Florence não deveria ficar surpreso. Ela não era uma santa que surgiu do nada. Seu bisavô tinha sido um filantropo, apoiador da Revolução Americana, que doara boa parte de suas propriedades em Savannah para a causa. Seu filho (o avô de Florence) foi membro da Câmara dos Comuns e um dos principais abolicionistas do Reino Unido. O fato de sua filha, Fanny (mãe de Florence), não parecer se importar muito com os menos afortunados era a exceção, não a regra, na família.

Não era por acaso que Florence Nightingale tinha uma tendência a ser caridosa e altruísta. Foi assim que ela aprendeu como todas as grandes tradições são criadas: a partir das escolhas das gerações anteriores de sua família, sendo inspirada pelos antepassados.

Não podemos escolher nossa árvore genealógica. Mas, como pais, podemos escolher a quais exemplos de nossa família recorrer. Podemos, como Florence Nightingale, escolher em quais membros da família nos inspirar. Podemos escolher quais ramos da família destacar para nossos filhos, com quais histórias e lições queremos povoar a mente deles.

Criar filhos incríveis, altruístas e corajosos não é um acidente. Eles não são *sui generis* ou *ex nihilo*. Eles vêm de uma tradição. Eles vêm *de nós*.

29 de maio
SEMPRE PENSE EM COMO AS OUTRAS PESSOAS ESTÃO FAZENDO

Talvez você esteja familiarizado com a cena na Bíblia em que Moisés, auxiliado por Deus, abre o Mar Vermelho. Esse milagre de proporções épicas permitiu que os israelitas corressem e escapassem da perseguição dos egípcios. O que aconteceu em seguida é menos conhecido. Quando Moisés restaurou o mar partido, a água caiu sobre o inimigo e milhares pereceram.

Em uma reação natural, os israelitas começaram a cantar e celebrar. Quando os anjos se juntaram a eles, Deus os repreendeu, de acordo com o Talmude. "Como vocês ousam cantar de alegria quando Minhas criaturas estão morrendo?", estava escrito.

É irrelevante se algum desses eventos de fato ocorreu, porque a lição não muda. É fácil, em meio à vitória e ao sucesso, pensar em como isso é maravilhoso para você. Também é fácil esquecer quem você derrotou e o que sua vitória custou aos outros. Não é improvável que eles tenham perdido mais do que você ganhou.

Devemos manter sempre o espírito esportivo, sermos sempre empáticos e atenciosos o suficiente de modo a perceber que as coisas nem sempre são tão boas para outras pessoas quanto são para nós. "Não se alegre quando o seu inimigo cair nem exulte o seu coração quando ele tropeçar", diz a Bíblia em Provérbios 24:17.

São esses tipos de lições antigas e atemporais que devemos transmitir a nossos filhos. Você ainda pode desfrutar do que tem, e ainda deve querer vencer na vida. Mas não seja tão ignorante a ponto de pensar que outras pessoas não estão sofrendo; não seja tão egocêntrico a ponto de não se importar. E não crie filhos que sejam indiferentes a qualquer um dos casos.

30 de maio
FAZEMOS DÍVIDAS QUE NOSSOS FILHOS DEVEM PAGAR

Ninguém escreveu de forma mais bonita sobre conquistas e aventuras do que Theodore Roosevelt. Ninguém escreveu de forma mais poética sobre guerra, glória e império do que Rudyard Kipling.

No fim, porém, esses mesmos temas pautaram o luto pelos filhos que tanto amavam. Roosevelt perdeu o filho Quentin, cujo avião foi abatido na França. Kipling perdeu o filho Jack nas trincheiras, em 1915, tão destruído por "tiros e bombas" que o corpo nunca foi identificado. Roosevelt ficou destroçado pela morte do filho mais velho e morreu ele mesmo pouco tempo depois. Kipling, que havia escrito "If" (Se) para seu filho quando ele tinha apenas doze anos de idade, escreveria um de seus últimos poemas em luto:

"Você tem notícias do meu filho Jack?"
Ainda não.
"Quando você acha que ele vai voltar?"
Não com este vento soprando e esta maré.

Foram eventos trágicos e devastadores que nenhum pai deveria vivenciar. Mas também é indiscutível que esses dois grandes homens não eram donos de um caráter irrepreensível, não apenas por causa da pressão e das expectativas impossíveis em relação aos filhos, mas porque faziam parte de uma geração que encorajou, comemorou e apoiou sem hesitação as políticas que levaram à carnificina que ceifou a vida de seus filhos amados.

Trata-se de uma advertência para *todos* os pais. Nossa geração, assim como todas as passadas, toma decisões no presente cujas consequências respingam nas futuras. Nossos filhos e netos viverão em um mundo gerado por nossas escolhas... e pode ser que você mesmo viva o suficiente para que esse mesmo mundo parta seu coração.

31 de maio
UMA TEORIA SOBRE A VIDA

Na década de 1930, estagnado na faculdade e lutando para corresponder às expectativas de sua ilustre família, o jovem Walker Percy escreveu uma carta ao tio e pai adotivo, Will Percy. Devia estar esperando uma bronca por causa das notas. Ou ser admoestado por decepcionar a família. Ou talvez que lhe mandassem dinheiro para contratar um tutor.

Mas a resposta o surpreendeu. Porque não era nada disso. Will afastou essas preocupações, dizendo a Walker:

> Toda a minha teoria sobre a vida é que a glória e a realização são de muito menos importância do que a formação do caráter e a boa vida individual.

Isso não é maravilhoso? Não é exatamente isso que toda criança estressada, autocrítica e confusa precisa ouvir sobre a vida? *Quem somos é mais importante do que o que fazemos. Prefiro que você seja bom a bem-sucedido. O caráter é mais importante do que o dinheiro.*

Pode ser fácil perder isso de vista. Todos nós sabemos quanto o mundo é competitivo, e vemos o potencial que nossos filhos têm. Não queremos que cometam os mesmos erros que cometemos. Mas, em última análise, essas coisas se encaminharão sozinhas se os criarmos da forma correta.

Os antigos sabiam que caráter é destino, e precisamos lembrar isso a nossos filhos. Uma vida bem-sucedida é uma vida boa, uma vida bem vivida, cheia de atos de bondade. É uma vida mais importante também.

JUNHO

NÃO NEGLIGENCIE A SI MESMO

(LIÇÕES DE AUTOCUIDADO)

1º de junho
TUDO BEM PEDIR AJUDA

> Não tenha vergonha de precisar de ajuda. Como um soldado atacando uma muralha, você tem uma missão a cumprir. E se for ferido e precisar de um camarada para puxá-lo, qual o problema?
>
> Marco Aurélio

Se seu filho estiver enfrentando dificuldades, você gostaria que ele lhe contasse, certo? Se ele não entender algo na aula, você pede que ele pergunte ao professor. Se seu vizinho precisar de algo, você não vai se importar se ele falar a respeito. Se seu cônjuge estiver sobrecarregado e precisar de ajuda, você espera que ele venha até você.

Tudo bem. Mas e você? *Você está bem?* Mais importante, você está pedindo ajuda quando precisa, quando não está bem?

Lembre-se: se queremos que nossos filhos aprendam certo comportamento, temos que servir de modelo para eles. Então, se você se recusa a pedir informações quando está obviamente perdido, o que isso comunica? Se você se recusa a admitir que não sabe alguma coisa e inventa uma resposta em vez de procurar por ela junto com seus filhos, que mensagem você está transmitindo sobre aprendizado e solução de problemas? Como demonstrar vulnerabilidade diante de um médico ou um terapeuta, se a mamãe e o papai sempre demonstraram que isso é algo do qual se envergonhar?

Mas a questão é ainda mais profunda. *Você não pode ser um bom pai se estiver sofrendo e precisando de ajuda. Não é possível ser um bom pai sozinho.* Nenhum homem é uma ilha, invencível ou onisciente. Para fazer o nosso melhor, precisamos saber aprender, contar com os outros, admitir nossos erros, pedir ajuda. Mostre a seus filhos que não há nada de errado nisso. Peça a ajuda de que você sabe que precisa e seja um exemplo melhor.

2 de junho
A DECISÃO MAIS IMPORTANTE

> A decisão mais importante que tomamos é estar de bom humor.
>
> VOLTAIRE

Quando você está de mau humor, sabe o que seus filhos acham? *Que tem algo a ver com eles.* Eles não entendem as responsabilidades que você carrega nas costas. Não sabem que você precisou aturar o dia todo um colega de trabalho idiota, não sabem do temperamento explosivo e das expectativas irreais do seu chefe. Eles não veem o estresse que tudo isso causa. Todas essas são questões emocionais complexas difíceis para as crianças, especialmente quando as questões extrapolam a vivência delas.

Nossos humores, nossas escolhas e os exemplos que damos estão sempre afetando nossos filhos, mudando a forma como eles veem o mundo e a si mesmos. A forma como administramos todas essas coisas pode fazer com que se sintam melhores ou piores, valiosos ou inúteis, seguros ou vulneráveis. E, no processo, estamos criando um padrão quase inescapável para eles — para o bem e para o mal.

Seus filhos estão sofrendo ou se beneficiando dos seus humores e emoções. Aja de acordo.

3 de junho
TRANSCENDA ESSA MATEMÁTICA AMARGA

"Ao se casar, você doa 50% da sua vida", foi o que a romancista Susan Straight ouviu da mãe. "E a outra metade?", perguntou esperançosa uma jovem Susan. "Você vai doar para seus filhos", respondeu a mãe com naturalidade.

Caramba.

Sim, casamento e relacionamentos são difíceis. E, no passado, eram particular e opressivamente cruéis com as mulheres. Desde sempre, ter filhos força os pais a mudar. Eles nos privam de sono, de dinheiro e das liberdades que costumávamos ter garantidas. Mas ter filhos significa que precisamos abrir mão de nós mesmos, perder todas as nossas liberdades? Absolutamente não.

É possível transcender essa matemática amarga se trabalharmos em nós mesmos e em nossos relacionamentos. Se pedirmos ajuda. Se nos recusarmos a abrir mão dos nossos sonhos, mesmo quando envelhecemos. Se focarmos não só em todas as coisas que o casamento e os filhos nos tiram, mas também nas que nos *oferecem*, todas as experiências que adquirimos e as oportunidades criadas.

Desistir de nós mesmos é desistir de nossos filhos. Quando fazemos isso, estamos ensinando a eles uma lição terrível.

4 de junho
PROTEJA SUA RIQUEZA

> A maior das loucuras é sacrificar a saúde por qualquer outro tipo de felicidade.
>
> ARTHUR SCHOPENHAUER

Nosso trabalho é sustentar nossos filhos, isso está claro. Temos que trabalhar duro. Gastar com sabedoria. Economizar criteriosamente. Economizar algum dinheiro, se não para o futuro deles, ao menos para ter os meios financeiros que garantam que suas necessidades sejam atendidas e a família esteja protegida em caso de emergência. Mas todo esse empenho na manutenção da saúde financeira só nos levará até certo ponto se não prestarmos igual atenção à nossa saúde mental.

Existem outras formas de riqueza além do dinheiro. Charlamagne tha God, autor best-seller e apresentador do programa de rádio *The Breakfast Club*, ajudou a popularizar o conceito de *riqueza mental*. Significado: sua sanidade, seu bem-estar, sua felicidade. É muito difícil ser um bom pai, realmente *sustentar* essa missão, quando se está no limite, quando se está deprimido, quando não se cultivaram as amizades e os recursos essenciais para a manutenção do seu bem-estar emocional.

Assim como procuramos proteger nossos bens, precisamos proteger nossa riqueza mental. Não se sinta mal ao gastar dinheiro com terapia. Ou um livro. Ou até mesmo ao decidir deixar passar aquela oportunidade de ganhar hora extra por estar muito cansado. Sua sanidade, sua clareza, seu bem-estar, são coisas essenciais. Não é egoísmo cuidar delas, muito pelo contrário: é altruísmo. Porque, se seu trabalho é ser o melhor pai que você pode ser, isso certamente exigirá o estoque completo da sua riqueza mental.

5 de junho
VOCÊ TAMBÉM PRECISA SE CUIDAR

> Quando comecei a escrever... eu precisava usar meu tempo antes que eles chamassem "mamãe", e isso era sempre por volta das cinco da manhã.
>
> TONI MORRISON

Uma coisa que muitos pais têm em comum é que eles estão sempre adiando cuidar de si mesmos. *Vou voltar para a academia assim que eles saírem dessa fase do sono. Vou voltar a me alimentar melhor quando eles forem menos exigentes com a comida. Vamos colocar nosso relacionamento de volta nos trilhos assim que as crianças saírem de casa.*

Essas ideias podem ser bem-intencionadas, sim, mas os resultados nem tanto. *Você precisa cuidar de si mesmo.* Agora! Ou por acaso acha que seus terríveis hábitos alimentares não estão contribuindo para o seu mau humor? É claro que você está rabugento, ora essa. Você está se sentindo um lixo! Você acha que está fazendo um favor a seus filhos encurtando seu tempo de vida? Acha que está sendo um exemplo de boa forma tendo dificuldade para subir a escada ou pegar uma sacola de compras? Você acha que eles se sentem seguros e amados deixando seu relacionamento sangrar na mesa da sala de jantar?

Cuide de si. Por eles. Por você. Você certamente será um pai melhor se for saudável, feliz e sábio. Não adie isso. Não é egoísmo; é essencial.

6 de junho
É PRECISO UMA EQUIPE

É impossível dar conta de tudo, certo? Nós lidamos com as tarefas, responsabilidades e aspirações de sempre (comer, dormir, trabalhar, pagar impostos, levar o lixo para fora e seguir nossos sonhos), mas agora, além de tudo, temos essas pessoinhas que dependem de nós. Pessoinhas indefesas com necessidades imensas. Como podemos fazer tudo?

Ursula Le Guin era escritora em tempo integral. Prolífica, publicou vinte e três romances, treze livros infantis, doze volumes de contos, onze volumes de poesia, cinco coleções de ensaios e quatro trabalhos de tradução. Além disso, trabalhava como editora e lecionava para turmas de graduação.

Ah... ela também era mãe de três filhos e casada com um professor de história, Charles Le Guin.

Como ela fez tudo isso? Como ele fez tudo isso? Eles não fizeram!

"Uma pessoa não consegue ter dois trabalhos em tempo integral", explicou Le Guin certa vez. "Escrever é um trabalho em tempo integral, assim como as crianças. Mas duas pessoas podem fazer três trabalhos de tempo integral... É por isso que defendo tanto a parceria. Pode ser o grande diferencial."

É muito difícil criar filhos sozinho. Difícil *mesmo*. Por muito tempo, muitas mulheres encararam essa missão, e foram forçadas a se sacrificarem sozinhas. Mas é óbvio que somos mais fortes sendo pais juntos. Juntos, podemos ir mais longe. É uma das únicas maneiras de fazer a matemática funcionar — não apenas em benefício das crianças, mas também do nosso.

7 de junho
VOCÊ PRECISA SE DAR ESSE TEMPO

Alguém sempre precisava dele para alguma coisa. A mulher, um de seus treze filhos, uma cortesã, um assunto de Estado urgente. Mas durante alguns momentos todos os dias, fossem minutos ou horas (às vezes pela manhã, às vezes pela noite), Marco Aurélio ficava inacessível. Brand Blanshard, filósofo americano do século XX, maravilha-se com o que Marco Aurélio realizou na "escuridão da meia-noite", sozinho com seu diário e seus pensamentos. Não importava onde ele estivesse ou o que estivesse acontecendo, ele tirava seu tempo para sentar, pensar e escrever.

E você? Você se dá esse tempo?

James Clear, autor do maravilhoso best-seller *Hábitos atômicos*, disse que, desde que se tornou pai, passou a reservar "duas horas sagradas" pela manhã para escrever. Às vezes ele consegue mais, mas nunca menos. Essas duas horas determinam se ele tem um bom dia ou um dia perdido, se ele é produtivo e está progredindo... ou se perdendo.

Sejam alguns minutos ou algumas horas (de manhã, à noite ou no meio do dia), esse tempo sagrado é importante. Dê um jeito de arranjá-lo e cumpra-o como um cronômetro. Respeite-o como faria com uma consulta médica ou uma reunião importante. É claro que esse tempo é apenas um mínimo, por isso mesmo tão importante resguardá-lo.

Você ficará maravilhado com o que pode realizar nesses poucos minutos sagrados que reservou só para si.

8 de junho
É ASSIM QUE VOCÊ É MAIS FELIZ

Antes de sua trágica morte, Anthony Bourdain deu uma entrevista em que disse o seguinte: "Nunca me senti mais feliz do que quando estou parado no quintal sendo, tipo, um pai da TV." Bourdain viveu uma vida exótica e glamorosa antes da paternidade, cheia de viagens, fama, dinheiro e, claro, comidas deliciosas. Também foi uma vida cheia de luta — vícios, depressão, perdas. Mas havia algo muito normal, disse ele, em ter apenas uma família normal, em estar no quintal, de avental, preparando hambúrgueres. "Quando me vejo fazendo isso", disse ele, "eu fico ridiculamente feliz".

Não demoraria muito para que Bourdain se encontrasse longe daquele idílico quintal, em outra viagem para filmar outro programa de TV. Mas a depressão e o vício o acompanharam e acabaram afastando o chef e apresentador do que ele mais amava: sua família.

Sua história de vida é um lembrete implacável para todos nós. Primeiro, de que precisamos aproveitar o presente enquanto o temos. Segundo, de que devemos nos lembrar de que realmente precisamos de pouco para sermos felizes e de quão maravilhosos podem ser os momentos mais comuns. Terceiro, de como tudo isso pode nos ser tirado depressa.

Se você está lutando contra um vício, se está no fundo do poço da depressão, saiba que, por mais difícil que seja enfrentar essa batalha, vai valer a pena. As alegrias mais simples, a ternura e a compaixão daqueles que você ama irão recompensá-lo com a felicidade mais estupidamente suprema.

9 de junho
ELES PRECISAM DE ESTRUTURA (E VOCÊ TAMBÉM)

> Se uma pessoa colocar um mínimo de esforço para seguir o ritual e os padrões de retidão, ela receberá o dobro.
>
> XUNZI

Se você conversar com um especialista em sono sobre como treinar seu bebê para dormir, ele certamente dirá: as crianças precisam de estrutura e rotina. Se conversar com um pedagogo sobre como ajudar seu filho a se sair melhor na escola, ele certamente dirá: estrutura e rotina. Se conversar com um terapeuta comportamental sobre como ajudar seu filho a se comportar, ele certamente dirá: estrutura e rotina. Caramba, se você conversar com um adestrador de cachorros, ele vai dizer a mesma coisa sobre seu animal de estimação: estrutura e rotina (e exercícios).

Praticamente qualquer que seja o problema ou qualquer que seja a questão, estrutura e rotina são a resposta. O que faz sentido. O mundo é um lugar aterrorizante. Quase tudo nele é novo e avassalador. Mas se você der estrutura e rotina aos seus filhos, eles poderão relaxar, porque terão menos coisas para resolver, menos com que se preocupar, mais tempo para desbravar. Terão a oportunidade de se sentirem confortáveis e aceitar as coisas. A oportunidade de se sentirem seguros.

Mas e quanto a nós, pais?

Você mantém estrutura e rotina para si mesmo? Você põe seus filhos na cama na mesma hora todas as noites, mas improvisa depois disso? Você planeja os jantares deles com antecedência... mas não sabe como vai ser seu almoço no trabalho amanhã? Você dá a eles um tempo de lazer tranquilo à tarde e um tempo sem tarefas nos fins de semana, mas será que cria esse tipo de tempo regular para si mesmo? Estrutura e rotina são essenciais, não importa quem você seja ou quantos anos tenha. São coisas importantes para as crianças e para os pais.

E adivinhe só: mantendo uma rotina para si, fica mais fácil manter a deles.

10 de junho
VOCÊ É CAPAZ DE MUDAR

Ted Williams era um grande jogador de beisebol, mas, por muito tempo, foi uma pessoa egoísta e implacável. Williams enfrentou uma infância horrível e abusiva e teve dificuldades para encontrar a capacidade de amar ou de se importar com alguém.

Mas sua história é uma mensagem de esperança capaz de inspirar até mesmo o mais obstinado e relutante dos pais. Porque, com o tempo, Williams começou a mudar. Como diria um amigo a seu respeito:

> Como observador, foi incrível ver Ted se apaixonar pelos filhos...
> Era muito contra sua natureza sucumbir à influência externa das crianças. O amor assumiu o controle. Ele se sentia vulnerável. Uma vulnerabilidade que nunca teve na vida.

Essa suavidade começou a se mostrar nos detalhes, nos lugares mais estranhos e, ao mesmo tempo, mais pessoais. Nas entradas no diário de pesca de Williams, em que pela primeira vez ele começou a escrever sobre as crianças que havia muito ignorava. No pôster assinado que a filha dele encontrou sob pilhas de recordações após a morte do pai que dizia apenas: "Para minha linda filha. Eu te amo. Papai."

Você tem esse tipo de vulnerabilidade agora. Essas mesmas forças poderosas também estão pegando no seu pé, esperamos, e avançando sobre aquele exoesqueleto resistente que você desenvolveu para se proteger do mundo. Permita que essa coisa de paternidade transforme você. Permita que ela faça de você uma pessoa melhor. Você pode até começar (não importa quão velho você esteja, como Williams estava) a compensar os erros que talvez tenha cometido no início de seus dias como pai.

Nunca é tarde demais.

11 de junho
CERTIFIQUE-SE DE TER TEMPO PARA SE DIVERTIR

Douglas MacArthur era um homem de rotina, como a maioria dos militares. Portanto, não é de surpreender que, quando Arthur, seu filho, nasceu, ele tenha construído uma vida familiar em torno da rotina. Mas, ao contrário de muitos pais que fazem dela uma forma de controle, a rotina matinal de MacArthur começava com um momento de alegria. Como William Manchester detalha em seu livro *American Caesar* (César americano), era uma espécie de diversão maluca programada:

> Por volta das sete e meia, a porta do quarto do general se abria, e o menino se arrastava agarrado ao seu brinquedo favorito... MacArthur saltava instantaneamente da cama e ficava atento. Então o general marchava ao redor do quarto em passos rápidos enquanto seu filho contava a cadência: "Bum! Bum! Bum, bum, bum!" Depois de terem passado várias vezes pela cama, a criança cobria os olhos com as mãos enquanto MacArthur lhe dava o presente do dia: um doce, talvez, um giz de cera ou um livro para colorir. O ritual terminava no banheiro, onde MacArthur se barbeava enquanto Arthur assistia e ambos cantavam juntos.

Ninguém é importante ou ocupado demais para ter um tempo de diversão maluca em casa. Ninguém está acima de fazer uma lutinha com o filho na cama. Nenhum pai deve hesitar antes de cantar a plenos pulmões enquanto faz a barba. Esses são os melhores momentos. Se são raros, você está fazendo tudo errado.

Momentos como esse devem ser regulares, comuns.

12 de junho
SOMOS TODOS COMPLICADOS

É natural querermos ser perfeitos para nossos filhos. Em grande parte porque, durante os primeiros anos de suas vidas, eles acreditam que não erramos, e nós queremos provar que eles estão certos. Mas como sabemos que não somos perfeitos, inevitavelmente nos sentimos culpados ou inadequados quando os decepcionamos — mesmo que eles não percebam na hora. Esse sentimento de insuficiência pode ser tão poderoso que tendemos a escondê-lo ou mentir a respeito dele ou, pior ainda, agir como hipócritas.

Foi devastador para o comediante Pete Davidson, que perdeu o pai no 11 de Setembro, saber que seu pai estava longe de ser perfeito. Dependente químico, seu pai tivera inúmeros problemas na vida e no casamento (os pais de Pete se divorciaram pouco antes daquele fatídico dia). À medida que Pete ficava mais velho e descobria mais sobre seu heroico pai, que morreu salvando pessoas na queda das Torres Gêmeas, o que surgiu não foi decepção, mas uma profunda emoção.

Aquelas falhas e fraquezas humanizaram o pai de Pete de uma maneira que as histórias contadas por amigos e parentes jamais conseguiram fazer. "Eu percebi que meu pai tinha seus próprios problemas", explicou Pete a Judd Apatow em *Sicker in the Head* (Mais doente da cabeça). "Que ele era um cara que enfrentava dificuldades como todo mundo. Mas também me fez perceber que, mesmo com tudo aquilo, sua moral ainda estava intacta e nada o impediu de ser um herói."

Ninguém é perfeito, muito menos você. Somos todos complicados. Somos todos obras em andamento (ênfase, porém, em *andamento*). Não esconda seus problemas. Não se sinta culpado. Dificuldade nenhuma pode impedi-lo de ser excelente nesse trabalho tão importante... nem de ser um herói se o momento exigir.

13 de junho
TENTE NÃO DAR NADA EXTRA A ELES

Todos temos problemas. Isso é fato. Mas nossa missão como pais é não passá-los adiante. É interromper o ciclo de disfuncionalidade. Não deixar que os demônios contra os quais lutamos encontrem alvos mais fáceis em nossos filhos.

Porém, mais do que isso, não podemos deixar que esses demônios convidem novos demônios para a festa. Da melhor maneira possível, não devemos infligir mais danos ou criar mais problemas. Este poema de Philip Larkin ilustra perfeitamente o caso:

> A mamãe e o papai, eles ferram com você.
>   Podem até não querer, mas ferram mesmo assim.

Pior, diz ele, é que eles nos transmitem não apenas seus próprios defeitos, como alguns extras também.

No budismo há um conceito chamado *samsara*, que expressa o modo como o sofrimento é transmitido de geração em geração. Por que isso acontece? Por que o sofrimento quase nunca é totalmente expurgado em uma geração, deixando a próxima livre para florescer sem impedimentos? Porque não fazemos o trabalho necessário. Porque às vezes nem sequer temos consciência do nosso próprio sofrimento. E, quando temos, mas mesmo assim não fazemos o que é preciso, muitas vezes é porque dizemos a nós mesmos que não somos capazes.

Escute bem: todos nós vamos errar. É inevitável. Somos pessoas imperfeitas. É impossível criarmos filhos perfeitos. Ainda assim, isso não significa que sejamos indefesos contra os demônios que batem à nossa porta. Podemos nos autoaperfeiçoar. Podemos ir à terapia, para que talvez eles não precisem. Podemos tentar ser saudáveis para que eles cresçam pensando que ser saudável é normal. Podemos tentar superar nossas próprias raiva, frustração e dor para que eles não herdem nossos fardos.

14 de junho
MANTENHA A CABEÇA ERGUIDA E TENTE DE NOVO

> Agora que não precisa ser perfeito, você pode ser bom.
>
> John Steinbeck

O histórico de ninguém é perfeito. Certamente o de pai nenhum é. Todos fazemos bobagem. Todos falhamos. Erramos. Perdemos a calma e a paciência. Lidamos com certas situações de formas que gostaríamos de não ter feito.

Existe algo pior do que esse sentimento? Saber que estragamos tudo? Que talvez os tenhamos magoado?

Shane Parrish, criador do blog *Farnam Street*, explicou:

> Eu me lembro de ligar para minha mãe uma noite, exausto e sobrecarregado, depois de ter perdido a paciência com as crianças. Ela me deu um conselho que ficou na minha cabeça: "Se você não aprender a deixar de lado seus erros hoje, eles estarão piores no dia seguinte. Durma um pouco e comece de novo amanhã." Me lembro disso até hoje quando tenho dias ruins com as crianças. Amanhã vou precisar levantar e começar tudo de novo.

Não podemos desfazer o que fizemos ontem. Não podemos apagar da memória deles aquela vez em que perdemos a calma ou dissemos coisas lamentáveis. Mas o que podemos fazer é tornar essa apenas uma lembrança entre muitas outras maiores e mais positivas. Podemos, sim, mostrar a eles que aquele momento não nos define. Podemos sempre nos esforçar para melhorar.

Mantenha a cabeça erguida. Siga em frente. Tente novamente amanhã.

15 de junho
O SEGREDO É ESSE

Quando olhamos para pessoas bem-sucedidas com filhos, pode ser fácil se maravilhar com tudo o que elas realizaram. Como elas fazem isso? Como elas fazem *tudo*?

Felizmente, existe uma resposta, e, definitivamente, não é mágica: essas pessoas têm uma rede de apoio. Elas têm babás, professores e empregados domésticos. Elas têm chefes de gabinete. Elas têm assistentes pessoais. Elas têm personal trainers. É assim que fazem tudo. Com dinheiro, você poderia ser tão eficiente e aparentemente despreocupado quanto elas.

Explico isso não para deixar você com inveja ou apontar as desigualdades da nossa sociedade. Na verdade, é o oposto: quero induzi-lo a seguir os passos dessas pessoas. É claro que contratar uma equipe em tempo integral está além da capacidade da maioria, mas certamente você está fazendo coisas que não precisa fazer, que poderia pagar a alguém para fazer por você. E ainda assim você continua fazendo... Por quê? Por que seu pai trocava o óleo do carro dele? Por que sua mãe sempre cozinhou em casa? Por que você se sente culpado por terceirizar isso ou aquilo?

Qual é!

Esqueça os papéis de gênero. Esqueça "como as coisas costumavam ser". A maneira como as coisas costumavam ser quase invariavelmente envolvia pais dedicando *muito menos tempo aos filhos do que nós dedicamos agora*.

Reserve um minuto hoje e calcule quanto vale uma hora do seu tempo. Pense em quanto mais presente você poderia ser para seus filhos se tivesse menos coisas a fazer. Não é preciso terceirizar tudo, contratar ajudantes para tudo, mas também não é preciso *fazer tudo sozinho*.

Peça ajuda.

16 de junho
FAÇA O QUE DIZ

Era um dia comum quando o pai de Jimmy Carter chamou o filho para uma conversa. "Jimmy", disse ele (e ele nunca chamava o filho de Jimmy), "preciso falar sobre algo importante". "Sim, senhor, papai", respondeu Jimmy. "Preciso que você me prometa uma coisa", continuou o pai. "Não quero que você fume um cigarro antes dos vinte e um anos."

Isso foi no fim da década de 1930, quando cerca de 40% da população fumava, e os cigarros ainda podiam ser comercializados para crianças com anúncios que afirmavam que "mais médicos fumam Camel do que qualquer outro cigarro!". O próprio pai de Carter era irremediavelmente viciado. "Está bem", prometeu Jimmy. E então seu pai adoçou o acordo: "Quando chegar a hora, vou lhe dar um relógio de ouro."

Aos vinte e um anos, então na Escola Naval, o jovem Jimmy Carter finalmente experimentou um cigarro. Detestou. Àquela altura, já era tarde demais, o momento havia passado. Jimmy nunca mais colocou um cigarro na boca. Tragicamente, a mãe de Carter e três de seus irmãos seguiram os passos do pai. Todos morreram de câncer de pâncreas. Carter, no momento em que escrevo, ainda está vivo, com 98 anos.

Quando se trata de coisas importantes, com implicações para toda a vida, faça como o pai de Jimmy Carter, faça seus filhos prometerem. Mas a falha do pai de Jimmy também mostra que é preciso dar o exemplo. Do contrário, o custo pode ser altíssimo.

17 de junho
ENCONTRE A SUA GALERA

> Mantenha a companhia apenas de pessoas que elevam você, cuja presença evoca o seu melhor.
>
> Epicteto

Michael Chabon estava preocupado com o filho, como é comum aos pais. O garoto parecia solitário, desinteressado em relação às coisas que os colegas gostavam. Então, um dia, o trabalho de Chabon os levou a um evento da indústria da moda e o garoto ficou fascinado.

Aquelas pessoas criativas e artísticas eram muito diferentes dos pais dos amigos dele ou das crianças da escola. Chabon viu o filho ganhar vida, contagiado por uma empolgação gentilmente retribuída por quem estava presente. Após o evento, Chabon olhou para seu filho, que de repente parecia ter uma confiança e um propósito inéditos. "Você estava com a sua galera", disse ele. "Você encontrou sua turma, não é?" O filho concordou. Com orgulho e compreensão, tudo o que Chabon conseguiu dizer foi: "Que ótimo. Você chegou cedo."

Precisamos ajudar nossos filhos a encontrar a "galera" deles, mas nada nos beneficiaria mais do que fazer o mesmo. Diz o antigo provérbio: "Se morar com um coxo, você aprenderá a mancar." Diga-me com quem andas, que lhe direi quem és. Sabe? As pessoas aleatórias com quem você estudou ou conheceu no trabalho ou os pais do amigo de seu filho? Não se acomode!

Encontre a *sua* galera. Apoie-se nela. Deixe que esse convívio faça de você uma pessoa melhor.

18 de junho
ISSO É TUDO QUE IMPORTA

Flea, um dos maiores baixistas de todos os tempos, usou drogas e álcool por muitos anos. Mas, ao contrário de seus companheiros da banda Red Hot Chili Peppers, Flea nunca ficou totalmente viciado. As drogas nunca destruíram sua vida nem o transformaram em um zumbi. Ele sabia que não era saudável, mas dizia a si mesmo que o hábito estava controlado — nunca usou drogas perto dos filhos nem perdeu oportunidades por causa delas. Então, por que ele decidiu ficar sóbrio de repente?

Ele explicou em uma entrevista ao comediante Marc Maron:

> Eu me lembro de ter conversado com alguém uma vez... sobre ser pai. Na época minha filha tinha uns quatro anos, mais ou menos. Eu ficava chapado quando estava longe dela ou coisa assim, e dizia: "Tranquilo, eu não faço quando estou perto dela." Mas, ao mesmo tempo, as pessoas diziam que "tudo o que importa como pai é estar presente para os filhos e ser comunicativo. E precisamos nos comunicar com eles quando não estamos por perto". É meio que estar sempre presentes para eles. Como se nosso espírito estivesse disponível sempre que precisassem da gente. E o lance é que eu me identifiquei de verdade com isso. Eu amo muito meus filhos e pensei: "É isso, eu preciso estar presente."

A presença, *estar presente*, é a chave para a criação de filhos. E o que são drogas, vícios e problemas não resolvidos, senão *meios de não estarmos presentes*? É por isso que precisamos estar sóbrios e lidar com nossos demônios, porque, mesmo que não pareçam se manifestar ativamente em nossa casa, eles estão presentes. Eles estão nos afastando de nossos filhos. Eles estão nos colocando na posição de não estarmos presentes quando eles precisarem de nós (e eles *vão* precisar).

Esse tipo de desconexão autoinfligida é inaceitável.

19 de junho
VOCÊ DEVE ENCONTRAR A QUIETUDE

> Todas as coisas profundas e as emoções das coisas são precedidas e atendidas pelo silêncio... O silêncio é a consagração geral do universo.
>
> HERMAN MELVILLE

Essa mudança que fizemos, essa decisão de nos tornarmos pais, ela mudou tudo. É como se tivéssemos sido atingidos, de repente, por um furacão. A casa está uma bagunça. A rotina é cansativa. Nunca dormimos o suficiente, as horas do dia não bastam.

Mesmo a escuridão tranquila e silenciosa é atravessada pelo berro de um homem que pisou em uma pecinha de LEGO... e o berro está saindo da sua boca. No entanto, para sermos bons em nosso trabalho, para sermos bons nessa coisa de paternidade, devemos nos esforçar para encontrar a quietude. Porque precisamos de tempo para refletir, para focar, para encontrar a calma que vai nos restaurar e resetar nosso sistema. Onde encontrá-la?

Bem, certamente não será naquelas míseras duas semanas de férias ou dando uma fugidinha aqui, outra ali. Não, devemos encontrar a quietude *dentro* do caos. Talvez esses momentos de silêncio pareçam impossíveis com um bebê chorando ou os adolescentes discutindo, mas eles existem, pode acreditar.

A quietude é algo que vem de dentro. Quando aproveitamos o início da manhã antes de a casa despertar ou aqueles minutos preciosos depois que as crianças vão para a cama. Mas precisamos sorver esses momentos de modo a tirar o máximo proveito deles. Não podemos adiar essas chances por causa do celular ou da Netflix.

Devemos aproveitar esse momento com um diário. Com aquela caminhada fofa, mas absurdamente lenta, da escola para o carro ou do carro para dentro de casa. Absorva o silêncio. Guarde esses momentos em sua alma para que você possa tê-los sempre.

Encontre a quietude. Muita coisa depende disso.

20 de junho
ACESSE A CRIANÇA EM VOCÊ

A escuridão da Segunda Guerra Mundial o envolvia. Ele era um velho com um milhão de preocupações importantes. Ele tinha poder e sucesso. Ele tinha visto tudo. Mas, em 1944, quando Winston Churchill, no número 10 da Downing Street, deparou com um jovem soldado montando um trem de brinquedo para seu neto, ele ficou paralisado.

Como Erik Larson descreve em seu fascinante livro *O esplêndido e o vil*, o soldado parou para saudar o primeiro-ministro. Churchill dispensou o cumprimento com um aceno e simplesmente ficou observando. Depois que o homem terminou, Churchill pediu para ver se o brinquedo funcionava e, juntos, observaram o trem contornar os trilhos. "Vejo que você tem duas locomotivas", disse ele. "Coloque a outra na pista também." O soldado obedeceu, e então Churchill — líder do império britânico, o homem que havia encarado Hitler e tirado seu país da beira do abismo — se inclinou com um sorriso e disse: "Agora, vamos fazê-las se chocarem!"

Uma das coisas maravilhosas sobre ter filhos (e netos) é que eles nos permitem acessar nosso lado infantil, que nunca desaparece totalmente. Eles nos dão uma desculpa para nos jogarmos no chão e fazer dois trens baterem um no outro. Para construir algo legal com peças de LEGO. Para usar uma fantasia no Halloween. Para tomar um chá de mentirinha. Para ouvir músicas do nosso tempo, ver os filmes que adoramos.

É mais do que uma desculpa divertida, é parte importante da vida. Não se esqueça de acessar essa alegria, de se divertir... e talvez, sabe, convidar seus filhos para acompanhar você.

21 de junho
É BOM QUE VOCÊ SE PREOCUPE COM ISSO

> Uma coisa ótima sobre ter filhos é que eles nos forçam a uma prática ativa de amor, quer estejamos prontos para isso ou não.
>
> MICHAEL IAN BLACK

A questão lhe ocorre em um lugar tranquilo. Quando a gente menos espera... e, no entanto, está sempre lá. *Eu sou um bom pai? Estou estragando tudo?*

Seus próprios pais tentarão tranquilizar você. "Todo pai pensa isso", dirão. Só que isso não é verdade. Existem, na realidade, dois tipos de pais que nunca pensam isso. Há aqueles que estão tão convencidos de que são o centro do universo que nunca se questionam, nunca se perguntam o que estão fazendo de errado. E há os pais que sequer se importam o suficiente para se questionar. Embora sejam muito diferentes, no fim das contas, esses dois tipos são iguais: são maus pais.

E quanto a você? O tipo que está sempre verificando e se perguntando: *Estou fazendo o suficiente?* Que realmente *se importa* se está fazendo um bom trabalho? Você é, por definição, um bom pai, porque tornou o bem-estar dos seus filhos a sua prioridade. Isso é prova de que você se importa, que tem autoconsciência, que está sempre tentando melhorar. O fato de você parar para avaliar seu próprio desempenho, de se incomodar em dar menos do que a medida total de sua devoção, é toda a prova de que você precisa para chegar a uma conclusão positiva.

Portanto, se aquele pensamento negativo, aquela dúvida, voltar a surgir, fique tranquilo. Significa que você está colocando seus filhos em primeiro lugar. Significa que você está fazendo um bom trabalho.

22 de junho
VÁ DORMIR

> O sono é o juro pago sobre o capital mobilizado na morte. Quanto mais alta a taxa de juros e mais regularmente ela for paga, mais a data de resgate será adiada.
>
> Arthur Schopenhauer

Você sabe a catástrofe que é quando as crianças não dormem direito, certo? É por isso que você deve seguir religiosamente a rotina de sono. Se ficam sem supervisão à noite, as crianças tendem a aprontar, e é por isso que seu adolescente tem um toque de recolher que você cumpre com mão de ferro.

E, no entanto, aí está você, acordado até tarde de novo, assistindo à TV sem pensar. Aí está você, cansado pela manhã porque mais uma vez ficou acordado até tarde mexendo no celular. Você poderia ter ido para a cama, sabia que devia ter ido, mas não foi.

Quem sofre? Seus filhos. Porque você fica rabugento. Porque você não tem energia. Porque você não consegue acompanhar. Porque talvez eles até sintam que você é um hipócrita!

Se quer ser um pai melhor, vá para a cama mais cedo. Dê a si mesmo um horário limite que você consiga respeitar, cumprir e impor. Valorize o sono. Cuide-se. Todos sairão ganhando.

23 de junho
ISSO TORNOU VOCÊ INVENCÍVEL

Criar filhos, assim como fazer exercícios, é um processo de crescimento pela dor, pela luta contra a resistência. Seria maravilhoso se fosse fácil, se exigisse pouco, mas não é assim que funciona.
Ficamos preocupados. Levamos mordidas e chutes. Somos julgados. Damos todo apoio e depois somos esquecidos. temos privação de sono pelo choro da madrugada ou pelo horário combinado que não foi cumprido. Somos culpados, incomodados e maltratados pelos desejos e necessidades deles. Em suma, corremos em um campo minado, sem troféu no final.
E, no entanto, aqui estamos.
Por necessidade, nos tornamos capazes de coisas que jamais poderíamos ter concebido sozinhos.
Foi Leonardo da Vinci quem disse que a paciência é amarga, mas seu fruto é doce. Isso vale para muitas das virtudes que a paternidade exige. Fomos pacientes, resilientes, corajosos, altruístas, reservados, firmes e silenciosos... e nada foi particularmente divertido na época.
Mas, como resultado, nos tornamos mais fortes. Nossas famílias sobreviveram e prosperaram. Nossos filhos chegaram aonde chegaram graças ao quão longe fomos em nosso papel. Não há mesmo troféu do outro lado do campo minado, mas há uma família feliz, saudável e unida. E esse prêmio é o melhor de todos.

24 de junho
DÊ A VOLTA POR CIMA

Talvez ultimamente você não tenha sido um pai tão bom quanto gostaria. Você ficou muito no celular. Foi vencido pela impaciência. Priorizou o trabalho. Envolveu-se demais em suas expectativas, foi duro demais, recusou-se a ver as coisas do jeito deles.

Isso tudo está no passado. Aconteceu. Não devia ter acontecido, mas aconteceu. E não há nada que você possa fazer para mudar isso. A questão é: e agora? Nós temos o poder, a qualquer momento, de voltar aos trilhos. Podemos escolher, sempre, retornar ao padrão que queremos vivenciar como pais.

É como numa dieta. A gente escorrega um pouco, depois mais um pouquinho, e, quando vê, comeu um pacote inteiro de Oreo. Tudo bem. Aconteceu. Mas o amanhã e sua possibilidade de fazer diferente vão chegar. Você vai se sair melhor? Vai fazer o que sabe que é certo? Vai seguir o plano que traçou para si mesmo antes do desastre do pacote de Oreo?

Nenhum pai ou mãe tem tempo para se entregar à autopiedade. Nenhum pai ou mãe pode justificar um deslize contínuo. Nós fazemos bobagem. Não fazemos tudo o que poderíamos. Não somos o que queremos ser — o que prometemos a nós mesmos que seríamos, o que devemos a nossos filhos. Ok, mas e aí?

Sempre podemos escolher voltar para os trilhos. Sempre podemos escolher fazer melhor a partir de agora.

25 de junho
VOCÊ DIRIA ISSO A ELES, ENTÃO DIGA A SI MESMO TAMBÉM

> Mas eu não poderia falar do meu sonho sem uma ressalva. "Não sei", comentei, "quando terminar os estudos, terei cinquenta anos." Ele sorriu para mim. "Você vai fazer cinquenta anos de uma maneira ou de outra", respondeu ele.
>
> Dra. Edith Eger

É difícil imaginar uma situação que você descreveria para seu filho como irremediável. "Desculpe, é tarde demais, você é um fracasso" é algo que nenhum bom pai jamais diria. Se ele estiver com dificuldade em matemática, diga que é só questão de dedicação e tempo. Se ele quiser desistir de jogar beisebol, fale sobre quantos atletas começaram tarde, que ele ainda é *muito* jovem, que no próximo ano poderá voltar mais forte e melhor, que pode mudar as coisas. Mesmo que ele receba um diagnóstico de câncer com poucas chances de cura, encoraje-o a lutar, a nunca desistir, a provar que os que duvidam estão errados.

Em todas essas situações, seus conselhos não são apenas palavras de motivação — você está *falando sério*. Porque tudo isso é verdade. Nada nessa vida é consertado sem muito trabalho. Nada é permanente. Principalmente quando a pessoa, no fundo, é boa, decente e cheia de potencial.

Tudo bem. Então, por que você está sussurrando exatamente o oposto para si mesmo? Dizendo que simplesmente precisa aceitar que seus sonhos acabaram. Dizendo: *eu costumava estar em forma, mas isso é passado.*

Não! Nunca é tarde demais. Você ainda tem muito tempo pela frente. Muita capacidade, muito potencial a cumprir. Você decide o resto da história. Depende de você. Mas esta é a parte importante: a história que você decidir por si mesmo também determinará em que tipo de histórias seus filhos acreditarão. Sua história é a bússola e o mapa da jornada que os tornará realistas, otimistas, céticos, cínicos ou fatalistas.

O que eles serão?

26 de junho
ENCARE SEUS DEFEITOS

Cada um traz sua bagagem da infância. Problemas, defeitos. Mas a decisão de ter filhos implica a necessidade de encarar tudo isso. Como disse Jessica Lahey, a maravilhosa autora de *The Gift of Failure* (O dom do fracasso), um ótimo livro para pais e professores, ao ser questionada sobre o que aprendeu como mãe:

> Precisei enfrentar os defeitos que achei que poderia manter em segredo porque eu queria ser melhor para aquela nova pessoa... Os defeitos que eu vinha escondendo tão bem por me destacar academicamente ou por ser carismática começaram a vir à tona porque a questão não é mais só sobre mim. Para mim, esses defeitos são a minha atitude defensiva em relação aos meus defeitos em potencial (vá entender), a minha tendência de me desconectar e me distrair de tudo o que está acontecendo bem na minha frente em favor do que vem a seguir e, principalmente, o abuso de substâncias. Se eu nunca tivesse tido filhos, provavelmente poderia ter mantido tudo isso enterrado, mas ser mãe exigiu que eu lidasse com tudo, para poder ser um modelo de pessoa saudável, amorosa e produtiva para meus filhos.

Se você quer ser um ótimo pai ou mãe, lide com a sua bagunça interna. Livre-se de toda a bagagem — é perigoso demais carregá-la com filhos por perto, e você corre o risco de deixá-la cair sobre eles. Não pode haver mais esconderijos, adiamentos. A conta venceu, e você precisa pagá-la: na terapia, nas conversas com seu cônjuge, nas páginas do seu diário. Encare seus defeitos. Essas pessoinhas não escolheram ficar presas na mesma casa que você e não deveriam ser obrigadas a ficar presas com um monstro ou um muro no lugar de um pai ou uma mãe.

27 de junho
NÃO FIQUE DOENTE

> Se você quiser encontrar uma coisa ruim na internet, vai encontrar.
>
> Judd Apatow

Existe um ótimo termo para descrever o que acontece quando passamos tempo demais no celular. Seja um adulto rolando a tela infinitamente ou uma criança entrando em um buraco de minhoca de vídeos no YouTube, quando passamos muito tempo olhando para um dispositivo, esse comportamento é chamado de *vício em tela*.

Você sabe, aquela reação insana que seus filhos têm quando você desliga a TV de repente. Ou o estado catatônico em que ficam quando estão jogando algum videogame, quando a casa pode estar desabando, mas eles nem piscam. O mundo de fantasia que seu adolescente confunde com a realidade depois de muitas horas no computador do quarto. Garanto que você conhece os sintomas: você fica rabugento e odeia a humanidade depois de ver muitos de seus pontos fracos nas redes sociais. Você não consegue prestar atenção em nada além do seu e-mail. As vibrações fantasmas do celular o perseguem como uma assombração.

A boa notícia é que essa parece ser uma doença muito fácil de curar. Ficar um dia sem celular já ajuda muito. Sair por algumas horas pode reorientar a mente e redefinir o espírito. A má notícia é que as pessoas que criaram seu celular e tudo o que acontece nele sabem que também há uma solução fácil. É por isso que eles gastam tanto tempo, energia e dinheiro desenvolvendo maneiras de mantê-lo conectado, viciado, em dívida. Você precisa lutar contra isso.

Quem usa a tecnologia somos nós, não o contrário. A única forma de ter uma relação saudável com esses aparelhos e evitar o mal-estar que nos contagia é lembrar sempre que somos nós que estamos no comando.

28 de junho
DELICIE-SE NO SEU APERFEIÇOAMENTO

É triste vermos um pai que claramente parou de tentar. Ele engorda. Abandona o casamento. Talvez comece a beber mais. Ele se resigna ao fato de que odeia o trabalho. Aceita quaisquer notas que os filhos trazem da escola. Torna o comportamento deles um problema de outra pessoa.

Nós olhamos para ele e pensamos: *Eu nunca quero ser como esse cara.*

Beleza, ok. Então o que você está fazendo para garantir que isso não aconteça? No mundo das *startups*, dizem que, se sua empresa não está crescendo, ela está morrendo. De certa forma, isso também é verdade em relação às pessoas. Se você não se desenvolve ativamente, o que acontece? Você atrofia. Só piora. A entropia está ganhando.

Epicteto gostava de citar Sócrates, que dizia ter prazer em cuidar do próprio aperfeiçoamento dia após dia. Brilhante. É perfeito pensar assim. Como você está se aprimorando no dia a dia? Você pratica exercícios físicos, lê, estabelece metas para si mesmo? Está passando tanto tempo em casa quanto no escritório?

Seus filhos serão mais bem servidos por um pai que se aprimora. Melhor ainda, eles serão inspirados pelo seu exemplo. Mostre a eles que você está tentando, que nunca podemos parar de tentar ao longo da vida, e eles o seguirão à sua própria maneira.

29 de junho
NÃO ACABOU PARA VOCÊ

Susan Straight estava ajudando a mãe a se mudar quando encontrou uma pintura velha jogada no lixo. Sentindo que não era algo que a mãe havia comprado, perguntou a respeito. "Fiz uma aula de pintura", explicou a mãe de Susan. "Então encontrei um livro que ensinava a pintar."

"Minha mãe era uma artista", recorda a filha. "Ela havia feito lindos esboços do nosso jardim e da nossa casa na Suíça."

Surpresas e emocionadas, as duas começaram a conversar sobre a pintura. Seria aquele um hobby secreto que Susan desconhecia? Será que sua mãe tinha um lado criativo que nunca compartilhara? Haveria outras pinturas? Infelizmente, não. "Logo depois que terminei este", afirmou a mãe com naturalidade, "eu tive você e nunca mais pintei nada. Minha vida acabou".

Ai.

No entanto, uma parte de nós entende esse sentimento, certo? Uma parte de nós sentiu como se a vida tivesse acabado quando nossa casa foi repentinamente inundada por bebês e fraldas, quando a rotina foi interrompida por caronas e treinos de futebol. Senão a vida como um todo, ao menos aquela parte divertida, livre e *boa*. Não há mais tempo para hobbies. Nenhuma energia para a autodescoberta, muito menos para a autorrealização.

Certamente, fomos sobrecarregados de uma forma que jamais esperávamos. Mas não podemos jogar a toalha. Não podemos usar o fato de sermos pais ou mães como desculpa. Pelo contrário, justamente porque nossos filhos estão nos observando, precisamos continuar nos esforçando. Precisamos transcender a matemática amarga. Precisamos continuar crescendo. Não podemos desistir de nós mesmos ou de nossos interesses.

Nossa vida não acabou. Nem perto disso. De certa forma, ela está apenas começando. Recomeçando.

30 de junho
VOCÊ PODE AJUDAR OUTROS PAIS

Navegamos em duas esferas: a profissional e a familiar, parental. Faz sentido tentar mantê-las bem distintas e separadas. Temos até um nome para essa distinção: "limites" ou "equilíbrio entre vida profissional e pessoal". A essa altura, já sabemos que é bom deixar o trabalho no escritório quando o dia acaba.

Mas uma maneira de ajudar outros pais, ou futuros pais, é certificando-nos de não deixar nossos filhos em casa... figurativamente. Falando sobre eles, colando fotos na parede, sendo honestos e diretos sobre nosso esforço de tentar equilibrar carreira e família, estamos nos ajudando mutuamente.

Por muito tempo os pais precisaram lutar em silêncio. Ficavam sobrecarregados ou esgotados. Lutavam contra prioridades. Era uma vida de preocupações, mágoas e questionamentos: *"Que diabos eu faço?"* Pais e mães faziam tudo sozinhos, mesmo quando o colega no escritório ao lado estava passando pelo mesmo inferno, mesmo quando o chefe se perguntava exatamente a mesma coisa a respeito dos próprios filhos.

Todos podemos nos ajudar se acabarmos com essa farsa. Podemos ajudar outros pais criando um ambiente honesto e seguro, que nos permita parar de fingir que não estamos todos tentando manter dois empregos ao mesmo tempo e desempenhá-los bem.

20 de junho
VOCÊ PODE AJUDAR OUTROS PAIS

JULHO

AJUDE SEUS FILHOS A SE TORNAREM QUEM ELES SÃO

(LIÇÕES SOBRE CUIDADO E DESCOBERTA)

1º de julho
É A NATUREZA OU A CRIAÇÃO?

Plutarco conta a história de como Licurgo reformou a sociedade espartana, que deixou de ser rebelde, turbulenta e covarde e passou a ser autodisciplinada, comedida e corajosa. Ele escolheu dois cãezinhos da mesma ninhada e os criou com hábitos distintos, um em casa e outro nos campos de caça. Tão logo os animais estavam totalmente aclimatados, Licurgo os apresentou a uma assembleia pública. Ele colocou à frente de cada cão uma vasilha de comida. Antes de autorizar os cachorros a comer, soltou uma lebre. O cachorro da casa comeu imediatamente a própria comida, ao passo que o cão caçador se pôs a correr atrás da lebre.

"Vejam, concidadãos", explicou Licurgo, "estes dois cães pertencem à mesma ninhada, mas, devido à disciplina a que foram submetidos, tornaram-se totalmente diferentes um do outro; e vejam também de uma vez por todas que o treinamento é mais eficaz do que a natureza para o desenvolvimento das virtudes".

Depois que sua demonstração provou que a criação superava a natureza, Licurgo declarou: "Assim como em nosso caso, concidadãos, o nascimento em berço nobre, tão admirado pelas pessoas, e nossa descendência de Héracles não nos conferem nenhuma vantagem, a menos que façamos o tipo de coisas pelas quais ele era manifestamente o mais glorioso e o mais nobre de toda a humanidade, e a menos que ao longo de toda a nossa vida pratiquemos e aprendamos o que é bom."

E é isso que acontece com nossa própria família. Se queremos filhos ótimos, temos que trabalhar para isso, por meio da educação e da criação, instilando neles as características que desejamos que eles tenham e corrigindo as que não queremos.

2 de julho
AJUDE SEUS FILHOS A SE TORNAR QUEM ELES SÃO

> Muitos pais farão qualquer coisa por seus filhos, exceto deixá-los serem eles mesmos.
>
> BANKSY

Em sua autobiografia, Bruce Springsteen nos leva de volta ao momento em que, aos sete anos, ele assistiu à apresentação do polêmico astro do rock Elvis Presley no programa *The Ed Sullivan Show*:

> Fiquei lá paralisado em frente à televisão, com a cabeça a mil. Eu tinha dois braços, duas pernas, dois olhos, igualzinho a ele; eu era horroroso, mas isso depois eu dava um jeito... então, o que estava faltando? A GUITARRA! (...) No dia seguinte, convenci minha mãe a me levar à Diehl's Music, na South Street, Freehold. Como não tínhamos dinheiro, alugamos uma guitarra.

Nosso trabalho como pais não é moldar nossos filhos a fim de transformá-los em nossos sucessores ou em superastros. É ajudá-los a ser o que eles têm a intenção de se tornar. Nós lhes mostramos as coisas, deixamos que encontrem o que lhes interessa e então os incentivamos a cultivar esses interesses. Sem pressão, sem críticas. Devemos acreditar neles, torcer por eles, ter orgulho deles... e estar prontos para segurá-los se caírem ou se fracassarem no caminho para se tornarem quem eles querem ser.

3 de julho
VOCÊ TEM QUE AJUDAR SEUS FILHOS A DESCOBRIR ISSO

Quase toda pessoa talentosa e bem-sucedida é capaz de se lembrar do momento em que foi apresentada ao que se tornou a *sua coisa especial*, seja lá o que for. No livro *Maestria*, Robert Greene analisa inúmeros exemplos desse belo processo pelo qual alguns dos mais notáveis especialistas do mundo descobriram sua "missão de vida". Ele discorre sobre a primeira vez que a futura dançarina e coreógrafa Martha Graham assistiu a uma apresentação de dança, por exemplo, e conta também a história da bússola que o pai de Albert Einstein lhe deu de presente quando ele tinha cinco anos:

> Instantaneamente o menino ficou fascinado pela agulha, que mudava de direção à medida que ele movimentava o instrumento. A ideia de que havia algum tipo de força magnética que atuava sobre a agulha, invisível aos olhos, tocou-o profundamente.

No cerne da maioria dessas histórias estão alguns ingredientes-chave: sorte, receptividade, curiosidade. E, claro, muitas vezes um pai ou uma mãe que ativamente mostra o mundo aos seus filhos e os coloca em contato com coisas diferentes.

É trabalho do seu filho descobrir o que ele quer fazer da vida. Nenhum pai ou mãe pode ou deve obrigar o filho a dominar o que quer que seja. Mas é trabalho da figura parental, sobretudo quando os filhos são jovens, abrir seus olhos, introduzir na equação as felizes descobertas ao acaso, revelar a eles todas as possibilidades que a vida tem a oferecer.

Mostre a seus filhos o que existe por aí. Ajude-os a descobrir.

4 de julho
NÃO PRENDA A SUA ÁGUIA

Quando a jovem Florence Nightingale começou a trabalhar como voluntária em hospitais, seus pais aristocráticos ficaram horrorizados. Já tinha sido bastante difícil educar uma criança precoce. Agora ela queria se degradar, rebaixando-se em um trabalho aquém de sua posição social? Eles ficaram envergonhados. O que os amigos pensariam? O que poderia parecer? Assim como muitos pais de filhos resolutos e independentes, eles se sentiram rejeitados. Julgavam que as escolhas da filha refutavam as deles.

"Somos patos que chocaram um cisne selvagem", lamentou certa vez a mãe de Florence. Mas um biógrafo deu a resposta perfeita: "Não foi um cisne que eles chocaram; para citar a célebre máxima dos ensaios de Lytton Strachey, *foi uma águia*."

Você não pode segurar seus filhos. Você não pode se ofender porque eles são diferentes. Você não pode querer prendê-los e sufocá-los com noções antiquadas sobre gênero ou classe. As escolhas deles não dizem nada sobre as escolhas que você fez. Eles são donos do próprio nariz, portanto merecem viver a vida do jeito que bem entenderem. Seus filhos merecem seu apoio e encorajamento, seja qual for a direção aonde isso os leve ou leve você.

É para isso que estamos aqui. Não podemos esquecer.

5 de julho
PERGUNTE A SEUS FILHOS SE ELES GOSTARIAM DE APRENDER

Arthur Ashe tornou-se um brilhante jogador de tênis e um ferrenho ativista em defesa dos direitos civis por causa de uma pergunta. Ele tinha sete anos e estava sentado em um parque em Richmond, Virgínia, assistindo ao treino de um talentoso tenista negro chamado Ron Charity. O pai de Ashe era zelador do parque e muitas vezes deixava o filho se divertir enquanto trabalhava. Após cerca de uma hora, Ron Charity fez uma pausa, caminhou até o menino e, gentilmente, indagou: "Você gostaria de aprender a jogar?" Com essa pergunta simples e generosa, Ashe e o tênis como esporte mudaram para sempre.

"Dessa forma tão inesperada", refletiria Ashe mais tarde, "minha vida foi transformada". Quantas vidas mudaram de maneira semelhante? Por causa de um adulto que se deu ao trabalho de perceber o interesse de uma criança, teve paciência para apresentá-la a algo, estava disposto a lhe ensinar uma habilidade ou um ofício?

É lógico que não podemos depender apenas da generosidade de desconhecidos. É nosso trabalho, como pais, reservar um tempo para fazer isso por nossos filhos. Temos que cultivar essa centelha de curiosidade para que desabroche na forma de gigantescas paixões, temos que canalizar a energia deles para atividades produtivas. Temos que ensinar coisas a eles.

Especialmente as coisas sobre as quais eles têm medo de perguntar ou nem sequer sabem como formular. Muitas vezes, é aí que mora a magia.

6 de julho
VOCÊ TEM QUE FAZER ISSO; É DISSO QUE PRECISAMOS

> A meu ver, a maior obrigação dos pais e educadores é dar às crianças uma compreensão do princípio divino que existe dentro delas.
>
> WILLIAM ELLERY CHANNING

Em seu tenso romance *A estrada*, que escreveu para o filho, Cormac McCarthy fala sobre "carregar o fogo". Alanis Morissette criou sua própria versão disso na bela canção "Ablaze" (Em chamas), escrita para seus filhos.

"Para minha garota, toda fogo e inocência", canta ela, "minha missão é manter a luz em seus olhos acesa. "E para seu filho, a quem ela chama de "precioso e gentil guerreiro, cheio de energia impetuosa", ela canta a mesma coisa.

Nosso trabalho é manter nossos filhos do jeito que nasceram, o que significa — como *A estrada* pode nos mostrar — *fundamentalmente bons*. Inocentes. Puros.

Temos que ajudá-los a carregar o fogo. Temos que manter acesa a luz em seus olhos. Não importa quanto o mundo mergulhe na escuridão. Na verdade, temos que fazer isso agora, mais do que nunca, *porque* o mundo está às escuras. Esse é o nosso trabalho. Essa é a nossa missão.

Se falharmos... que Deus nos ajude.

7 de julho
SEUS FILHOS SERÃO O QUE VOCÊ FIZER DELES

A dra. Edith Eger, sobrevivente do Holocausto que se tornou psicóloga e escritora, teve um filho que nasceu com paralisia cerebral atetoide. Um dia, numa visita ao consultório de seu médico, a dra. Eger expressou ao especialista alguns de seus temores e preocupações. Foi então que recebeu alguns conselhos que *todos* os pais deveriam escutar, quer sua família tenha que enfrentar esse tipo de adversidade ou não.

"Seu filho será o que você fizer dele", explicou o médico. "John vai fazer tudo o que todo mundo faz, mas vai demorar mais para chegar lá. Você pode pressioná-lo em demasia, forçar a barra, e isso vai sair pela culatra, mas também será um erro não insistir com força suficiente. Você precisa empurrá-lo até o nível do potencial pleno dele."

Seus filhos serão o que você fizer deles. Ninguém está dizendo que vai ser fácil. Ninguém está dizendo que as coisas são justas — ter dislexia ou deficiência, ser um refugiado ou perder o emprego, ser um gênio ou ser baixinho —, mas o que importa é a maneira como incentivamos os filhos (e a nós mesmos). O que importa é a delicadeza, o amor e a paciência que acompanham esse incentivo.

Não podemos fazer tudo por nossos filhos, mas podemos acreditar neles e ajudá-los a acreditar em si mesmos. Podemos ajudá-los a atingir o nível pleno de seu potencial. Podemos fazer com que se tornem aquilo de que são capazes.

8 de julho
QUAIS PARTES DE SEUS FILHOS VOCÊ CULTIVARÁ?

> As circunstâncias de sua criação fazem uma considerável diferença para determinar quanto você se dá bem no mundo.
>
> Malcolm Gladwell

Eis uma ideia interessante, talvez não totalmente respaldada pela ciência, mas verdadeira o suficiente para estar em consonância com a experiência: carregamos dentro de nós, desde o nascimento ou a mais tenra idade, todas as virtudes e vícios que teremos na vida. Todos os nossos pontos fortes e fracos estão lá, mais ou menos, desde o início. Assim, a pergunta para os pais, educadores e mentores é: quais desses pontos fortes e virtudes você cultivará? Quais vícios e defeitos você permitirá que corrompam seus filhos?

Em seu belo romance *Memórias de Adriano*, Marguerite Yourcenar mostra o imperador Adriano abrindo o coração para o jovem Marco Aurélio, seu neto adotivo. Ele explica: "Quanto a mim, era aos vinte anos praticamente o que sou hoje, apenas sem a mesma consistência. Nem tudo em mim era mau, mas poderia sê-lo: o bom ou o melhor contrabalançavam o pior."

Todos nós temos peculiaridades boas e características negativas. Assim, o que faz a diferença, e é seu trabalho como figura parental, é ajudar seus filhos a cultivar o que há de bom neles e dar-lhes a força para sobrepujar o que há de ruim. Precisamos ajudá-los a se tornar quem eles *podem* ser. Precisamos ajudá-los a ser — de maneira consistente e constante — a melhor versão de si mesmos.

9 de julho
NÃO DEIXE QUE SEUS FILHOS DESEJEM NÃO SER QUEM ELES SÃO

Um dos momentos de maior vulnerabilidade na campanha pioneira do político Pete Buttigieg à Presidência dos Estados Unidos (como o primeiro candidato abertamente gay a entrar na disputa pelo cargo) aconteceu na Carolina do Sul, quando ele falou sobre sua luta com a própria identidade, a própria sexualidade:

> Quando mais jovem, eu teria feito qualquer coisa para não ser gay. Quando eu meio que comecei a perceber o que significava sentir o que eu sentia pelas pessoas (...) isso desencadeou em mim algo que só posso descrever como uma espécie de guerra. E se essa guerra tivesse sido resolvida nos termos que eu desejava (...) eu não estaria aqui. Se alguém tivesse me oferecido uma pílula para "me endireitar", eu teria engolido esse remédio antes que você tivesse tempo de me dar um gole d'água. É difícil pensar nisso agora. É difícil encarar a verdade de que houve momentos na minha vida em que, se alguém tivesse me mostrado exatamente o que existia dentro de mim que me tornava gay, eu teria extirpado isso com uma faca.

Nenhum pai ou mãe quer ouvir que seu filho gostaria de extirpar uma parte de si mesmo ou saber que seu filho ou filha está em guerra consigo mesmo. Claro, grande parte da vergonha e dúvida que Pete sentia nada tinha a ver com seus pais, e sim com o tempo e a cultura de sua criação, mas mesmo assim.

É seu trabalho assegurar que seus filhos saibam que não há uma única parte deles que você gostaria que mudasse se fosse possível. É seu trabalho lhes mostrar que você os ama *por inteiro*. Por meio de suas palavras, ações e escolhas, cabe a você ensinar seus filhos e provar que eles tornam o mundo melhor apenas por existirem e por serem eles mesmos.

10 de julho
AJUDE SEUS FILHOS A ENCONTRAR O CAMINHO QUE QUEREM SEGUIR

> Na criação de nossos filhos, devemos nos lembrar de que somos os cuidadores do futuro. Ao aprimorar a educação deles, aprimoramos o futuro da humanidade, o futuro deste mundo.
>
> IMMANUEL KANT

O que o pai de John Adams mais queria era que o filho fosse para a universidade. John Adams queria fazer qualquer outra coisa, menos estudar. Volta e meia ele faltava às aulas para pescar, caçar ou empinar pipa. Ele não gostava dos professores. Sentia que não estava aprendendo nada útil. Ele não tinha interesse em dar continuidade à sua educação em uma instituição de ensino superior.

Então, quando anunciou que queria ser agricultor, seu pai o levou até os pântanos para cortar palha e chafurdar na lama, a fim de lhe mostrar a verdadeira natureza desse trabalho. No dia seguinte, John voltou para a escola, mas não demorou a ter problemas lá. "Eu não gosto do meu professor", disse ao pai. "Ele é tão negligente e irritadiço que nunca consigo aprender nada." No dia seguinte, o pai de Adams o matriculou na escola particular perto de casa. Lá, sob a batuta de um professor chamado Joseph Marsh, Adams deu uma guinada drástica. Começou a estudar. A ler sem parar. Em menos de um ano, o jovem de quinze anos foi declarado "apto para a universidade". No outono seguinte, foi aceito em Harvard.

Nosso trabalho como pais é colocar nossos filhos em ambientes nos quais eles possam viceja e florescer. Nosso trabalho é ajudá-los a encontrar o próprio caminho. Pode acontecer que esse ambiente não seja a primeira escola em que os matriculamos. Talvez sejam necessárias várias tentativas e uma boa quantidade de experimentações. Com certeza será preciso ter paciência. Mas não importa.

O que importa é ajudarmos nossos filhos a descobrir quem eles nasceram para ser.

11 de julho
DEIXE QUE ELES DECIDAM

> Se eu pudesse desejar uma coisa para meus filhos, seria que cada um de vocês ousasse fazer as coisas (...) que tenham algum significado para vocês como indivíduos (...) mas não se preocupem se não agradarem a todos.
>
> LILLIAN CARTER

Quando o ator Will Ferrell estava no ensino fundamental, ele foi considerado apto para o programa de aprimoramento de alunos talentosos e com altas habilidades que sua escola oferecia como atividade extracurricular após o horário das aulas, então sua mãe o inscreveu. Quando descobriu isso, Will lhe disse que havia um conflito de agenda — ele já se matriculara nas aulas de quadrilha. Tinha que escolher entre as duas.

Para um pai, há uma escolha óbvia. Não é preciso nem pensar duas vezes. Sabemos qual das duas alternativas vai ensinar mais, qual será melhor para o seu futuro profissional, qual é a "mais maneira". Mas nossos filhos ainda não sabem tomar decisões. Não entendem nada sobre modelos mentais. Não sabem sobre consequências de longo prazo ou pensamento de segunda ordem. Eles não sabem pesar prós e contras. Não sabem o que é melhor para eles. Sabem apenas do que gostam, o que os empolga, o que querem *agora*.

Contudo, segundo o relato da atriz Ana Gasteyer, colega de elenco de Will Ferrell no programa humorístico *Saturday Night Live* (SNL), a mãe de Will deixou tudo isso de lado. Ela olhou para o filho e disse: "Depende de você. Você decide." Will escolheu dançar quadrilha. "E isso, a meu ver", comentou Gasteyer, "resume por que Will é o incrível Will Ferrell". Para a atriz, essa história explica como Will Ferrell se tornou um dos maiores atores cômicos de todos os tempos. Seus pais o estimulavam e *permitiam* que ele tomasse as próprias decisões. Eles não se intrometiam tentando impor ao filho as prioridades do "mundo real" — deixavam o filho seguir seu coração.

Quando seus filhos se interessam por algo criativo ou gratificante, a pior coisa que você pode fazer como pai é impedi-los de seguir nessa direção. Seu trabalho, vale repetir sempre que possível, é incentivá-los a serem quem são, a seguir suas inclinações naturais, a decidir o que *eles* querem fazer depois da escola.

12 de julho
NÃO JULGUE SEUS FILHOS COM MUITA SEVERIDADE... NEM RÁPIDO DEMAIS

Na primavera de 1921, um jovem jogador de beisebol chamado Louis Gehrig fez um teste diante do grande John McGraw no estádio Polo Grounds. McGraw era o gerente do New York Giants, e um dos maiores avaliadores de talentos da história do esporte.

Foi um bom teste. Gehrig acertou algumas rebatidas potentes. Ele era vigoroso, ágil e rápido. Já exibia as pernas que, de tão robustas, pareciam quase desumanas e eram a chave para sua força e destreza em campo. Mas então Gehrig foi para a primeira base... onde imediatamente deixou uma bola fácil passar por entre os pés. Segundo os seus biógrafos, a seletiva acabou quase na mesma hora. McGraw já tinha visto tudo o que precisava.

Poderíamos chamar esse momento de "loucura de McGraw". Em um piscar de olhos, ele avaliou e julgou o garoto — e não se engane, Gehrig *era* um garoto. Extremamente tímido, superprotegido, inexperiente... E a incapacidade ou má vontade de McGraw de considerar isso em sua avaliação fez com que deixasse passar um dos maiores talentos e seres humanos da história do beisebol.

Gehrig acabaria construindo uma célebre carreira como primeira-base de outro time, os Yankees, acertaria centenas de *home runs*, venceria seis vezes a World Series (as partidas decisivas entre os campeões das ligas nacionais norte-americanas) e por mais de cinquenta anos manteria o recorde da mais longa sequência de partidas como titular. Será que esse jogador não poderia ter merecido um pouco mais de paciência? Uma mente ligeiramente mais aberta?

Quando se trata de talento, é essencial aprendermos com esses erros. As pessoas são enigmas, e até mesmo nossos próprios filhos são mistérios. Não somos tão bons quanto pensamos em avaliar habilidades e prever o futuro. Portanto, temos que ser tolerantes. Não podemos tirar conclusões precipitadas. Temos que dar a nossos filhos o benefício da dúvida. Temos que torcer por eles, não os descartar.

13 de julho
ENSINE SEUS FILHOS A ESCOLHER

" Se suas escolhas forem bonitas, você também será. "

EPICTETO

Faz sentido que os pais tomem a maior parte das decisões por seus filhos. Os pais sabem mais. As crianças não sabem praticamente nada. Sobre a vida. Sobre como vai estar o tempo amanhã. Sobre os mecanismos de funcionamento do mundo.

O problema é que, com isso, você priva seus filhos de uma habilidade essencial: a capacidade de tomar decisões. Devemos nos surpreender por tantos adolescentes ficarem totalmente atordoados e assolados por dúvidas na hora de escolher o que cursar na faculdade? Ou qual carreira seguir? Para a maioria deles, é a primeira decisão de verdade que precisam tomar em toda a vida.

É por isso que, como pai, cabe a você trabalhar ativamente para não escolher tudo por seus filhos. Pergunte se eles querem ir ao parque ou jogar bola no quintal. Pergunte qual filme eles querem ver. O que devemos comer no jantar? Hoje você quer tomar banho de chuveiro ou de banheira? Você prefere tentar entrar no time de beisebol ou de basquete? Se você não gosta de cortar a grama, qual outra tarefa gostaria de fazer para ajudar na casa? Vai vestir short ou calça hoje? Escolha o que quer vestir.

Ensine seus filhos a escolher. Capacite-os e fortaleça-os. Faça de tudo para se assegurar de que eles saibam como decidir e como aceitar numa boa as próprias decisões, mesmo que decidam errado. Não importa que você saiba mais do que eles. O que importa é que você os deixe aprender.

Uma vida é a soma e a substância das decisões de uma pessoa. Prepare seus filhos para tomarem boas decisões, de modo que, por escolha própria, eles possam ter a melhor vida possível.

14 de julho
FAÇA OS AJUSTES NECESSÁRIOS

O pai da cientista Jennifer Doudna era professor de língua e literatura inglesa. Foi somente quando sua filha era pequena que ele percebeu que quase todos os livros que selecionava como leitura obrigatória para seus alunos tinham sido escritos por homens. Ter uma menina o fez perceber quanto isso era injusto, quanto isso privava seus alunos de perspectivas e inspirações valiosas. Então, segundo consta em *A decodificadora*, a fascinante biografia que Walter Isaacson escreveu sobre Jennifer Doudna e o trabalho que rendeu a ela um Prêmio Nobel, o pai discretamente "adicionou ao conteúdo programático escritoras como Doris Lessing, Anne Tyler e Joan Didion". Além disso, começou a levar para casa livros que pudessem servir como inspiração para a filha.

Como um bom pai (e ser humano), ele fez ajustes e se adaptou. Não para ser politicamente correto, mas por empatia genuína. E qual foi o efeito? Ele se acovardou ou ficou menos másculo? A censura venceu? Não, a escolha que ele fez tornou o mundo um lugar melhor! Seus alunos se aprimoraram, e sua capacidade de se conectar com a filha melhorou. Décadas depois, *o mundo* ficou melhor como resultado desse ajuste (você pode agradecer a Doudna e, por extensão, ao pai dela pela vacina de RNAm contra a Covid-19 que a sua família tomou).

Não fique parado no tempo. Não feche sua mente. Esteja aberto... e faça ajustes.

15 de julho
SEMPRE TENHA EM MENTE OS INTERESSES DE SEUS FILHOS

> Você deve lembrar que em cada pessoa vive o mesmo espírito que habita em nós.
>
> Arthur Schopenhauer

Sempre existirá um abismo entre pais e filhos, pelo menos no que diz respeito à questão do gosto. E é assim que tem que ser. Seus gostos são informados por anos de experiência, e os deles pela alegria e frescor ainda ingênuos e imaculados da descoberta. Por que você precisaria gostar do que eles gostam? Você sabe mais!

Ainda assim, se deseja se conectar com os filhos, moldá-los e incentivá-los, é imperativo ter em mente os interesses deles, porque seu trabalho como pai é descobrir do que eles gostam e ajudá-los a continuar explorando esses interesses.

Ah, eles gostaram desse filme? Aqui está outro do qual talvez possam gostar também. Ah, curtiram este livro? Aqui está a obra completa do autor, como presente de aniversário. Ah, eles gostam de dinossauros? Vamos passear no museu no final de semana; olha aqui fotos minhas na frente do braquiossauro no terminal da United Airlines no Aeroporto Internacional O'Hare em Chicago; que tal um vídeo sobre dinossauros para assistirmos juntos?

Quando os interesses de seus filhos se tornam seus interesses, passam a ser oportunidades de se conectar, descobrir e compartilhar. Deixe que seus filhos sejam o motorista; você apenas fornece o combustível.

16 de julho
SER ORIGINAL É MELHOR DO QUE SER INTELIGENTE

> Os alunos medianos comandam o mundo.
>
> HARRY TRUMAN

Nós achamos que queremos ter filhos inteligentes. É por isso que ficamos de olho nas suas notas, contratamos professores particulares e os ajudamos a estudar para o vestibular. É por isso inclusive que os elogiamos: *Vocês são tão inteligentes!*

Mas isso ajuda mesmo a ser bem-sucedido na vida? O ensaísta, empresário e investidor Paul Graham adverte os pais que, sem aprender as lições do passado, cometem o mesmo erro: tentam fazer os filhos entrarem em boas faculdades para, consequentemente, conseguirem os bons empregos disponíveis para as pessoas inteligentes. Segundo Graham, Einstein não era especial por ser *inteligente*, mas porque tinha *ideias originais*.

Pense nas pessoas a quem mais admiramos; elas têm essa característica em comum. O segredo delas não é serem inteligentes, e sim ter uma forma diferente de ver o mundo. São singulares, e com essa singularidade (muitas vezes associada à inteligência) realizam grandes feitos. Então, se você está tentando moldar seu filho... bem, talvez seja melhor parar com isso; apenas ajude-o a se orientar em meio ao seu processo de crescimento.

Incentive-os a serem originais e singulares. Incentive-os a procurar e encontrar coisas novas. O mundo está repleto de pessoas inteligentes... e a maioria é insuportavelmente chata e sem graça. Precisamos de novos pensadores e de pessoas criativas. Precisamos de gente original.

17 de julho
SEU TRABALHO É MOSTRAR A SEUS FILHOS O QUE É POSSÍVEL

A suposição de que os filhos de homens e mulheres bem-sucedidos acabam se tornando mimados e preguiçosos ao longo do tempo se provou verdadeira com mais frequência do que esses pais gostariam de admitir. Mas também não faltam exemplos que subvertem esse preconceito. Existem inúmeros atletas profissionais cujos filhos seguiram os passos dos pais. Tanto John Quincy Adams quanto George W. Bush imitaram o caminho dos pais e chegaram à Casa Branca. Há muitos casos de escritores e artistas cujos filhos alcançaram sucesso nas artes.

Como é que isso funciona? Obviamente, talento natural não faltou. Nepotismo também não. Com certeza os filhos deles eram capazes e contavam com imensas vantagens. Mas há também em jogo outra força sobre a qual todos os pais devem refletir. Será que o maior privilégio concedido a essas crianças foi ver os pais praticando com paixão e entusiasmo uma carreira que a maioria das pessoas tem dificuldade até para imaginar? Será que o verdadeiro presente que receberam foi ver que ir atrás dos seus sonhos *era realmente possível*? E que não tinha nada de sobrenatural nisso, era apenas muito trabalho duro?

É excessiva a quantidade de pais que gasta tempo, de forma consciente ou sutil, dizendo aos filhos que pensem pequeno, sejam realistas e "pés no chão", que levem em conta quanto o sucesso pode ser improvável. Contudo, morar na mesma casa que um atleta profissional, um chefe de Estado ou um escritor premiado envia uma mensagem poderosa: *Dá para fazer isso!* Bastam apenas trabalho, dedicação e, claro, boas doses de confiança.

Seja qual for o seu ganha-pão, este é o seu verdadeiro trabalho como pai: mostrar a seus filhos o que é possível. Incentivá-los a tentar, seja lá o que for a "coisa" que almejam.

18 de julho
NÃO DÊ ISSO A SEUS FILHOS

Na vida, o maior impedimento para a felicidade é algo que muitos de nós descobrimos muito cedo: a vergonha.

A vergonha é a irmã gêmea maligna da culpa. Se a culpa é se sentir mal por coisas que você fez, a vergonha é se sentir mal por *quem você é* — por conta de coisas que não há como controlar. Sentir impulsos e ânsias biológicas normais. Ser desajeitado e desastrado. Ter gostos artísticos insólitos. Ter pouco traquejo em interações sociais. Ter um paladar limitado ou extremamente aventureiro. Quase não existem limites para as coisas a respeito da nossa aparência ou temperamento que podem nos encher de vergonha.

O aspecto mais trágico da vergonha, porém, é que ela não surge naturalmente. Observe uma criança inocente enquanto ela brinca, compenetrada, com sua comida ou finge ser uma princesa ou um dragão, e você não perceberá nenhum indício de vergonha. Porque as crianças pequenas ainda não sentem vergonha dessas coisas.

A vergonha é herdada. É muitas vezes transmitida pelos pais, por meio de comentários mordazes, julgamentos desnecessários e escolhas impensadas. Cabe a você não permitir que seus filhos a herdem.

Cabe a você deixar seus filhos serem donos do próprio nariz, fazer com que se sintam bem consigo mesmos, à vontade sendo quem são — fingindo ser dragões, dançando ao som de músicas da quais você não gosta, tentando coisas que você nunca tentaria, não importa... contanto que seja importante para eles.

Aceite seus filhos, para que eles possam aceitar tudo aquilo que os tornam pessoas singulares e totalmente originais — eles mesmos, dos pés à cabeça. Não há vergonha nenhuma nisso.

19 de julho
INCENTIVE SEUS FILHOS A SEREM OS MELHORES

Há certos pais cuja única preocupação é que seus filhos se divirtam. E há os pais que pressionam os filhos a serem vencedores. Alguns acreditam que a competitividade não importa; outros pensam que a competição é fundamental. Assim como acontece em tantos debates bilaterais, há uma terceira opção que ambos os lados não percebem, e que na verdade é muito superior às duas outras posturas, embora com muito mais nuances.

O grande John Wooden — um dos treinadores mais vitoriosos da história do basquete universitário — afirma ter aprendido com seu pai uma lição valiosa:

> A mensagem de papai sobre o basquete — e a vida — é a seguinte: "Johnny, não tente ser melhor do que os outros, mas nunca pare de tentar ser o melhor que você puder. Sobre isso, você tem controle; sobre os outros, não tem." Era um conselho simples: trabalhar duro, muito duro, nas coisas que eu posso controlar, e não perder o sono com o resto.

Ao matricular seu filho na escolinha de futebol ou inscrevê-lo na equipe de debates da escola; ao conversar com ele sobre a posição que ocupa no ranking de melhores alunos da classe ou os tempos que conseguiu obter nas pistas de atletismo, faça questão de dizer que a comparação com o desempenho de outras pessoas é muito menos importante do que como ele se compara *com o próprio potencial*. Alguém que se esforça ao máximo em tudo o que faz vai muito mais longe na vida (e será mais feliz) do que alguém obcecado em chegar em primeiro lugar, ou que nem chega a tentar de verdade por medo de perder.

Portanto, diga ao seu filho para ele ser *o melhor que puder*. Diga-lhe que o melhor parâmetro de comparação é com o próprio potencial e aperfeiçoamento. Isso não apenas leva à vitória, mas também é o que os vencedores fazem.

20 de julho
AJUDE SEUS FILHOS A ENCONTRAR

O jovem Kwame Onwuachi estava cozinhando com a mãe no modesto apartamento em que residiam no Bronx quando de repente sentiram um cheiro estranho que tomou conta do recinto. Como ele escreveria em sua autobiografia, o "aroma espesso e perfumado de curry era tão forte que nós dois paramos imediatamente o que estávamos fazendo e olhamos para cima". Mas a lembrança realmente marcante não foi o cheiro. Foi o que sua mãe fez em seguida.

"Vamos encontrar!", disse ela, com entusiasmo palpável, e então os dois esquadrinharam juntos cada corredor de todos os andares do prédio, tentando descobrir de onde o cheiro estava vindo. Assim que abriram as portas para o terceiro andar, souberam que estavam perto. Sem hesitar, sua mãe bateu à porta que chamara tanto a atenção deles. "Meu nome é Jewel", apresentou-se, confiante. "Este é meu filho, Kwame. Moramos no sexto andar. Não pudemos deixar de sentir o cheiro da comida que você está cozinhando."

A mulher parada na porta do apartamento ficou perplexa, o medo estampado no rosto. Eles iam fazer uma reclamação? Dizer algo ofensivo? Não, esse não era o estilo da mãe de Kwame. "Que cheiro maravilhoso!", exclamou ela. "Nem sei direito como pedir isso, mas gostaríamos muito de experimentar!"

Como é que Kwame se tornou um chef, montou sua própria empresa de *catering*, formou-se no Culinary Institute of America (Instituto de Culinária dos Estados Unidos), foi aprendiz no badalado restaurante Per Se e abriu seu próprio restaurante, um dos mais requintados e comentados do país, antes mesmo de completar vinte e quatro anos? Pode-se definir a origem de sua trajetória de sucesso nesse diálogo surreal com a vizinha. Naquele momento, sua mãe lhe mostrou muitas características maravilhosas: curiosidade, confiança, assertividade, resolução, paixão, boa vizinhança.

São atributos que podemos e devemos ensinar aos nossos filhos, à nossa própria maneira. Mas podemos começar seguindo nossa intuição, literalmente "indo pelo faro".

21 de julho
PARE DE TENTAR MUDAR SEUS FILHOS

> Minha esposa e eu, todo o nosso trabalho é prover, proteger, amar, facilitar (...) é descobrir quem são nossos filhos, descobrir do que eles gostam e do que não gostam e tentar ajudá-los, ao longo da vida, a se encontrarem. Não se trata de nós, e sim deles.
>
> Dwyane Wade

Devemos sempre tentar tirar lições com os pais que tiveram mais contratempos do que nós, aqueles que realmente comeram o pão que o diabo amassou.

Brandon Boulware é filho de um pastor de igreja. Advogado, cristão declarado, casado e pai de quatro. Em 2021, ele deu um depoimento profundamente comovente à Assembleia Legislativa do Missouri sobre as dificuldades na criação de sua filha trans; na ocasião, disse aos deputados que durante muito tempo havia tentado — por medo, amor e proteção — impedir que sua filha usasse roupas de menina e jogasse em times femininos. Até que um dia ela lhe perguntou se poderia ir brincar com os vizinhos. "Está na hora do jantar", respondeu ele. *"Mas e se eu sair com roupas de menino, aí posso brincar com eles?"*, veio a réplica. Foi então que ele se deu conta de que, sem querer, ensinara à sua filha que ela poderia ser recompensada se fingisse ser outra pessoa.

O que Boulware comunica de maneira tão tocante em seu breve depoimento é uma lição para todos os pais. "Deixe seus filhos terem uma infância", implorou. "Deixe-os ser quem são."

Talvez você tenha dons artísticos e seu filho não. Talvez você seja atlético e seu filho não. Talvez você não seja religioso e seu filho adolescente seja. Talvez você seja mais progressista, e seu filho, mais conservador. Seja lá o que for, deixe seus filhos ser quem são. Deixe que experimentem. Deixe que descubram a si mesmos — deixe-os descobrir suas próprias verdades. Deixe que tenham uma infância.

Você pode não gostar do resultado desses experimentos. Pode ser que seus filhos questionem e refutem suas suposições mais arraigadas. Mas quer saber de uma coisa? Isso é problema *seu*.

22 de julho
SEUS FILHOS NÃO SABEM O QUE QUEREM

> Ninguém sabe de nada.
>
> WILLIAM GOLDMAN

Como pai, é a coisa mais fácil do mundo forçar seus filhos a fazer coisas. Você é fisicamente maior que eles. Você tem as chaves do cofre e controla o dinheiro. Você detém a autoridade legal e moral para obrigá-los a fazer o que acha que é melhor para eles. Mas quando você exerce esse poder sem dialogar, está ensinando que eles não têm que poder, que não mandam em nada, que os desejos deles não importam nem na sua casa nem na vida.

Ao incentivar esse péssimo hábito, você também cria uma armadilha para si mesmo. Nem sempre você terá esse poder sobre seus filhos. Não se acostume com essa espécie de desrespeito ou desinteresse pelas coisas que seus filhos acham que querem. Porque, um dia, eles vão querer mudar de curso na faculdade. Vão querer se mudar para o outro lado do país. Vão querer implementar outro estilo de vida do qual você discorda. Vão querer modificar alguma tradição familiar de longa data. E você estará tão acostumado a pensar que é o dono da verdade, que é sua a última palavra e que é você quem decide tudo, que não será capaz de lidar com isso. Especialmente com a parte que eles não darão mais ouvidos a você. Porém, pior do que isso, seu relacionamento com seus filhos não resistirá às consequências do seu egoísmo.

Seus filhos nem sempre sabem o que querem. Mas a verdade é que ninguém sabe. Então você tem que descobrir um jeito de estar no comando sem ser um tirano, de mostrar que sabe mais sem ser metido. Você tem que aprender a usar o peso e a seriedade de sua experiência para guiá-los com delicadeza na direção que devem seguir, em vez de usar a força bruta de sua posição como pai ou mãe para obrigá-los a ir na marra.

Não vai ser fácil... mas assim é a vida de um pai.

23 de julho
COM QUE FREQUÊNCIA VOCÊ DIZ "NÃO"?

Mesmo aqueles que não se consideram pais rígidos devem parar e pensar quantas vezes nossos filhos nos ouvem dizer a palavra "não". Em frases do tipo: *"Não*, pare com isso", *"Não*, você não pode sair hoje à noite", *"Não*, fique longe daí", *"Não*, temos que ir pra casa", *"Não*, eu não vou comprar isso pra você", *"Não*, não é assim que se faz".

Não é que sejamos exigentes; é que nos importamos. Essas negativas todas podem até garantir que os filhos fiquem seguros, mas a desvantagem é que, do ponto de vista de um filho de dois ou de vinte anos, significa que basicamente tudo o que eles ouvem de seus pais é "não". *Não, não, não, não.*

Harry Truman, pai de uma menina, Margaret, fez uma observação espirituosa sobre isso: "Descobri que a melhor maneira de dar conselhos aos filhos é descobrir o que eles querem e depois aconselhá-los a fazê-lo."

O argumento de Truman é que ninguém gosta que lhe digam o que fazer. E sua função como pai ou mãe não é obrigá-los a fazer todas as coisas que você deseja que façam; é ajudá-los a fazer as coisas que *eles* desejam fazer (com segurança e dentro do razoável, é lógico).

Afinal, é a vida deles. Aprenda a dizer "sim". Aprenda a aconselhar seus filhos sobre o que eles vão fazer de qualquer maneira — ou seja, já que você não pode impedi-los, pelo menos tente prepará-los. Seja alguém que ajuda, não o tipo de pai que só atrapalha.

24 de julho
VOCÊ TEM QUE OUVIR

> A natureza deu-nos duas orelhas e uma só boca para nos advertir de que se impõe mais ouvir do que falar.
>
> ZENÃO

Pouco depois do lançamento de seu livro *Parents Who Lead* (Pais que lideram), o dr. Stewart Friedman, um premiado psicólogo e renomado pesquisador em liderança e integração entre trabalho e vida pessoal, foi indagado sobre quais grandes novas descobertas ou revelações inspiradoras ele havia feito no processo de escrita do livro. "Minha favorita", disse ele, "foi sobre quanto os pais têm a ganhar aprendendo a ouvir seus filhos com relação ao que eles realmente precisam". O dr. Friedman explicou:

> Muitas vezes, é bastante surpreendente ouvir o que de fato se passa na mente dos filhos, e você pode ser um líder familiar melhor quando sabe o que se passa no coração e na mente dessas pessoas preciosas que admiram e respeitam você. Um pai, ávido para incutir no filho o valor da curiosidade e do estudo, perguntou-lhe o que ele estava interessado em aprender. Para sua alegria, o filho disse: "Quero aprender a usar o aspirador de pó." Seu filho queria ser útil; queria contribuir e ter um propósito próprio. Em outras palavras, você realmente não sabe o que se passa dentro deles até prestar atenção, com dedicação e compaixão, da maneira como fazem os líderes eficazes.

Esse companheirinho vive tentando lhe dizer coisas. Claro, nem sempre é de forma explícita. Às vezes, "Quero aprender a ser útil" surge como "Quero aprender a usar o aspirador de pó". Às vezes, "Quero ser um bom amigo" surge como "Pode me levar de carro até a casa do Bobby?". Às vezes, "Eu quero ser um escritor" surge na forma de um menino desajeitado que não quer assistir ao futebol com você.

Ainda assim, eles estão sempre tentando lhe dizer algo. E você só os ouvirá se estiver prestando atenção.

25 de julho
NÃO AJUDE SEUS FILHOS A SE TORNAREM QUEM VOCÊ ERA

Tim Hardaway Jr. é filho de um membro do Hall da Fama da NBA. Na infância, foi difícil ser filho de alguém que jogou em um nível tão elevado, principalmente enquanto ele próprio tentava se destacar no mesmo esporte.

No carro, voltando para casa após cada jogo, Tim Sr. apontava os erros que Tim Jr. havia cometido, os arremessos que ele deveria ter feito, as jogadas que deveria ter tentado. O pai dizia: "Seu desempenho não está em um nível alto o suficiente" e "Melhore, ou não vamos deixar que você volte a jogar basquete de vez". Quando Tim Jr. não queria assistir a partidas de basquete na TV, Tim Sr. balançava a cabeça e dizia em tom de reprovação: "Você não ama o jogo o suficiente."

Tim Sr. dizia que pressionava o filho porque o amava: "Eu queria que ele jogasse como eu tinha jogado, que levasse o jogo a sério como eu tinha levado, que entendesse o jogo como eu entendia."

Claro, "funcionou" no sentido de que Tim Hardaway Jr. também é um formidável jogador de basquete... mas isso aconteceu porque seu pai o recriminava? Ou o ameaçava? Ou poderia ter mais a ver com o fato de que Tim Jr. tem 1,95 metro de altura, uma envergadura de 2,1 metros e na universidade jogou no time do treinador John Beilein? E, digamos que não tivesse dado certo ou tivesse dado menos certo, você não acha que pai e filho, em retrospecto, teriam aceitado essa troca se isso melhorasse o relacionamento deles?

Como já dissemos, o trabalho dos pais é ajudar os filhos a se tornar quem são, e não a se tornar quem nós éramos. Não é responsabilidade de seus filhos dar continuidade a seu legado, praticar o esporte que você praticou, vestir a camisa com o mesmo número que você usava.

26 de julho
O QUE VOCÊ ESTÁ OBRIGANDO SEUS FILHOS A FAZER?

Há uma frase adaptada de Aristóteles que nos foi trazida pelo historiador Will Durant:

> Nós somos as coisas que fazemos repetidamente. Portanto, a excelência não é um ato, mas um hábito.

Em nosso papel de pais, a verdadeira pergunta então é: *O que estamos obrigando nossos filhos a fazer?*

A excelência não é algo que buscamos como um destino. É algo que buscamos enquanto estamos fazendo. Todo santo dia. Nas pequenas coisas, assim como nas grandes. É algo que surge quando transformamos esse tipo de busca, por meio da ação, em hábito. E é nosso trabalho como pais ajudar nossos filhos a entender isso. Ajudá-los a descobrir quem eles são por meio das coisas que fazem no dia a dia, as coisas que fazem hoje, agora.

Nós somos as coisas que fazemos repetidamente.

27 de julho
POR QUÊ? POR QUÊ? POR QUÊ?

> Prefiro perguntas que não possam ser respondidas a respostas que não possam ser questionadas.
>
> RICHARD FEYNMAN

Como pai, não há outra frase que você escute com mais frequência. *Por quê? Por que* não? *Por que* eu não posso? *Por que* eu preciso disso? *Por que* funciona assim? *Por quê? Por quê? Por quê?*

É irritante, sem dúvida, mas nunca desestimule esse hábito em seus filhos. Muitas das coisas que damos como certas — como pais e como pessoas — são arbitrárias e sem muito fundamento. Talvez seja porque, desde tenra idade, nosso próprio impulso de questionar e investigar foi sufocado. Não fomos ensinados a ver que a maioria das regras e limitações do mundo não tem base concreta na lógica nem na razão, tampouco na moralidade.

Quando perguntávamos "Por quê?", recebíamos como resposta: "Porque sim." E ponto-final. Não éramos encorajados a questionar suposições, a contestar o status quo, a *aprender* por que as coisas são como são. Por sua vez, nosso restrito acesso à sabedoria e à verdade também nos limitava.

Não devemos dar continuidade a essa tradição. Vamos inaugurar um novo momento na história com esta geração — a geração dos filhos que estamos incumbidos de criar e transformar nas melhores versões de si mesmos. Queremos que nossos filhos tornem o mundo um lugar melhor; queremos que eles aperfeiçoem as coisas; queremos que sejam melhores do que nós fomos.

Não há como isso acontecer se eles forem complacentes, se forem crédulos, se não acharem que têm o poder e a capacidade de submeter sua realidade até mesmo ao mais simples questionamento e exigir respostas condizentes.

"Por quê?" é uma ótima pergunta. Ajude seus filhos a verem isso. E depois ajude-os a encontrar as respostas.

28 de julho
DÊ ESPAÇO

Se não tomar cuidado, a vida de seus filhos vai ficar soterrada em meio a uma avalanche de compromissos a perder de vista.

Treino do time de futebol. Escola. Aulas de violoncelo. Tarefas domésticas. Você não quer que eles fiquem na frente de telas o dia inteiro; não quer que desperdicem a vida ou se atrasem. Você quer que sejam alguém na vida.

Mas é preciso tomar cuidado. Há dois mil anos, Plutarco alertava para que os pais não exagerassem nos cronogramas de atividades nem planejassem em demasia a vida dos filhos. "As crianças devem ter algum espaço para respirar em meio às contínuas tarefas", escreveu ele, "pois devemos ter em mente que toda a nossa vida é dividida entre descanso e aplicação".

Você faz o seu melhor trabalho quando está exausto e com a corda no pescoço? Você se sente feliz quando sua agenda está lotada? Você não está cansado de levar e buscar os filhos de um lugar para outro? Imagine eles! Nossos filhos nem conseguem entender direito o que é estresse, o que é exaustão ou esgotamento. Portanto, cabe a você protegê-los disso.

Dê espaço a eles. Dê a oportunidade de relaxar. Esse é o seu trabalho.

29 de julho
NÃO ATRAPALHE AS INCLINAÇÕES PRIMORDIAIS DE SEUS FILHOS

Você quer mostrar a seus filhos seus filmes favoritos. Suas bandas favoritas. Todos os lugares que você amava quando criança. Os esportes que adora praticar ou assistir.

Isso é especial e maravilhoso, porque você está compartilhando não apenas experiências, visões, sons ou gostos, mas partes de si mesmo. Foram coisas que moldaram você, graças a elas você se tornou a pessoa que é, e compartilhar isso é dar a eles uma visão mais profunda de quem os está criando. Mas é necessário ter cautela.

O escritor Robert Greene disse que os pais não devem pressionar de forma agressiva os filhos a seguirem determinado caminho ("Você *precisa* se formar em medicina!"); do mesmo modo, você deve tomar cuidado com as formas menos evidentes de fazer pressão — induzir seus filhos a se interessarem pelos seus interesses; insistir para que participem dessa atividade ou pratiquem aquele esporte; referir-se às artes ou ao empreendedorismo como "coisas arriscadas" ou descrever os artistas e os empresários como "loucos". Robert Greene escreveu:

> Como pai, você precisa abrir mão. Você precisa deixar seu filho florescer. Precisa pensar nele como se fosse uma planta que deseja cultivar e deixar desabrochar em sua forma mais natural, e de jeito nenhum faça alguma coisa para atrapalhar ou tolher esse processo. Você tem que deixar seu filho rumar na direção que ele ou ela quiser. Quando a criança revelar uma propensão a algo, incentive-a. Porque essa propensão revela algo extremamente poderoso que vem de dentro — revela o que eu chamo de inclinação primordial. Não atrapalhe as inclinações primordiais de seus filhos de nenhuma maneira, feição ou forma. Essa é a coisa mais importante que você pode fazer.

Jogue fora as suas expectativas. Sua responsabilidade é estimular seus filhos a serem quem são, não o que você quer que sejam ou quem você gostaria que se tornassem. Não imponha a eles seus próprios interesses. Preste atenção nas inclinações naturais e primordiais deles e depois fomente o seu florescimento.

30 de julho
ISSO ESTÁ SEMPRE SOB O CONTROLE DE SEUS FILHOS

Não podemos escolher a altura de nossos filhos — tampouco eles podem. Está além do controle se são altos ou baixos, se têm os reflexos mais rápidos ou os músculos mais fortes ou o raciocínio mais ágil. Eles não controlam se o treinador do time gosta deles... ou se é um babaca. Eles não controlam muita coisa que acontece na sala de aula ou no vestiário. Como Cheryl Strayed escreve em *Pequenas delicadezas: conselhos sobre o amor e a vida*: "Você não tem direito às cartas que sente que deveria ter recebido da vida."

Então, devemos instruir nossos filhos a se concentrarem em quê? No que sempre depende deles?

No que eles fazem em resposta a essas circunstâncias. O que depende deles é se fazem o seu melhor ou não. Se estão se esforçando com afinco. Se encontram uma maneira de se divertir durante o processo e se estão vivendo o máximo de seu pleno potencial.

Então, depois de cada treino, depois de cada jogo, depois de cada prova importante, faça questão de que suas perguntas e seus critérios para julgar seus filhos reflitam isso. Portanto, em vez de perguntar "Vocês ganharam?" ou "Você foi aprovado?", pergunte "Você se divertiu?" ou "Você deu o seu melhor?" ou "O que você acha que poderia ter feito para se preparar mais?".

Não controlamos as cartas que o destino nos dá. Nossa biologia não depende de nós, assim como não controlamos nosso lugar no mundo (em termos geográficos ou socioeconômicos). Mas nossos filhos (ou familiares) decidem de que maneira jogaremos as cartas que temos na mão. Nós decidimos o que fazer a respeito disso. Nós decidimos se estamos dando tudo de nós. Nós decidimos a pessoa que nos tornamos.

Ensine isso a seus filhos.

31 de julho
PREPARE SEUS FILHOS PARA ATENDER AO CHAMADO

"Na vida de toda pessoa", disse Winston Churchill, "chega um momento especial em que figurativamente ela recebe um tapinha no ombro e lhe é oferecida a oportunidade de realizar algo incrível, uma coisa exclusiva e adequada a seus talentos. Que tragédia se esse momento a encontrar despreparada ou desqualificada para cumprir a tarefa que poderia tê-la levado ao seu auge".

A vida tem vários desses momentos, muitos desses simbólicos tapinhas no ombro: servir, arriscar-se, correr na direção do perigo enquanto os outros fogem, fazer uma coisa que dizem ser impossível.

Nossos filhos terão muitos motivos para pensar que o que estão planejando fazer é errado. Serão pressionados a tirar da cabeça os sonhos que acalentam. O medo vai surgir. Eles permitirão que isso os impeça de atender ao chamado? Eles não vão atender a ligação? O momento especial deles os encontrará despreparados? O melhor momento da vida deles passará como um trovão?

Que tragédia isso seria. Como pais, temos que garantir que isso não aconteça com eles. Temos que ajudá-los a realizar o que foram destinados a fazer, a ser as pessoas que eles estão destinados a se tornar. Cabe a nós prepará-los para quando o telefone tocar, para quando vier o tapinha no ombro, porque a única coisa que sabemos com certeza é que o chamado vai chegar.

Eles estarão preparados para atender?

AGOSTO

SEJA SEMPRE UM FÃ
(O MELHOR PRESENTE QUE VOCÊ PODE DAR A ELES)

1º de agosto
VOCÊ PODE DAR A SEUS FILHOS ESTE PRESENTE

Jim Valvano ainda não havia terminado o ensino médio quando comunicou ao pai que tinha decidido o que queria fazer para o resto da vida. Não apenas seria um treinador de basquete universitário, como disse ao pai: "Eu vou vencer um campeonato nacional."

Poucos dias depois de Jim ter contado sobre seu sonho, seu pai o chamou até o quarto. "Está vendo aquela mala?", perguntou, apontando para a bagagem no canto. Confuso, Jim respondeu: "Estou, o que tem?" "Estou com as malas prontas", explicou o pai. "Quando você jogar e vencer o campeonato nacional, eu estarei lá. Minhas malas já estão prontas."

"Meu pai me deu o melhor presente que alguém poderia receber: *ele acreditou em mim*", declarou Jim mais tarde em seu lendário discurso no ESPY.

Você já deu esse presente a seus filhos? Nosso trabalho é encorajá-los a sonhar grande, incentivá-los a correr atrás, dar-lhes o melhor presente que alguém pode dar a outra pessoa: a crença. Se você não acreditar neles, quem irá?

2 de agosto
SEJA UM FÃ

Talvez seus filhos gostem de coisas estranhas. Talvez a banda de heavy metal deles seja uma droga... ou o talento como rappers seja quase uma ofensa. Talvez você não curta os shows de que eles gostam ou, na melhor das hipóteses, o sonho deles seja improvável. Ou talvez eles sejam muitíssimo talentosos e tenham o que é preciso para se tornarem profissionais. Com incentivo e apoio, é possível que sejam especiais, e você só precisa garantir que não relaxem nem percam as oportunidades que os farão chegar lá.

Mas será que essa é a sua tarefa mais importante? Sua principal tarefa é ser um fã. Só um fã. Deles. De seus talentos ou da falta deles. Das oportunidades ou da falta delas.

Eles não precisam de um sargento na sala de estar. Nem de alguém que lhes dê ordens. Tampouco de alguém que lhes diga as verdades difíceis de engolir. Eles nem precisam necessariamente do seu dinheiro para ter tudo do bom e do melhor. Não precisam que você repreenda os professores deles e exija que recebam tratamento especial. Tampouco que você seja obcecado por eles.

O que eles precisam é de um fã. Eles precisam de alguém que os apoie, que os ame, que torça por eles. De um fã com um relacionamento saudável, não um stalker ou um tirano.

Apenas seja um fã. Não é tão complicado.

3 de agosto
EM QUE VOCÊ VAI SE CONCENTRAR?

É possível olhar para todas as coisas negativas do mundo. Concentrar-se nas nuvens escuras no céu. Ou podemos procurar o lado positivo, ver as coisas pelo lado bom. Existe a metáfora do copo meio cheio ou meio vazio. Bem, que visão de mundo você vai ensinar a seus filhos?

Você vai encher sua casa de pessimismo? Ou vai ensiná-los a ter esperança, a acreditar na própria capacidade de fazer a diferença, a encontrar oportunidades nos obstáculos que a vida apresenta?

O escritor Alex Haley disse uma vez que acreditava que seu trabalho era "encontrar o bem e enaltecê-lo". Isso também se encaixa na função de um pai. Sempre teremos mais sucesso recompensando o bom comportamento do que punindo o mau comportamento. Procurar o que *queremos* ver neles e transformar isso em nosso foco nos levará muito mais longe do que buscar conflitos e nos envolver em críticas. Este princípio se estende às nossas percepções e representações do mundo. É melhor que todos promovam o que queremos ver, em vez de sempre lamentar todo o mal e injustiça dos quais não conseguimos escapar.

Temos uma escolha: inspirar ou decepcionar. Empoderar ou deprimir. Qual será a sua?

4 de agosto
NÃO MINIMIZE

> O estilo de criação que é bom para ter determinação também é bom para a maioria das outras coisas: seja muito, muito exigente e seja muito, muito solidário.
>
> Angela Duckworth

Ed Stack era um ótimo garoto. Ele trabalhou silenciosa e lealmente para a empresa da família, a Dick's Sporting Goods. Economizou dinheiro suficiente para comprar a parte do pai no negócio e aumentar o legado da família. Ele conta a história da primeira grande loja que abriu. A empresa já havia operado estabelecimentos que tinham, no máximo, algumas centenas de metros quadrados. Aquele novo projeto tinha quase dois mil metros quadrados. Foi transformador para a empresa, as vendas dispararam.

Representantes da Nike estavam conversando com o pai de Ed, o fundador original, e mencionaram o orgulho que ele devia ter do filho por seu sucesso. Por elevar a loja a outro patamar. Como Ed explicou: "Meu pai, que nunca elogiava, olhou para eles e disse: 'Vocês estão certos, eles vendiam bastante. No primeiro mês, fecharam 25% mais vendas do que pensavam que fariam. Então não são tão inteligentes quanto pensam."

Infelizmente, quem nunca ouviu uma declaração assim de alguém que queríamos muito deixar orgulhoso? Um comentário que fica entre o insulto e o elogio? Essa maneira de reduzir o seu talento, de procurar alguma falha, de aproveitar suas inseguranças... que droga é essa? Em vez de aproveitar a oportunidade para demonstrar amor, eles têm que deixar o próprio ego frágil atrapalhar tudo.

O mínimo para ser um bom pai é *não minimizar*. Não procure o que está errado, procure o que está certo... e comemore! Incentive seus filhos, não os deixe para baixo. Torça por eles, é isso que eles querem acima de tudo.

5 de agosto
HÁ FORMAS MELHORES DE MOTIVAR

Nos esportes, na política, nos negócios e até nas artes, um mesmo tema impulsiona os mais ambiciosos, os mais dedicados e os que mais assumem riscos. Sejam homens ou mulheres, todos parecem desejar alguma coisa, tentar provar algo. A aprovação do pai. O amor da família. Para esfregar o sucesso na cara dos céticos. Para se distanciar ao máximo do trauma.

É difícil não perceber que este é um combustível real e produtivo. Como pai, também deve ser difícil enxergar isso. Afinal, existem tantas outras formas de combustível por aí que não envolvem dor ou, em muitos casos, algum tipo de abuso. Tiger Woods foi criado para ser bem-sucedido no golfe através do regime de hiperatenção e de negligência do pai. Será que isso o ajudou? Lógico. Mas, considerando o incrível talento, inteligência e dedicação de Tiger, você não acha que ele poderia ter grandes realizações sem essencialmente ser torturado com táticas de prisioneiro de guerra?

Podemos sujeitar nossos filhos a coisas difíceis e árduas, e isso talvez os ajude a serem bem-sucedidos. Essas condições podem até ter ajudado *você* a ter sucesso. Gritaria. Verdades cortantes. Exercícios sem fim. Manipulação emocional. Isso tudo funciona... mas também gera um alto custo emocional. O incentivo e o apoio genuíno, por outro lado, funcionam igualmente bem e têm o benefício adicional de nos aproximar de nossos filhos e torná-los (e a nós) pessoas melhores.

Escolha a forma certa de motivação. Não a mais severa.

6 de agosto
RARAMENTE DIGA UMA PALAVRA DESENCORAJADORA

> A criatura inocente e indefesa concedida a eles pelos Céus, a quem deve-se criar para o bem, e cujo futuro está em suas mãos para direcionar rumo à felicidade ou à miséria.
>
> Mary Wollstonecraft Shelley

Se não prestarmos atenção, é fácil entrar em uma espiral de negatividade casual e imprudente: *Por que seu quarto está tão sujo? Por que você está de mau humor hoje? Ei, pare de fazer isso! Não mexa nisso. Não, você não pode assistir à TV agora. Por que seu quarto não está arrumado? Não, você não pode ter isso. Estou decepcionado com o seu desempenho na prova. Isso não é nada realista; é melhor pensar em tentar outra coisa. Acho que não. Você já sabe a resposta... e a resposta é "não".*

Isso não acontece porque você é um pai ruim, mas porque é bom. Você tem regras e as aplica. Tem expectativas e estimula seus filhos a atendê-las. Você sabe o que é melhor. Quer mantê-los seguros e tem uma casa para administrar.

Porém, ainda assim, se não for cuidadoso, é possível que quase todas as interações que você tenha com seus filhos sejam negativas. Do ponto de vista deles, isso pode começar a parecer como uma cachoeira interminável de decepção. E então, antes que perceba, você se tornou a voz do *desânimo*.

Você é assim? Esse é o tipo de relacionamento que quer ter? Se não for, então precisa prestar atenção. Cuidado com as palavras. Conte seus "sim" e "não". Seja intencional em relação ao seu foco. Deixe as pequenas coisas de lado. Seja mais positivo.

7 de agosto
BRINCAR COM OS FILHOS É TUDO

Os anos anteriores à Guerra Civil foram difíceis para Ulysses S. Grant. Ele lutava para dar dignidade à família. Havia um quê de tristeza em sua vida, uma interminável batalha contra a frustração e a decepção, o fracasso na carreira, uma dificuldade após a outra.

A única trégua era quando Grant abria a porta da frente de casa todos os dias depois do trabalho. Seu filho, Jesse, o esperava para desafiá-lo para uma luta. O menino se gabava dizendo que venceria o pai. Grant, com falsa seriedade, encarava o garotinho e respondia à provocação: "Não estou a fim de lutar, Jesse, mas não suporto ser intimidado dessa maneira por um homem do seu tamanho." Jesse então se atirava no pai até derrubá-lo. No chão, Grant implorava por misericórdia e gritava que não era justo atacar um oponente caído.

Dali a apenas alguns anos, a tenacidade e a resistência de Grant chocariam (e salvariam) a Nação. Foi Grant quem enfrentou o pior do Exército Confederado, lutando uma batalha mais brutal que a outra. Mas aqueles que o conheciam melhor sabiam que, no fundo, ele era manteiga derretida. Ele amava a família acima de tudo.

Não importa sua profissão ou como as coisas pareçam desanimadoras, brincar com os filhos é maravilhoso. Brinque com eles se forem jovens. Brinque com eles se forem velhos, e se você for velho. Divirta-se com eles. Sejam crianças juntos. Brinquem. Brinquem. Brinquem.

8 de agosto
NÃO ESPERE PARA SE ORGULHAR

Trata-se de uma história tão antiga quanto a própria paternidade. A criança tenta obter a aprovação dos pais, o que parece jamais acontecer. Há dor, ressentimento, perplexidade. Somente no fim, depois de muita dor e ressentimento, revela-se que a criança tinha a coisa que queria o tempo todo. Ela apenas não sabia.

Esta é a história de Claudia Williams, filha de Ted Williams. Escondido em uma pilha de recordações, ela encontrou um bilhete deixado pelo pai, a quem parecia impossível agradar.

"Para minha linda filha", dizia. "Eu te amo. Papai."

É a história do brilhante editor Sonny Mehta. No obituário de Mehta, Roger Cohen escreveu:

> Quando o pai de Mehta, um diplomata, morreu em Viena, o editor encontrou em sua escrivaninha uma pasta com todos os artigos já publicados sobre ele. O orgulho do pai, que jamais havia elogiado o filho, era evidente.

É de partir o coração. Por que eles não expressaram esse orgulho enquanto estavam vivos? Teria a ver com a rigidez da geração deles? Será que achavam que, ao agir daquela maneira, ajudariam a tornar os filhos melhores e mais resilientes? Por que eles não poderiam ter sido mais como o pai de Jim Valvano e dar aos filhos o presente de ser um fã?

Jamais saberemos responder a essas perguntas. O que sabemos é que não podemos fazer isso com nossos filhos. Não podemos esperar para nos orgulharmos. Não podemos manter nossos sentimentos ocultos sob pilhas de papel ou guardados em uma gaveta na mesa. Temos que dizer agora, demonstrar agora: que estamos torcendo por eles; que os amamos; que acreditamos neles; que estamos orgulhosos. Porque estamos. E eles merecem saber disso. Antes que seja tarde demais.

9 de agosto
NÃO ESTAMOS CRIANDO GRAMA

Em seu discurso de posse para o Hall da Fama do Beisebol em 1984, Harmon Killebrew contou uma história de quando ele estava brincando na frente de casa com o pai e o irmão. A mãe foi lá fora avisar que era hora do jantar e reclamou por estarem estragando a grama. "Nós não estamos criando grama", respondeu o pai. "Estamos criando meninos."

Ser bem-sucedido como pai não significa ter um carro com bancos traseiros impecáveis. Não é ter uma casa perfeitamente decorada com objetos frágeis que jamais se quebram. O quarto de uma criança deve parecer ter sido palco de brincadeiras. Deve-se sentir que uma casa é habitada. Devemos literal e figurativamente ver as impressões digitais das crianças em todos os lugares.

Será que a nossa função é mesmo educar uma criança que jamais questiona? Que pisa em ovos ao longo da vida? Ou é criar um filho com opiniões e sonhos próprios, com a confiança para articulá-los e a capacidade de debatê-los?

O quintal está lá para ser um local de brincadeira. A bicicleta é feita para rodar, e não para ser mantida na garagem em perfeitas condições. O piso terá arranhões. A comida vai ser derramada. Haverá bagunça acumulada. Haverá barulho.

Não estamos tentando manter uma casa tranquila e impecável. Estamos criando filhos saudáveis, equilibrados e felizes.

10 de agosto
FAÇA SLIME

Durante muito tempo, uma das regras arbitrárias na casa de Jeannie Gaffigan tinha a ver com onde, quando e como a slime poderia ser feita. Talvez seus filhos já tenham passado dessa fase, mas não é difícil se identificar com o dilema de Jeannie. É óbvio que as crianças se divertem, mas é chato limpar, e adivinha para quem sobram a escova e o papel-toalha?

Em algum momento, porém, Jeannie Gaffigan, mãe de cinco e esposa e colaboradora de longa data do comediante Jim Gaffigan, mudou de ideia sobre as próprias regras, ainda mais depois que correu risco de morte ao travar uma batalha contra um tumor cerebral: "Percebi que jamais perguntei: 'Vocês podem me ensinar a fazer slime?' Jamais participei do processo de fazer slime. Eu apenas me envolvia com o *controle* da slime."

A vida é muito curta para negar aos filhos seus interesses só por não querer lidar com a bagunça depois. Pense nisto: quantas regras negativas criamos? Comida na sala, sapatos no tapete, brinquedos fora da brinquedoteca. Essas regras são muitas vezes elaboradas para tornar nossa vida mais fácil como pais, porém um de seus efeitos colaterais não intencionais é deixar a vida dos filhos menos divertida.

Ao mesmo tempo, parecemos ter ainda *menos* regras positivas para *nós mesmos*. Por que não uma regra sobre estar interessado? Por que não uma regra sobre brincar e se divertir juntos? Por que não uma regra sobre incentivar os fascínios dos filhos em vez de restringi-los?

Vamos trabalhar com a slime, não contra ela.

11 de agosto
QUE VOZ VOCÊ DÁ A ELES?

Ouvimos isso o tempo todo. Está presente em nossa vida. Aquela voz na cabeça. Aquela que diz o que é certo, o que deve ser feito. A que também pode se tornar desagradável, sussurrando que você não é bom o suficiente, que, no fundo, todo mundo sabe quem você é, que você jamais vai estar à altura.

Segundo o psicólogo de desempenho dr. Jim Loehr, que estudou diversos atletas e líderes de elite, essa voz é a chave para o sucesso. Em uma entrevista, ele disse: "Comecei a perceber o que importava de maneira significativa: o tom e o conteúdo da voz que ninguém ouve. Percebi que, na vida, o treinador supremo de todos nós é essa voz particular."

De onde vem isso? De onde você tirou essa voz? Veio, sobretudo, dos seus pais. Como Loehr explica: "Sabemos que essa voz começa a se formar já aos cinco anos de idade e vem principalmente das figuras de autoridade em sua vida... por mais funcionais ou disfuncionais que sejam."

Como pais, isso deve nos tranquilizar. *Somos* responsáveis pela voz que viverá dentro da cabeça de nossos filhos pelo resto de suas vidas. Decidimos se essa voz pertencerá a um ancestral sábio e paciente ou a um fantasma cruel e imprevisível. Decidimos se será uma voz de consciência e bondade ou dúvida e insegurança. Decidimos isso *pelo que dizemos a eles, pelo que lhes mostramos*.

Em cada momento, todos os dias.

12 de agosto
AQUI ESTÁ O QUE IMPORTA

> A melhor maneira de tornar as crianças boas é fazê-las felizes.
>
> OSCAR WILDE

O autor Rich Cohen adora hóquei. Ama ver os filhos serem bem-sucedidos nesse esporte. Como qualquer pai, a última coisa que ele quer é que tenham dificuldade ou, pior, que sejam ludibriados... seja na brincadeira ou no respeito.

Em seu adorável livro *Pee Wees: Confessions of a Hockey Parent* (Pee Wees: confissões de um pai do hóquei), Rich conta a história de uma conversa que teve com o treinador do filho. O filho estava passando menos tempo na pista de gelo do que Rich achava que ele merecia, então o pai tentou argumentar. O treinador, por outro lado, não teve paciência. "Quero lhe fazer uma pergunta: Micah está feliz?", indagou ele. "Está", respondeu Rich. "Micah está se divertindo?" "Está", Rich teve que admitir. E foi aí que o treinador disse algo que todos os pais deveriam lembrar: "Então por que você está preocupado?"

Se nossos filhos estão se divertindo, se estão felizes, se estão aprendendo, se estão construindo laços com os colegas de equipe, nada mais importa. Nosso dever como pais não é otimizá-los para o sucesso. É ensiná-los a estar presentes, a buscar coisas que amam, a ser uma boa pessoa, a lidar com as situações adversas da vida. É isso.

Tudo o mais? O que importa?

13 de agosto
CUIDADO COM SUAS IMPLICAÇÕES

O rei George VI se referia às suas filhas como seu "orgulho e alegria". Para ser mais específico, uma era "Orgulho" e a outra, "Alegria". A princesa Elizabeth era "Orgulho", e a princesa Margaret, "Alegria". Somente com o tempo as duas perceberam as tristes implicações dos apelidos: o pai se orgulhava de uma e se divertia com a outra, portanto encontrava menos felicidade na primeira e menos orgulho na segunda. Se fosse apenas uma observação inteligente... Se ao menos não fosse de fato verdade (se as ações dele não tivessem confirmado isso), haveria pouco a inferir.

É tão fácil fazer piada sobre o filho "fácil" e o "difícil", o "favorito", o "especial", quem ou o que "vai ser a nossa dor de cabeça". Só Deus sabe quantas frases impensadas acerca dos filhos saíram da nossa boca.

Temos que considerar as implicações das palavras que lançamos no mundo. Porque nossos filhos estão ouvindo, e eles *realmente nos ouvem*. Estão sempre tentando compreender a si mesmos e o próprio lugar no mundo. As coisas que dizemos hoje, quando ainda são jovens, voltarão para eles quando forem mais velhos, e eles encaixarão essas palavras, tanto para o bem quanto para o mal, na narrativa de suas vidas.

14 de agosto
NÃO MISTURE AS COISAS

Joan Didion não foi aceita em Stanford. Ela ficou arrasada. Seu pai olhou para ela e não deu a mínima. Você pode pensar que a falta de empatia dele aumentou sua dor e frustração. Mas, com o tempo, ela entendeu que a reação do pai mostrava que ele tinha entendido muito bem o significado daquilo.

"Penso naquele desprezo com apreço sempre que ouço os pais falando sobre as oportunidades dos filhos", escreveu Didion em um ensaio clássico de 1968 sobre a universidade. "O que me deixa desconfortável é a sensação de que eles estão misturando as chances de seus filhos com as próprias, exigindo de uma criança que ela se dê bem não apenas para si mesma, mas para a glória maior do pai e da mãe."

O pai dela não deu a mínima, pois ele não tinha colocado nada da própria identidade na escolha da faculdade da filha. Talvez pudesse ter feito um pouco mais para entender quanto da identidade *dela* estava investida naquela escolha. Porém, mais uma vez, talvez fosse este o ponto. Ele queria mostrar como isso pouco importava, como o sucesso ou o fracasso dela na vida seria baseado em algo muito menos superficial do que as admissões na faculdade.

E devemos fazer o mesmo. Devemos incentivá-los. Queremos posicioná-los para o sucesso. Mas não podemos misturar a glória deles com a nossa. Não podemos deixar que pensem que têm que nos impressionar, nos deixar orgulhosos ou se preocupar em nos decepcionar se fracassarem. Com certeza, não podemos permitir que pensem que a universidade que escolherem tem *qualquer* influência sobre quem eles são para nós... ou o que eles podem fazer com suas vidas.

15 de agosto
DEVERIA SER A COISA MAIS FÁCIL DO MUNDO

Ser pai é muito difícil. Manter os filhos seguros. Mantê-los alimentados. Mantê-los nas melhores escolas, garantindo que tenham boas notas. Temos que fazer tudo isso enquanto transitamos em um mundo onde a Lei de Murphy é real, onde as contas têm que ser pagas, onde lidamos com os problemas que ninguém mais pode resolver.

Nesse sentido, a paternidade é uma tarefa impossível com expectativas impossíveis. No entanto, em outro sentido muito real, ser pai é de fato a tarefa mais fácil do mundo. Afinal, do que eles precisam? O que é exigido de você? *Que você os ame. Que os aceite. Que os apoie e incentive. Que torça por eles. Que seja o maior fã deles.*

Nada, literalmente nada além da morte pode impedi-lo de fazer essas coisas. Sério, qual é a dificuldade de ter fé em seus filhos? Qual é a dificuldade de incentivar? Qual é a dificuldade de lembrar a eles que você não se importa com o que aconteceu, com o que as outras pessoas dizem, que você sabe que eles têm bondade e potencial dentro deles?

E eis o seguinte: a morte não pode impedi-lo de fazer essas coisas, porque, se você tentar agora (se der a seus filhos o que precisam com alegria, sinceridade e regularidade), isso ecoará como uma voz na cabeça deles enquanto eles e os filhos deles viverem.

16 de agosto
ELES PRECISAM DE ALGUÉM PARA FAZER ISSO

Talvez você pense que Muhammad Ali não precisava de alguém que acreditasse nele, mas isso é porque o conhecemos apenas mais tarde na vida. Vimos o boxeador confiante, o autopromotor brilhante, o mestre de seu ofício, o guerreiro destemido.

Mas houve um tempo em que ele era uma criança assustada como qualquer outra. Era um jovem negro chamado Cassius Clay vivendo em um país segregado que passou por dificuldades na Central High School em Louisville, no estado de Kentucky. Seus pais, desgastados pela vida e pelo trabalho, esperavam pouco dele; o mundo, menos ainda.

No entanto, uma pessoa acreditou em Cassius Clay, e foi o suficiente para mudar tudo.

"E aqui está ele, senhoras e senhores! Cassius Clay! O próximo campeão mundial dos pesos-pesados. Esse cara vai ganhar um milhão de dólares!", gritava o diretor da escola, Atwood Wilson, quando o via. Quando alguns professores quiseram reprovar Cassius, cuja prioridade era o esporte, não os estudos, Wilson interveio e fez um discurso que poucos esqueceram. "Vocês acham que eu vou ser o diretor da escola que Cassius Clay não terminou?", perguntou ele. "Ele não vai ser reprovado na minha escola. Eu vou dizer: 'Eu o ensinei!'"

Toda criança precisa de um apoiador. Alguém que acredite nelas. Por que Muhammad Ali foi um grande lutador? Porque alguém lutou por ele. Sabe quem pode fazer isso por seus filhos? Quem deve ser o primeiro torcedor, o mais barulhento e mais resoluto? Você.

17 de agosto
DÊ A ELES MUITO DISSO

> Nunca é demais dizer uma boa palavra para o seu jogador.
>
> BILL RUSSELL

A rainha Elizabeth II tinha um trabalho estranho. Quais eram suas obrigações diárias? É difícil dizer. É mais fácil descrever todas as coisas que ela *não* fazia. Ela jamais aprovou leis. Jamais escolheu os líderes eleitos. Ela não expressava sua opinião.

No entanto, a rainha concedeu muitos prêmios. Literalmente, centenas de milhares deles ao longo de seu reinado de setenta anos. Uma vez ela disse:

> As pessoas precisam de um tapinha nas costas, às vezes. Se não fosse assim, o mundo seria muito sombrio.

É bem verdade.

Ninguém precisa de um tapinha nas costas mais do que seus filhos... e, para eles, ninguém melhor que você para fazer isso. Dê um tapinha extra em suas costas hoje para que seus filhos saibam o que há de especial neles. Dê-lhes um afago especial.

18 de agosto
VOCÊ É O BRINQUEDO

> É um talento afortunado saber brincar.
>
> RALPH WALDO EMERSON

Seu filho pede para brincar com trenzinhos, então você pega o trilho da prateleira. Sua filha quer montar um quebra-cabeça, então você começa a espalhar as peças. E aí, por alguma razão que está além do alcance de todos os pais no mundo, assim que fazemos o que eles pedem, de repente perdem o interesse. Ou eles não vão seguir as regras ou vão pedir outra coisa ou vão querer ir para um ambiente diferente.

Se você ficar exasperado perguntando *qual brinquedo seu filho quer*, não está entendendo a lógica. Ou, pelo menos, está interpretando errado. Na verdade, *você é o brinquedo*. O que eles mais desejam é brincar com você: não querem receber um fantoche, e sim comandar o fantoche.

Quando entendemos isso, tudo fica mais fácil, não importa a idade. Por que o adolescente está se rebelando? Em parte, para chatear você. Por que seu filho no ensino fundamental é um espertalhão? Para ver como você vai reagir. Por que os menorezinhos estão no quarto pedindo água se dali a pouco vão querer suco e depois explicar que queriam o *outro* suco e, quando enfim conseguem, pedem para ir ao banheiro? Porque é engraçado. Porque é um jogo. Porque eles estão brincando com o pouco de poder que têm neste mundo estranho e incontrolável: o poder sobre os adultos que têm poder sobre eles.

Então relaxe. Apenas aceite. Entenda o que está acontecendo. Não tem a ver com o quebra-cabeça. Não tem a ver com nada. Você é o brinquedo.

19 de agosto
VOCÊ DEVE APOIÁ-LOS

Quando Sir Archibald Southby questionou o histórico de guerra de Randolph Churchill no plenário do Parlamento, não foi nada pessoal. Na verdade, ele logo depois tentou apertar a mão de Winston Churchill, com a intenção de explicar a ação apenas como ato político.

Tal coisa não existia para a família Churchill.

"Não fale comigo", retrucou Winston Churchill friamente ao homem. "Você chamou meu filho de covarde. Você é meu inimigo. Não fale comigo."

Randolph não era perfeito, mas isso não impedia que seu pai o defendesse, o apoiasse. Também jamais deveria nos impedir. O próprio pai de Winston Churchill não apoiara ou acreditara no filho. Winston, decidido a fazer melhor, não cometeria o mesmo erro. Ele apoiou o filho. Lutou por ele. Deixou Randolph saber que sempre poderia contar com o pai.

Temos que fazer o mesmo. Nossos filhos vão fazer besteira, mas eles precisam saber que jamais vamos menosprezá-los. Nossos filhos precisam saber que ficaremos ao lado deles, que lutaremos por eles, que jamais deixaremos alguém abusar ou atacá-los sem que nos pronunciemos.

20 de agosto
INCENTIVE O SONHO

Não é que os pais não acreditam nos filhos. É que eles sabem que o mundo é difícil. Sabem que as chances são pequenas. E, acima de tudo, ninguém quer que o mal ou uma grande decepção os atinja. É por isso que os desencorajamos de desistir, de tentar viver de música, de deixar o emprego para abrir uma empresa. Só estamos preocupados.

Will Ferrell (um dos maiores atores de comédia de todos os tempos, como já falamos) com certeza desafiou os pais. *Você vai se tornar um comediante que faz esquetes? Como é que é?!* Mesmo seu pai, que era músico, tinha ressalvas em relação ao fato de ele buscar uma carreira tão incerta e instável. Ainda bem que ele se conteve antes que Will lhe pedisse conselhos. Colocando suas preocupações muito naturais e compreensíveis em segundo plano, Roy Lee Ferrell conduziu a situação apoiando e acreditando no jovem: "Quer saber? Acho que você tem habilidade, mas vai precisar de muita sorte. Se você não conseguir, não se preocupe. Você pode tentar outra coisa."

A partir da própria experiência, que foi árdua, Roy Lee quis dizer a Will quanto era difícil e improvável obter sucesso em uma dessas carreiras tão sonhadas. O sentido por trás da fala era: *"Você é talentoso e eu acredito em você, mas vai ser muito difícil, tão difícil que, se não der certo, você tem que entender que é apenas o reflexo da indústria, e não do que você é como pessoa."*

É um presente incrível para dar a seus filhos. Permissão para tentar... aliada à permissão para fracassar. É o indicativo de que você vai apoiá-los de qualquer maneira, que nada mudará qualquer que seja o caminho que eles escolherem, as conquistas que alcançarem ou os marcos que ficarão aquém do imaginado.

21 de agosto
NÃO DEIXE ALGO IMPORTAR MAIS PARA VOCÊ DO QUE PARA ELES

Em outra grande cena do incrível livro de Rich Cohen sobre paternidade através das lentes do hóquei juvenil, ele tenta consolar o filho quando não é chamado para jogar na equipe, em um processo considerado extremamente injusto. Rich esperava que o menino ficasse com raiva ou pelo menos ciente do que havia acontecido. Ele escreveu: "Ele ficou incomodado, mas não se sentiu derrotado nem muito chateado. E isso me aborreceu. Por que isso importa mais para mim do que para ele?"

Essa é uma ótima pergunta. *Por que algo importa mais para nós do que para eles?* Por que gastamos tanto tempo dizendo que eles foram lesados (quando não foram)? Por que achamos que eles têm que levar tudo tão a sério quanto nós?

Quando nossos filhos ficarem mais velhos, algumas dessas preocupações passarão a ser problema deles. Mas, e agora? Deixe-os curtir a infância. Eles são jovens; entendem e sentem as coisas de forma diferente. Não suponha que a maneira "adulta" é melhor ou necessariamente mais correta. Há uma sabedoria na inocência deles: aceite ou pelo menos respeite essa inocência para não a corromper.

22 de agosto
TRATA-SE DE UM EQUILÍBRIO DIFÍCIL

Nós, pais, temos que descobrir o equilíbrio entre apoiar nossos filhos e incentivá-los.

É como aqueles primeiros dias no parque, quando eles correm até o balanço. No início, o que precisamos fazer é oferecer apoio até se sentirem confortáveis com o movimento pendular do brinquedo. Então você começa a empurrar com um pouco mais de força. Mas não com muito mais força logo de cara, para que não voem para a frente nem caiam para trás quando o balanço perder força. Eles acabam se acostumando com o vaivém, descobrem como segurar com confiança nas correntes, sabem como antecipar a força dos empurrões cada vez mais fortes e a força na direção contrária. E quando isso enfim acontece, eles começam a impulsionar as pernas por conta própria, indo o mais alto que podem... além da altura que você imaginou que se sentissem confortáveis em alcançar.

Como pais, esse é o equilíbrio mutável que devemos encontrar e manter em todos os momentos se quisermos fazer o certo por nossos filhos, porque ninguém melhora na vida apenas permanecendo onde está.

O fundador da Dell Computers, Michael Dell, incorporou um mantra em sua empresa relacionado a esta ideia: "Contente, mas jamais satisfeito." Talvez essa seja uma maneira de pensar sobre ambição, progresso e desenvolvimento pessoal que podemos ensinar aos nossos filhos e, com alguma sensibilidade, também aplicar ao nosso próprio estilo de criação. Lembre-se: grandes treinadores são mais duros com suas equipes na vitória do que na derrota. Eles estão contentes, mas jamais satisfeitos. Porque conhecem o verdadeiro potencial do time e querem ajudar todos a perceber isso. Assim como devemos fazer com nossos filhos.

23 de agosto
ELES NÃO PRECISAM DE UM SERMÃO – ELES PRECISAM DISTO

> Qual professor é mais digno? (...) aquele que acaba com os alunos se a memória deles falhar ou se os olhos vacilarem de foram desajeitada durante a leitura, ou aquele que prefere corrigir e ensinar com admoestações que trazem um rubor às bochechas dos alunos? Mostre-me um tribuno ou centurião brutal, e eu lhe mostrarei um que faz os soldados desertarem... de forma bastante perdoável.
>
> SÊNECA

Na época em que John Steinbeck escrevia *A leste do Éden*, seu filho Tom não estava levando a escola a sério. Ele estava se rebelando. A esposa de Steinbeck pensou que Tom precisava de um sermão. Enquanto escrevia sobre dois tipos muito diferentes de filhos indisciplinados, John sabia que aquilo não estava certo. "Ele precisa de mais do que isso. Ele precisa de paciência e disciplina infinitas", anotou em seu diário.

Não é só disso que seus filhos precisam, mas é do que *todos* nós precisamos. Paciência e disciplina. Bondade aliada à firmeza. *Infinitamente*. Ninguém quer escutar sermão. Ninguém quer ouvir reclamações. O que precisamos é ser compreendidos e responsabilizados.

Pense em seus próprios problemas quando criança. Quando você se rebelava, quando não levava a escola a sério, quando você se metia em problemas, ajudava receber bronca? O que você de fato queria, o que precisava, era que alguém visse *por que* você estava fazendo aquelas coisas. Você precisava de alguém para guiá-lo de volta ao caminho e para ajudá-lo a perceber as consequências de ter saído dos trilhos.

Paciência e disciplina. Era disso que você precisava. Dê isso a seus filhos. Eles merecem.

24 de agosto
SEJA ALGO E ALGUÉM

E. H. Harriman era um baita homem de negócios e um pai surpreendentemente bom. Tinha reputação como industrial voraz, mas em casa era gentil e presente para os filhos. Era paciente e incutiu bons valores neles.

Uma vez, ele escreveu para o diretor da escola do filho para saber mais sobre o desempenho do menino. "Mediano", veio a resposta, junto com a notícia de que o jovem Averell estava "melhorando". Encorajado, ele escreveu para o menino perguntando se ele poderia se esforçar mais em inglês. "Eu sei que você pode, assim como em algumas outras matérias", declarou ele. "É encorajador ver você melhorando, e tenho certeza de que vai compreender tudo, continuar a progredir e ser algo e alguém."

É uma frase perfeita. Ele não estava dizendo que o filho precisava tirar notas altas. Não estava dizendo que ele era inútil por ter falhado antes. Nem que o sucesso necessariamente tinha a ver com ser melhor do que qualquer outra pessoa. Como o pai de Jim Valvano, o que Harriman estava dizendo era que ele sabia do que o filho era capaz e, mais importante, o que é esperado de uma pessoa com aquele potencial: *ser algo e alguém*.

Nossos filhos não precisam ser ricos, poderosos ou famosos. Mas esperamos que eles *façam algo, que sejam alguém*, como um membro respeitado de uma pequena igreja ou como o chefe de um corpo legislativo. E esperamos que eles *façam algo*, porque a vida é um presente.

Desperdiçá-la? Fazer o mínimo? Não, isso é fracasso para eles e para nós. Então vamos aumentar nossos esforços e nossas expectativas.

25 de agosto
É O QUE VOCÊ ESTÁ DIZENDO A ELES?

Quando era uma jovem romancista, Susan Straight foi informada por seu mentor, o grande James Baldwin: "Você deve continuar a escrever. É imperativo." Imagine como isso soou diferente do exemplo que ela recebeu da própria mãe, que, como mencionamos, acreditava que sua vida criativa se encerrara no dia em que teve filhos.

A pergunta que devemos nos fazer é: qual é o caminho que estamos escolhendo? Estamos dizendo a nossos filhos que devem continuar a buscar seu potencial, que isso é *imperativo*? Ou, por meio de nossas ações (ou *in*ações), estamos dizendo o contrário? De forma inconsciente, nós nos tornamos assassinos de sonhos ou estamos nos tornando, de maneira ativa, construtores de sonhos?

Essa é a questão. E é imperativa, sem dúvida.

Não há benefício algum em desistir de si mesmo. Lógico, você pode ter que enfrentar a realidade e escolher uma carreira em detrimento de outra, mas isso não é o mesmo que *parar*. Ganhar dinheiro com o que se gosta de fazer não é tão importante quanto melhorar, maximizar seu potencial.

Como pais, é imperativo que torçamos por eles, que sejamos fãs. Temos que incentivá-los. Temos que pedir que continuem. Que há mais coisas, ainda melhores, pela frente. O mundo vai mandar parar, erguer diversos obstáculos, dar desgosto o bastante. Não precisamos acrescentar nada a isso. Precisamos fazer o contrário. Precisamos *acreditar neles*.

26 de agosto
É SEU TRABALHO FAZER O CHECK-IN

Ninguém rouba a cena em *Seinfeld* como os pais de George, Frank e Estelle Costanza. E, como era de esperar, ninguém deixa George mais triste do que eles. Os dois formam um casal louco e absurdo.

Em um episódio, George tem que fazer sua ligação semanal para eles, uma tarefa que lhe é tão onerosa que precisa se preparar para conversar com os dois. A reviravolta, é óbvio, é que os pais de George temem as chamadas. "E todos os domingos tem as ligações", reclamam os dois.

Na realidade, há uma inversão de papéis. Por que George liga para saber se está tudo bem? Essa é a função dos pais dele.

Seus filhos não escolheram esta vida; você, sim. E o que isso significa? Que, à medida que os filhos envelhecem, não deve haver reclamações do tipo "Por que você nunca me liga?", já que isso é responsabilidade dos pais.

Assim, se você quer o tipo de relacionamento em que seus filhos *ligam*, querem saber como você está e compartilham o que está acontecendo na vida deles, devem começar quando eles são muito, muito mais jovens, quando você não pode apenas esperar que eles se abram e compartilhem as coisas, quando você tem que ver como eles estão porque *não sabem que estão sofrendo* ou se há algo que vale a pena compartilhar. As crianças apenas não têm a experiência ou a perspectiva ainda para diferenciar essas situações.

Quando se trata de coisas assim, "apenas estar lá" não é suficiente. Você deve procurá-los. É necessário ir até eles. Com delicadeza, convença-os a se abrir. Você tem que ajudá-los a perceber os próprios sentimentos. Mais do que isso: você precisa ser proativo.

27 de agosto
OUTRAS PESSOAS ESTÃO TENTANDO FAZER ISSO TAMBÉM

As pessoas com quem ou para quem você trabalha ou as que trabalham para você também têm uma vida fora do emprego. Como você, elas são pai ou mãe, filho ou filha. Como você, têm filhos e relacionamentos e lutam para equilibrar tudo isso. Como você, estão tentando colocar a família em primeiro lugar e ser um fã.

O lendário treinador da NBA Gregg Popovich é um chefe duro, mas faz o seu melhor para tentar ajudar as pessoas que trabalham com ele. Seu ex-assistente, Mike Brown, conta uma história de quando estava se separando da esposa. Os dois filhos moravam com a mãe no Colorado, mas o visitaram em San Antonio por uma semana. Brown levou-os para o aeroporto antes de pegar o próprio voo para um jogo fora de casa contra os Spurs. Seus filhos choraram e imploraram para não ter que embarcar no avião e para ficar com o pai. Brown ligou para o treinador Pop dizendo que ele estava tendo alguns problemas e pediu-lhe que segurasse o avião da equipe por alguns minutos. Pop respondeu a Brown que ficasse com os filhos. "Não, não, não, as crianças vão ficar bem", garantiu Brown.

"Se você aparecer neste avião, está demitido", declarou o treinador. "Qual é, cara! Eu vou estar lá", acalmou-o Brown. "Lembre-se, se eu vir você no avião, está demitido." *O telefone ficou mudo.* Pop desligou na cara do assistente. Brown e os filhos perderam os respectivos voos e passaram mais três dias juntos.

Dá para imaginar como seria ter alguém fazendo isso por você? Talvez não. Mas talvez você possa deixar isso parecer um pouco mais real *se fizer isso por outra pessoa.*

28 de agosto
NÃO USE SEUS FILHOS

As redes sociais exploram uma das partes mais vulneráveis da psique: a necessidade humana de sermos vistos, ouvidos e validados. Os programadores brilhantes descobriram como recompensar esse impulso viciante com curtidas, comentários e contagens de seguidores. Eles transformaram nossas maiores vulnerabilidades em um jogo.

É com isso que os pais devem se preocupar. Quando você está se sentindo inseguro e quer ser validado, resista ao desejo de apenas postar mais fotos de seu filho. Pergunte a si mesmo: *É isso mesmo o que meu filho quer? Isso é de fato saudável ou apropriado? Ou explorar a fofura da criança é apenas uma forma barata de chamar a atenção e me sentir melhor comigo mesmo?*

Ser fã não significa tentar impressionar as pessoas, seja conversando no jantar ou comentando nas mídias sociais. Não é se gabar da universidade que eles vão cursar ou de como estão bonitos e bem-vestidos para o aniversário.

Nossa missão é cuidar deles, não os explorar. Não transforme seus filhos e as experiências preciosas que você tem com eles em alimento para sua boca insaciável.

29 de agosto
ENSINE-OS A LEVAR NA ESPORTIVA

A maneira como se lida com vitórias e derrotas revela bastante sobre o caráter de alguém. Quanto mais cedo as crianças aprenderem isso, mais preparadas estarão para o mundo real (o que inclui muito dos dois).

Em seu ensaio *Sobre a ira*, Sêneca apresenta alguns conselhos específicos para os pais quando se trata de ensinar as crianças a manterem a esportiva. Ele escreve:

> Em disputas com seus camaradas, não devemos permitir que a criança fique mal-humorada ou se entregue a um arroubo de raiva. Que a vejamos agindo em termos amigáveis com aqueles contra quem luta, de modo que na própria luta ela possa aprender a não ferir seu antagonista, mas a conquistá-lo. Sempre que tiver sido bem-sucedida ou tiver feito algo louvável, devemos permitir que a criança desfrute de sua vitória, mas não se apresse no prazer: pois a alegria leva à exultação e a exultação leva à arrogância e à autoestima excessiva.

Isso é importante. Queremos que nossos filhos tenham vontade de vencer, mas não a ponto de serem controlados por essa vontade. Queremos que eles se sintam bem quando ganham, sem serem tão dependentes ou viciados nesse sentimento que os assola quando, como é inevitável, perdem. Não queremos que o sucesso alimente o ego deles, tampouco que suas dificuldades no campo levem à insegurança ou à autoaversão.

Como em tudo, tem a ver com o equilíbrio. E, acima de tudo, é sobre ser respeitoso, responsável e aproveitar o processo mais do que os resultados.

30 de agosto
É PRECISO ISSO PARA PROSPERAR

Muitos anos atrás, o escritor Malcolm Gladwell apontou como é surpreendente que, mesmo na NBA, que é repleta de atletas objetivamente talentosos e de elite, às vezes é preciso haver uma mudança na equipe ou uma troca do treinador principal (ou um profissional com foco na parte mental) para que um jogador se desenvolva. Eles podem ter pulado de galho em galho, ter tido várias temporadas decepcionantes e, de repente, quando o ambiente ao seu redor é o correto, quando eles têm o apoio de que precisam, *pá*, eles estão *ótimos*.

O que o autor quis mostrar é que, se mesmo os atletas que recebem milhões de dólares para desempenhar sua função precisam disso, como podemos *esperar* que as crianças tenham sucesso em qualquer sala de aula? Somos tão rápidos em concluir que as crianças, até mesmo nossos próprios filhos, não são boas em matemática, são mais ou menos na escola, têm problema de concentração ou o que quer que seja. Muito rápidos!

Mas, é óbvio, o ambiente é tudo. O elenco de apoio é tudo. O momento é tudo. É preciso ter paciência. Ser flexível. Não podemos parar de torcer por eles, de acreditar neles. Temos que copiar o exemplo das equipes esportivas, que, ao compreenderem que têm um ativo muito valioso em mãos, não se desesperam quando as coisas não se encaixam de imediato. Não, quando as coisas não funcionam, os times investem mais. Não culpam a estrela. Mas, sim, o sistema... e depois tentam consertá-lo. E os fãs aplaudem loucamente o tempo todo.

Bem, nossos filhos são ainda mais valiosos do que qualquer jogador de basquete. E a educação deles é ainda mais importante do que ter bom desempenho em uma partida.

31 de agosto
NÃO É FÁCIL SER FÃ

Era uma época em que as mulheres não podiam ter um emprego, muito menos ser *autoras com livros publicados*. Não as mulheres dignas de respeito. No entanto, lá estava o pai de Jane Austen, submetendo os escritos da filha a uma editora. De acordo com o livro de Claire Tomalin, *Jane Austen: A Life* (Jane Austen: uma vida), ele escreveu à conhecida editora Cadell: "Como estou bem ciente da consequência que um trabalho desse tipo terá ao fazer sua primeira aparição sob um nome respeitável, sou eu quem estou apresentando-o."

Ser fã de seus filhos não é apenas torcer por eles no jogo de futebol. Não é só dizer que eles são especiais. Também é se expor, assumindo os riscos por eles. É estar disposto a desafiar as convenções, é encorajá-los a desafiá-las se acharem que seu chamado exige isso.

Você tentou a vida toda educar uma criança que está confortável consigo mesma, que é confiante, que é competente, que pode ser bem-sucedida. Quando seus esforços começarem a dar frutos, desafios reais surgirão. Conforme seus filhos empurram os limites da própria zona de conforto, podem muito bem empurrar você para fora da sua também. Mas isso é bom! É isso que queremos!

Temos que acreditar em nossos filhos. Ser fãs deles. Estar dispostos a arriscar com eles e por eles. Se não acreditarmos, quem acreditará? Seja um verdadeiro fã. Não é fácil, mas como estaria o mundo se os grandes pais sempre tivessem escolhido o caminho mais fácil?

SETEMBRO

CRIE UM LEITOR

(LIÇÕES PARA O APRENDIZADO
E A CURIOSIDADE)

1º de setembro
O GRANDE NIVELADOR

Nem todos somos capazes de oferecer riqueza aos nossos filhos. Ou conexões poderosas. Ou mesmo uma genética superior. Isso significa que nossos filhos estão em desvantagem? Que eles estão ferrados? Não. Porque existe um grande nivelador que podemos lhes mostrar e que eles podem usar a qualquer momento.

Pete Carril, o famoso técnico de basquete de Princeton, dizia a seus jovens atletas:

> Meu pai veio da província de León, em Castela, na Espanha, e trabalhou por trinta e nove anos no campo para a Bethlehem Steel Company. Todos os dias, antes de sair para o trabalho, ele lembrava a mim e a minha irmã como era importante ser inteligente. "Nesta vida", dizia ele, "os grandes e fortes estão sempre tirando dos menores e mais fracos, mas... os inteligentes tiram dos fortes."

É uma simples lição de sabedoria paterna: use seu cérebro. É a arma secreta dos oprimidos em qualquer lugar do mundo, disponível para todos e de graça.

2 de setembro
É ASSIM QUE SE ENSINA

> Dizem que conto muitas histórias. Reconheço que sim, mas sei por experiência própria que as pessoas *simples* são mais facilmente *influenciadas* por meio de uma ilustração inteligente e bem-humorada do que de qualquer outro modo.
>
> Abraham Lincoln

Se a Bíblia serve de exemplo, Jesus raramente parecia só dizer o que queria dizer. Ele preferia, em vez disso, se valer de parábolas, histórias e pequenas anedotas que faziam as pessoas refletirem. Ele contou a história dos servos e dos talentosos. Contou as histórias do filho pródigo, do bom samaritano, do grão de mostarda e da ovelha perdida. E, de fato, é uma forma bastante eficaz de transmitir um ponto de vista e gravá-la na mente das pessoas.

Também funciona com nossos filhos. Nós, seres humanos, aprendemos por meio de histórias — sejam os contos de fadas ou as que você viveu quando tinha a idade deles. Aprendemos mais e melhor quando são compartilhados momentos de vulnerabilidade, de experiências difíceis. Não gostamos quando as pessoas são diretas e apenas *dizem* o que querem dizer. Gostamos quando elas nos *mostram*.

Portanto, pare de dar todas as respostas e comece a pensar em histórias que tornem as respostas evidentes. Essa é a melhor maneira de ensinar.

3 de setembro
APRESENTE-OS AO MUNDO (AMIGÁVEL) DAS IDEIAS

> Nosso primeiro trabalho, nossa primeira responsabilidade, é incutir em nossos filhos um senso de aprendizado, um senso de amor pelo aprendizado.
>
> Barack Obama

Jim Mattis, general da Marinha e ex-secretário de Defesa dos Estados Unidos, falou sobre sua infância idílica em Pullman, Washington. Lá, ele passou tempo ao ar livre, teve espaço para explorar, enfrentou os problemas de uma infância tipicamente americana. É com carinho que ele conta sobre sua casa cheia de livros, administrada por pais que incentivavam os filhos não apenas a lê-los, mas também a questioná-los e a interagir com eles. Ele lembra: "Eles nos apresentaram um mundo de grandes ideias. Não um lugar assustador, mas um lugar para ser desfrutado."

Que coisa a se ensinar! Que seja uma meta para cada um de nós alcançar isso com nossos próprios filhos.

Ensine seus filhos a serem curiosos, abertos, dispostos a explorar. Nosso trabalho é orientá-los sobre como produzir opiniões próprias, bem informadas, como decidir por si mesmos, como se sentir à vontade com assuntos desconfortáveis. As ideias são nossas aliadas e servirão bem a seus filhos. Eles se sairão bem se você lhes ensinar essa lição cedo e com frequência.

O mundo é um lugar de grandes ideias. Não há nada a temer... exceto o medo e a ignorância.

4 de setembro
ENSINE-OS CEDO, ENQUANTO AINDA PODE

> Aprender é permitir que algo seja feito a você, e ser persuadido depressa é natural para quem é naturalmente menos resistente.
>
> Plutarco

Precisamos começar a ensinar desde cedo as coisas importantes, mesmo que nossos filhos ainda sejam muito jovens. Se esperarmos muito, eles serão capazes de argumentar. Eles terão a palavra e a determinação para resistir às lições de que sabemos que precisarão na vida, valiosas para dificuldades imprevisíveis.

Precisamos capturá-los enquanto ainda são jovens e impressionáveis. Precisamos falar antes que tenham reservas. É claro que eles já preferem jogar videogame, é claro que é mais divertido brincar. Mas a hora é agora.

Aja enquanto o cimento ainda está fresco.

5 de setembro
VOCÊ FAZ ISSO DURANTE O JANTAR?

> Quem não consegue guardar suas opiniões no gelo não deve entrar em debates acalorados.
>
> FRIEDRICH NIETZSCHE

Algumas famílias veem TV durante o jantar. Outras comem separadas. Algumas famílias falam despreocupadamente sobre o que lhes aconteceu durante o dia. O jantar na casa de Agnes Callard é diferente. Ela e os filhos *debatem*.

Como Callard é filósofa, muitos dos debates são filosóficos. Se um gêmeo siamês cometeu um crime, os dois devem ser punidos? É possível que o outro gêmeo seja completamente inocente? Pode parecer complexo, mas os assuntos às vezes são bobos, como o debate conduzido pelo filho dela, então com sete anos, sobre qual seria o tipo de luva ideal.

Claro que não é o conteúdo que importa, mas a atividade em si. O fato de fazerem isso em família. E, como a maioria das grandes estratégias parentais, não era uma atividade forçada ou formal. Não era uma obrigação nem uma tarefa. Os debates começaram como conversas entre ela e o marido, das quais os filhos queriam participar, e que acabaram evoluindo. As regras são *ad hoc*. A tradição é orgânica. Mas, no fim, isso moldou o curso da família e da intelectualidade de cada um.

Você pode dizer o mesmo sobre seu jantar em família? Talvez seja hora de falar sobre isso, então. Quem sabe até debater.

6 de setembro
COMO ESTIMULÁ-LOS A LER
(OU A FAZER QUALQUER COISA)

> Um leitor vive mil vidas antes de morrer. O homem que nunca lê vive apenas uma.
>
> GEORGE R. R. MARTIN

Em seu poema "Tula ['Os livros têm a forma de uma porta']", Margarita Engle descreve os livros como "portais em forma de porta", o que é adequado e bonito. Os livros nos transportam por oceanos e séculos, escreve ela, com o benefício extra de nos fazerem sentir menos sozinhos. Stephen King disse que os livros são "magia portátil única".

Queremos dar aos nossos filhos acesso a essa magia. Queremos que eles atravessem esses portais. *Queremos que eles leiam.*

Afinal, ler qualquer coisa é melhor do que ver TV, brincar com o tablet ou ficar enviando mensagens de texto. Mas estamos fazendo o suficiente para motivá-los a pegar um livro? Estamos dando um bom exemplo?

Com que frequência seus filhos veem você lendo? Com que frequência flagram você com um livro nas mãos? Você quer que eles leiam, mas você lê regularmente para eles? Você diz a eles que os livros são importantes, que os livros são divertidos, mas onde está a prova disso?

Se quer que seus filhos leiam mais, se quer que eles passem por esses portais mágicos, mostre a eles como é ser um leitor. Converse com eles sobre livros. Faça dos livros o tema central da sua casa... e das suas vidas.

7 de setembro
A VIDA DOS GRANDES NOS LEMBRA

Por que contamos histórias para nossos filhos? Por que falamos a eles sobre marcos históricos? Por que ensinamos a eles sobre Martin Luther King Jr., George Washington, Porcia Cato, Cincinato, Florence Nightingale, Jesus, Marco Aurélio?
Porque isso importa.
Como escreveu Longfellow:

As vidas de grandes homens nos lembram
    Que podemos tornar nossas vidas sublimes
E, partindo, deixar para trás
    Pegadas nas areias do tempo.

Estamos tentando ensinar aos nossos filhos a lição mais importante e urgente de todas: *que eles podem fazer a diferença, que podem mudar o mundo.*
Contamos histórias para inspirá-los. É disso que se trata a leitura antes de dormir, e não apenas cansá-los para que eles durmam logo. O objetivo da aula de história não é repreendê-los com as más ações de velhos homens brancos mortos. Queremos que eles saibam que: as pessoas podem ter impacto no mundo. Que as pessoas podem levar vidas extraordinárias. Que elas podem deixar suas pegadas nas areias do tempo.
Não apenas outras pessoas, não apenas heróis ou herdeiros ricos, mas *eles* também. Seus filhos também podem fazer isso. E, ao ajudá-los a perceber isso, *você* está causando seu próprio impacto.

8 de setembro
VOCÊ VAI LEVAR ISSO PARA CASA?

> Uma criança aprende mais em uma fração de segundo esculpindo um graveto do que em dias inteiros ouvindo um professor.
>
> Simón Rodríguez

Orville e Wilbur Wright, pioneiros da aviação, vendiam bicicletas em Ohio. Não eram engenheiros. Não frequentaram a universidade, não tiveram nenhuma formação técnica. Enquanto isso, havia equipes de engenheiros das melhores instituições de ensino trabalhando na mesma questão. Uma delas estava sendo financiada por uma doação do Departamento de Guerra dos Estados Unidos.

Como os Wright conseguiram superar esses grandes investimentos e se tornaram marcos na história da aviação?

"Para eles, tudo começou com um brinquedo", escreve David McCullough em *The Wright Brothers* (Os irmãos Wright), "um pequeno helicóptero trazido para casa pelo pai deles, o bispo Milton Wright, que acreditava muito no valor educacional dos brinquedos... O objeto era pouco mais do que um bastão com hélices duplas e elásticos retorcidos e provavelmente custou cinquenta centavos."

Pode não parecer que um brinquedo seja capaz de mudar a vida de uma criança, mas é claro que pode. Como disse Simón Bolívar muitos anos antes, uma criança pode aprender tanto com um graveto quanto com qualquer professor. Os brinquedos são mais do que apenas objetos para brincar; são mundos a descobrir. São coisas pelas quais devemos ser responsáveis. São coisas para desmontar e montar novamente. São laboratórios para a vida.

Passamos muito tempo apresentando nossos filhos ao mundo das ideias. Que possamos também reservar algum tempo para levar brinquedos interessantes para casa. Brinquedos com valor educativo. Brinquedos que ensinem sobre outras culturas. Brinquedos que os façam se interessar por aviação, ciências, matemática, história ou tecnologia. Brinquedos que sejam, por si só, recipientes de ideias.

Quem sabe o que pode resultar de explorar o mundo em um momento de diversão?

9 de setembro
ENSINE-OS A OBSERVAR

> Preste atenção. Tudo se resume a prestar atenção. É uma questão de absorver o máximo possível do que está por aí.
>
> SUSAN SONTAG

Quando o ex-diplomata e secretário de Defesa Robert Lovett era criança, ele e o pai percorriam caminhos semelhantes de manhã e à noite para o trabalho e a escola. E o fato de ambos saírem dos dois lugares em momentos ligeiramente diferentes permitia que Lovett e o pai jogassem um jogo interessante.

À noite, após o jantar, de acordo com os biógrafos Walter Isaacson e Evan Thomas, o pai de Lovett fazia perguntas sobre o que tinha visto. "'Quantos cavalos estavam puxando a carroça?', perguntava ele sobre um canteiro de obras no centro da cidade. 'Quantas vigas havia na carroça?' 'Como os cavalos estavam atrelados à carroça?'" Se acertasse a resposta, o jovem Robert ganhava umas moedas, mas poderia perdê-las se errasse.

Isso era mais do que apenas uma atividade boba — embora maravilhosa — que os dois faziam. O pai lhe ensinava a *arte de prestar atenção*. Robert estava aprendendo a observar, a se concentrar nos detalhes e a não desconsiderar o que o cercava, a estar *presente*. Foi uma habilidade que ele usou com grande vantagem para crescer na hierarquia diplomática do Departamento de Estado.

Você não precisa jogar o mesmo jogo, mas encontre, quem sabe, sua própria maneira de recompensar e inspirar seus filhos a prestarem atenção. As moedas e os elogios que eles podem ganhar serão bons no momento, mas insignificantes se comparados ao valor do verdadeiro presente que você lhes deu.

Este, sim, durará a vida toda.

10 de setembro
"LINDO" É O QUE ELES DISSEREM QUE É

Há um anúncio antigo da LEGO que circulou nos Estados Unidos no início dos anos 1980. Nele, uma menininha ruiva de rabo de cavalo está segurando sua criação com LEGO. Sinceramente, é difícil dizer do que se trata. São basicamente blocos encaixados aleatoriamente. Um dos homens de LEGO tem uma árvore na cabeça. Desnecessário dizer que nenhum arquiteto assinaria tal projeto, mas o sorriso no rosto daquela menininha fofa é revelador.

"Você já viu algo assim?", diz o texto do anúncio. "Não só o projeto em si, mas quanto isso a deixou orgulhosa? Bem, é isso que você verá sempre que as crianças construírem algo sozinhas. Não importa o que elas tenham criado... os Conjuntos de Construção Universais LEGO ajudarão seus filhos a descobrir algo muito, muito especial: eles mesmos."

Como pais, como adultos, pode ser muito fácil intervir e dizer a seus filhos como as coisas devem acontecer. *Árvores não sobem na cabeça das pessoas! Não faz sentido ter uma janela nesse lugar aí! Ué, mas onde eles vão dormir? Cães e gatos não são amigos! Não tem ar no espaço!*

Nós acreditamos que estamos ajudando ou ensinando, certo? Mas, quando fazemos isso, na verdade tolhemos sua criatividade e imaginação. Podemos muito bem privá-los daquele orgulho no olhar, como o exibido pela garotinha no anúncio, daquele sorriso de quem fez algo sozinho — e se descobriu no processo.

A hora de brincar é para brincar. É para ser boba. É para ser divertida. Não existem regras. Nada importa... a menos que eles queiram que importe. Portanto, dê espaço a eles. Incentive-os. Seja um mero observador. Deixe que sejam lindos em sua essência.

11 de setembro
É ASSIM QUE VOCÊ OS TORNA INTELIGENTES

> Não tenho nenhum talento especial; sou apenas apaixonadamente curioso.
>
> Albert Einstein

Há uma história sobre Sandra Day O'Connor no grande livro de Evan Thomas, *First*. "Durante uma das erupções de cigarras que acontece a cada dezessete anos em Washington", escreve ele, "O'Connor coletou um lote de grandes insetos mortos e os enviou em uma caixa de sapatos para seus netos no Arizona".

Seu funcionário ficou perplexo. O'Connor explicou: "Uma das coisas mais importantes para mim é que meus filhos e netos sejam curiosos. Porque quem não é curioso não é inteligente."

Não temos controle sobre o cérebro com que nossos filhos nascem. Nem mesmo controlamos qual faculdade eles escolherão cursar. Eles são mais interessados em matemática ou em artes? Usam mais o lado direito ou o esquerdo do cérebro? Isso não depende de nós. Mas podemos, sim, influenciar sua curiosidade. Podemos incentivar esse instinto, fazendo perguntas e recompensando ao questionarem por si próprios.

Ao encontrar todo tipo de coisas interessantes e mostrá-las aos nossos filhos, podemos cultivar esse instinto até que se torne um traço de personalidade. E podemos também alimentar as centelhas de curiosidade que eles exibem ao nos envolvermos com as coisas que nos interessam.

Não podemos torná-los um tipo específico de gênio, mas podemos torná-los inteligentes incentivando-os a serem curiosos.

12 de setembro
INVISTA NISSO

> Quando tenho um pouco de dinheiro, compro livros. E se tenho um pouco mais sobrando, compro comida e roupas.
>
> ERASMO

Você trabalha duro por sua família. Sabe como suou por cada centavo, e isso, muitas vezes, pode tornar esse dinheiro difícil de gastar. Especialmente se você tem interesse em investir. Cada gasto agora tem o custo do retorno no futuro.

Essa é uma forma de pensar no assunto, mas não é a *única*. Marco Aurélio escreveu que aprendeu com seu bisavô a "evitar escolas públicas, contratar bons professores particulares e aceitar os custos resultantes como dinheiro bem gasto".

Ele estava se referindo a *investir* na educação dos filhos — seja qual modalidade de ensino você escolher. Um professor que ensine um segundo idioma algumas vezes por mês? Um instrutor de piano? Um passe livre anual para o museu da cidade? A gasolina e o deslocamento até uma boa escola do outro lado da cidade em vez da mais próxima, porém menos criteriosa? Aulas particulares? O pai ou a mãe trabalhando menos para poder ensinar em casa?

Nada disso é barato. Mas não pense nisso como uma despesa: considere como um investimento. É o investimento mais importante que você pode fazer. É um investimento no conhecimento, na educação e no futuro dos seus filhos. Isso os tornará melhores. Vale cada centavo.

13 de setembro
LIBERE ISSO

Foi só na faculdade de direito que Dean Acheson, futuro secretário de Estado, sentiu que desbloqueava todo o seu potencial humano. Lá, contou, com a ajuda de seus professores, ele foi apresentado a uma "tremenda descoberta", como chamou:

> A descoberta do poder do pensamento. Eu não apenas tomei consciência desse mecanismo poderoso, o cérebro, mas também de uma massa ilimitada de material espalhada pelo mundo esperando para rechear meu cérebro.

Foi essa descoberta que impulsionou Acheson a se tornar não apenas uma das maiores mentes jurídicas de seu tempo, mas também o principal diplomata dos Estados Unidos. No entanto, isso também é um pouco triste. Acheson estudou em Groton, Yale e na faculdade de direito de Harvard. Seus pais também eram inteligentes. Mas, de alguma forma, *ninguém* foi capaz (ou se interessou) em fazê-lo perceber *o poder do pensamento* até seus vinte e poucos anos. Surreal!
Assim como precisamos apresentar nossos filhos ao mundo das ideias, também temos que ajudá-los a descobrir o incrível poder do pensamento. Devemos transmitir a imensidão do potencial humano contido nesses três quilos de massa cinzenta entre nossas orelhas. Mostrar a eles que mecanismo poderoso eles receberam. E então ensinar como devem usá-lo.
Precisamos desbloquear seu cérebro... o mais cedo possível.

14 de setembro
NÃO APENAS LER, MAS LER CRITICAMENTE

> Ler com atenção, não ficar satisfeito com 'apenas entender a essência'.
>
> Marco Aurélio

Um mundo iletrado não é bom, mas um mundo onde as pessoas acreditam e aceitam irrefletidamente tudo o que leem não é muito melhor. É ótimo que você esteja ensinando seus filhos a ler, mas eles estão aprendendo a ler *criticamente*?

Eles devem ter em mente que os autores podem estar errados. Que podem ser questionados. Um livro não é uma conversa unidirecional, mas um diálogo entre leitor e escritor, entre passado e presente. Mostre a eles como fazer anotações, como discordar, como questionar as informações que absorvem e como participar do diálogo proposto pelas páginas que têm em mãos.

Nenhum livro é definitivo. Nenhuma escola ou sistema educacional contém todas as respostas. Incentive-os a ler livros de pensadores opostos. Leiam juntos... depois leiam juntos algo que apresente um ponto de vista diferente. Fale sobre a importância do debate, sobre como comparar e contrastar. Seu filho pode, e deve, ser mais do que um leitor: ele deve ser um leitor crítico e abrangente. Ensine-o a questionar, a revisar. A ser um *pensador*.

15 de setembro
UM IMPULSO A PROTEGER

O famoso fotógrafo francês Henri Cartier-Bresson era um incômodo para seus professores. Ele ficava entediado nas aulas, não prestava atenção, era constantemente surpreendido lendo algo que não tinha a ver com os trabalhos escolares, livros muitas vezes impróprios para sua idade.

Um dia, no início do sétimo ano, foi pego pelo diretor lendo Mallarmé e Rimbaud, dois belos poetas franceses. A princípio, o diretor pareceu finalmente farto daquilo. "Não vamos atrapalhar seus estudos!", vociferou ele. Todas as outras vezes em que Henri foi tratado dessa maneira, o que se seguira havia sido uma punição. Mas então a voz do diretor se tornou gentil. "Você vai ler na minha sala", ordenou ele, e levou o menino até lá, aonde Henri voltou durante o resto de seus dias escolares como leitor precoce e curioso que era.

Essa conversa, essa pequena tutela intelectual e a proteção de sua curiosidade ajudaram Henri a esculpir as bases e a liberdade que o levariam a se tornar um dos maiores fotógrafos da história.

Precisamos lembrar que nosso trabalho como pais e educadores não é manter nossos filhos na linha só por manter. Não devemos abafar a iniciativa deles por ser disruptiva, desconfortável ou difícil. Precisamos incentivá-los. Precisamos dar espaço a eles.

Eles querem ler? Pelo amor de Deus, deixe-os! Eles querem pular ou desviar do caminho convencional? Encoraje-os! Quem sabe assim eles encontrem o caminho...

16 de setembro
TEM A VER COM O MOMENTO CERTO

> Há um seleto grupo de escritores acessíveis a qualquer pessoa, em qualquer idade ou fase da vida — Homero, Shakespeare, Goethe, Balzac, Tolstói — e há aqueles cujo significado não é devidamente revelado até determinado momento.
>
> STEFAN ZWEIG

Talvez eles consigam entender *O jogo do exterminador* aos onze anos, ou talvez apenas aos dezessete. Talvez eles entendam a mensagem de *O Grande Gatsby* no ensino médio, ou talvez você tenha que ler com ele em uma espécie de clube do livro familiar alguns anos mais tarde. Talvez eles aprendam a gostar de poesia cedo, talvez não. Talvez eles adorem *O pequeno príncipe* ou *A teia de Charlotte* tanto quanto você ou talvez não estejam tão a fim.

Stefan Zweig tinha vinte anos quando pegou pela primeira vez o livro *Ensaios*, de Michel de Montaigne — uma obra incomparável —, mas "não entendeu direito o que fazer com ele". Foi apenas no último ano de sua vida, após duas guerras mundiais e um exílio forçado, que Zweig retomou esse autor. Dessa vez, a conexão foi instantânea. O impacto foi enorme. Porque era o momento certo.

Lembre-se: nosso objetivo aqui é *criar* leitores. Mas, como a jardinagem, há um tempo e uma estação certos para que determinadas sementes germinem e, para chegar lá, o que mais precisamos é de paciência.

17 de setembro
VOCÊ PRECISA DAR ACESSO A ELES

> A história de Theodore Roosevelt é a história de um menino que leu sobre grandes homens e decidiu que queria ser como eles.
>
> Hermann Hagedorn

Theodore Roosevelt certamente nasceu em uma família privilegiada, rica e da elite, dona de uma mansão em Manhattan. No entanto, como Doris Kearns Goodwin escreveu, sua principal vantagem era na verdade muito simples:

> Poucas crianças pequenas liam tão amplamente ou tinham tanto acesso a livros quanto o jovem Theodore. Bastava escolher um volume nas prateleiras da vasta biblioteca da família ou manifestar interesse por um determinado livro que o volume se materializaria magicamente. Durante certas férias em família, Teddy orgulhosamente relatou que ele e seus irmãos mais novos, Elliott e Corinne, haviam devorado cinquenta romances! Thee [o pai de Theodore] lia em voz alta para seus filhos à noite, depois do jantar... acima de tudo, ele procurava transmitir princípios didáticos sobre dever, ética e moralidade por meio de histórias, fábulas e máximas.

Seria maravilhoso se pudéssemos dar aos nossos filhos um sobrenome famoso, uma admissão herdada a Harvard ou um fundo fiduciário, mas tudo isso é bem raro e difícil. O que está a nosso alcance (e é nosso *dever*) é dar a eles acesso a uma biblioteca. A um número ilimitado de livros. Criá-los em uma casa que, embora talvez careça de herança, fama ou linhagem nobre como a dos Roosevelt, seja ao menos rica em amor pela leitura.

18 de setembro
AS DUAS HABILIDADES MAIS IMPORTANTES PARA ENSINAR A SEUS FILHOS

Olhando em retrospecto para sua surpreendente trajetória até a Presidência, um dos principais arrependimentos de Gerald Ford vinha da graduação que escolheu cursar. Ele escreveria em suas memórias que, se pudesse voltar no tempo, as duas matérias principais que teria estudado seriam redação e oratória. Escrever bem e falar com confiança e de forma articulada diante de uma plateia foram as duas principais habilidades que ele usou em todas as facetas de sua vida como líder e, apesar disso, as duas coisas que ele, como a maioria dos estudantes, menos aprendeu.

Apesar de tudo o que mudou desde que Ford frequentou a universidade (na turma que se graduou em 1935), muito pouco aconteceu para mudar isso. A questão é que, até hoje, poucas coisas são tão importantes quanto uma comunicação eficaz.

As crianças aprendem a dançar nas aulas de educação física, mas falar em público e debater são atividades extracurriculares opcionais. Não é uma loucura? As crianças são avaliadas com testes padronizados... como se uma comunicação eficaz pudesse ser capturada por meio da múltipla escolha. Na verdade, as perguntas e as passagens de texto que constam nos exames são muitas vezes o cúmulo da escrita pobre e da comunicação ineficaz!

Se as escolas não fazem isso, nós, pais, precisamos fazer. Cabe a nós ensinar aos nossos filhos essas habilidades importantes e garantir que sejam capazes de se expressar bem por escrito e pessoalmente. Temos que dar a eles ferramentas que os tornem capazes de se dirigir a um público, além de incentivar a confiança necessária para que se sintam confortáveis para tal.

Aconteça o que acontecer no futuro, a comunicação será fundamental (e soberana). É seu trabalho garantir que seu filho esteja preparado.

19 de setembro
VAMOS NOS APROFUNDAR

> De que forma melhor os jovens poderiam aprender a viver do que tendo a experiência de viver? Acho que isso exercitaria suas mentes tanto quanto a matemática.
>
> Henry David Thoreau

A autora Susan Cheever conta uma história sobre Henry David Thoreau; antes de se tornar um grande escritor, Thoreau foi professor. A escola em que ele lecionava ficava perto de um rio que fascinava muitíssimo as crianças, principalmente por causa dos sons interessantes que vinham da água.

"Havia uma discussão sobre se o barulho era causado por sapos", refletiu um aluno mais tarde. "O sr. Thoreau, no entanto, capturou três sapos muito pequenos, dois deles coaxando. No caminho, um deles cantou dentro do seu chapéu."

Isso não é encantador? Ele não dispensou simplesmente a pergunta dos alunos com uma resposta óbvia. Mostrou a eles como se vai à fonte das coisas e expôs a importância de seguir a própria curiosidade. Thoreau fazia muitas demonstrações como essa. Por exemplo, dava a cada aluno um pequeno pedaço de terra e os ensinava a fazer uma análise juntos, a cultivar plantas e a observar o que estava acontecendo em seus lotes.

Sim, somos pessoas ocupadas. Sim, temos conhecimento, mas não podemos simplesmente jogá-lo sobre nossos filhos. Precisamos mostrar a eles. Precisamos arregaçar as mangas, tirar o chapéu e nos aprofundar nas coisas juntos.

20 de setembro
DÊ A ELES UMA VANTAGEM INCOMUM

Mais de três décadas após o famoso primeiro voo, um jornalista perguntou a Orville e Wilbur Wright como eles haviam feito aquilo. Como dois irmãos "sem dinheiro, sem influência e sem vantagens especiais" fizeram o que especialistas e estudiosos não conseguiram?

"Não é verdade", corrigiu Orville, "dizer que não tínhamos vantagens especiais. Tivemos vantagens incomuns na infância, sem as quais duvido que teríamos realizado grandes feitos". Que vantagem incomum era essa? "A maior coisa a nosso favor", explicou Orville, "foi crescer em uma família onde sempre houve muito incentivo à curiosidade intelectual. Se meu pai não fosse do tipo que encorajava seus filhos a perseguir interesses intelectuais sem qualquer intenção de lucro, nossa curiosidade inicial a respeito de voar teria sido podada cedo demais para frutificar".

Precisamos seguir esse exemplo e cultivar as curiosidades de nossos filhos, sejam elas quais forem. Precisamos incentivar seus interesses livremente, sem pensar o tempo todo se eles poderão ou não lucrar com isso.

Não precisamos ser especiais ou especialistas para dar a eles essa vantagem incomum.

21 de setembro
CRIE SEU FILHO PARA SER UMA CRIANÇA DO "POR QUÊ"

No conto "Cabeça e ombros", de F. Scott Fitzgerald, o jovem prodígio Horace explica:

> Eu era uma criança do "por quê". Eu queria ver as rodas girando. Meu pai era um jovem professor de economia em Princeton e me criou em uma lógica de responder a todas as perguntas que fiz a ele da melhor maneira possível.

Uma criança do "por quê" — que frase encantadora! Não é isso que estamos tentando criar? Uma criança que sabe como descobrir as coisas? Uma criança que não se contenta em levar tudo ao pé da letra, que não se contenta com explicações simples?

Às vezes isso pode ser irritante? Certamente. Pode até colocá-los em apuros. Mas ser curioso é melhor do que ser complacente e ser chato é melhor do que ser ignorante.

Com certeza, haverá momentos em que você estará cansado demais para responder às perguntas deles. Em outros momentos, você vai achar que são perguntas inapropriadas. Mas, nessas ocasiões, faça uma pausa, respire e lembre-se de que cultivar esse hábito é algo bom. Certifique-se de regá-lo também — e fazer o possível para nunca o eliminar.

Quanto mais perguntas seus filhos fizerem, melhor. Não apenas para você nem para eles, mas para o mundo em que vivemos.

22 de setembro
MOSTRE O QUE ELES GANHARÃO COM ISSO

A melhor maneira de ensinar uma criança a amar livros — como disse o grande amante dos livros Robert Greene — é apelar para o interesse delas. *Mostre o que eles vão ganhar com os livros.* De forma concreta, imediata. Melhor ainda, *encontre um livro que lhes trará uma grande recompensa.*

Joe Biden falou sobre como superou a gagueira com a ajuda da leitura, ainda no início da vida, sobre o orador Demóstenes e seu problema de fala. Você acha mesmo que uma experiência como essa, assim tão precoce, não transformaria uma pessoa em leitora pelo resto da vida? Encontre livros que divirtam seus filhos. Que os ajudem a chamar a atenção da pessoa por quem eles tiverem uma quedinha. Que os façam rir. Que irritem os professores deles. Que os ajudem a aprender uma nova habilidade, a resolver um problema ou a se sentir menos sozinhos.

Concentre-se no retorno sobre o investimento. Porque é isto que os livros são: investimentos. Você gasta um dinheiro X, dedica várias horas e recebe algo em troca. Para tornar seus filhos leitores, você precisa ser um leitor, é claro, mas também mostrar a eles o que obterão dos livros. Senão, por que eles se dariam ao trabalho?

23 de setembro
NUNCA TIRE SARRO DELES POR ISSO

Seus filhos farão todo tipo de coisas ridículas. Eles vão tropeçar e cair e, sim, às vezes você vai rir. Você vai provocá-los sobre várias coisas. Eles cometerão erros hilários. Mais tarde, vão olhar para essas coisas ridículas e acharão a mesma graça. A família terá todo tipo de piadas internas.

Isso é bom, é maravilhoso. É o que une as pessoas — pegar no pé umas das outras, compartilhar lembranças e experiências.

Um biógrafo de Harry Truman observou que o ex-presidente "pronunciava errado um bom número de palavras, o que no começo me intrigou. Então percebi que, embora ele as lesse com frequência, raramente, ou nunca, as pronunciava em voz alta".

É essencial que sua casa e seu relacionamento sejam um lugar seguro para erros de pronúncia de palavras. Não faça com que seus filhos se sintam constrangidos em relação à leitura, em abordar tópicos fora de sua zona de conforto. É assim que se cresce: errando. Brinque com eles e divirta-se com muitas coisas. Mas a pronúncia errada de uma palavra? Deixe estar. Incentive-os a continuarem se comunicando... e se quiser resolver o problema, comece expandindo o *seu* próprio vocabulário!

24 de setembro
VOCÊ ESTÁ MOSTRANDO A ELES COMO ESTUDAR?

> Viva como se fosse morrer amanhã. Aprenda como se fosse viver para sempre.
>
> GANDHI

Quando pensamos em nossa infância, o que parecia ser o melhor aspecto da vida adulta? Não ter mais que ir à escola? Não ter mais que fazer dever de casa? Ou não ter mais que estudar para provas? É meio triste que, em geral, mostremos aos nossos filhos que o período de estudos acaba com a escola. Que embora a idade adulta nem sempre seja divertida, uma das maiores vantagens é não precisarmos mais ir para lá. Que a formatura é a linha de chegada.

Só que não precisa ser assim. Certa vez, Epicteto estava lecionando quando, de repente, um aluno causou comoção no fundo da sala. Quem era ele? Adriano, o imperador. O exemplo de Adriano claramente teve um impacto em seu sucessor e neto adotivo, Marco Aurélio. No fim de seu reinado, um amigo avistou Marco carregando uma pilha de livros. "Aonde está indo?", perguntou. Marco Aurélio respondeu que estava a caminho de uma palestra sobre estoicismo, pois "aprender é uma coisa boa, mesmo para quem está envelhecendo. Vou ao encontro de Sexto, o filósofo, para aprender o que ainda não sei".

Se você quer que seus filhos valorizem o aprendizado, se quer que eles nunca parem de ampliar a formação na qual você tem investido tanto tempo, dinheiro, cuidado e preocupação, é preciso mostrar a eles como deve ser um adulto comprometido com a aprendizagem ao longo da vida. Precisamos mostrar a eles que nem a formatura nem as férias de verão significam o fim de nossa instrução.

É essencial que eles saibam que a busca por conhecimento é uma jornada sem linha de chegada.

25 de setembro
CERTIFIQUE-SE DE QUE ELES PASSEM TEMPO COM PESSOAS MAIS VELHAS

Em seu livro *The Vanishing American Adult* (O desaparecimento do adulto americano), o ex-senador Ben Sasse ponderou o que, na sociedade moderna, poderia parecer estranho a alguém do passado distante. Além da tecnologia, disse ele, os antigos notariam a extrema *segregação etária*. Hoje, invariavelmente, passamos nosso tempo quase que exclusivamente com pessoas da nossa idade.

Nossos filhos vão para a escola com outras crianças. Nós trabalhamos com outros adultos. Nossos pais e avós são enviados para retiros para aposentados, casas de repouso e cruzeiros da terceira idade. A idade média no Senado dos Estados Unidos, onde Sasse trabalhava, é de cerca de sessenta e nove anos. Enquanto escrevo, há apenas dez senadores mais jovens do que ele. O mais próximo que eles chegam dos jovens são os estagiários de verão e os assessores legislativos juniores.

Quando foi a última vez que você ficou sob o mesmo teto de alguém com o dobro da sua idade? Quantas conversas você tem com pessoas que cresceram sem as coisas que você dá como certas?

Na música "Humble and Kind" (Humilde e gentil), de Lori McKenna, ela fala sobre visitar "o vovô sempre que puder". Mas, na verdade, é preciso mais do que apenas estar com os mais velhos de nossa própria família. Faça com que seus filhos não fiquem presos em uma bolha, vivendo suas vidas apenas ao lado de seus pares, longe de pessoas de outras idades.

Cuide para que eles tenham contato com a sabedoria. Faça com que dialoguem com pessoas que se lembram das coisas boas e ruins que a humanidade fez no passado recente e não tão recente. Com pessoas que tenham aprendido lições dolorosas. Que tenham realizado coisas incríveis.

Caso contrário, toda essa sabedoria pode ser perdida, assim como seus filhos.

26 de setembro
TEM A VER COM APRENDER, NÃO MEMORIZAR

> Decorar não é a mesma coisa que saber.
>
> MICHEL DE MONTAIGNE

Está na hora de revisar a tabuada, você diz a eles. Vamos dar uma olhada no vocabulário. Ou talvez você seja um daqueles pais que obrigam os filhos a recitar poemas ou peças teatrais, que os inscrevem em concursos de oratória. Talvez você os esteja treinando para um concurso de soletração.

Você se convence de que tudo isso os torna mais inteligentes. Será? Ou isso apenas os ensina a *parecerem* inteligentes?

Não estamos tentando criar robôs. Queremos crianças que sejam capazes de *pensar*, que entendam as coisas. Quem se importa com o que eles conseguem recitar? Queremos que eles saibam *o significado das coisas* tanto quanto são capazes de identificá-las. Queremos que eles amem aprender, não apenas memorizar curiosidades! Portanto, verifique se suas prioridades estão alinhadas. Certifique-se de que as atividades que você planeja realmente o aproximam desse objetivo. Garanta que você esteja focado nas coisas certas.

Ensine-os a *saber*. Isso é o que importa.

27 de setembro
QUE JOGO VOCÊ ESTÁ ENSINANDO A ELES?

Existem dois tipos de jogos na vida: os finitos e os infinitos. Jogos finitos são coisas que você faz uma vez e pronto. Mas um jogo infinito é mais parecido com a própria vida — continua indefinidamente, e tudo é inter-relacionado e independente. O primeiro é de soma zero; o segundo, diferente de soma zero.

Tobias Lütke, fundador do Shopify, tenta viver a vida do segundo modo. Também se preocupa em não enviar mensagens confusas aos filhos. Ensinamos a eles que a educação é um jogo infinito, disse ele. Que tem a ver com o amor pelo aprendizado, que é uma busca ao longo da vida, que tem a ver com nos tornarmos a melhor pessoa que podemos ser... mas, depois, os despachamos com fortes expectativas de vencer o jogo finito do primeiro ano.

Soa familiar? Já nos pegamos comparando as notas de nossos filhos com as de outras crianças. Conversamos com outros pais sobre o nível de leitura ou de matemática deles e qual o percentual de desempenho. Ficamos obcecados com exames e avaliações e pontuações, como se isso fosse a chave do sucesso... mas de qual sucesso, exatamente? Depois, questionamos nossos filhos universitários quanto à especialização, se vai garantir um emprego de alto nível ou não.

Queremos filhos que busquem estudar ao longo de toda a vida. Filhos que não pensem em termos de soma zero. Ensine-os a jogar o jogo infinito jogando-o você mesmo.

28 de setembro
É DISSO QUE ELES DEVEM ESTAR CERCADOS

> Nenhum homem tem o direito de criar seus filhos sem cercá-los de livros.
>
> HORACE MANN

Você conhece a equação de Lewin? Não? Bem, você está experimentando suas implicações enquanto lê isto:

$$C = f(P,A)$$

Comportamento (C) é a função (f) de uma pessoa (P) e seu ambiente (A). Nossos hábitos, nossas ações, nossas vidas são determinadas pelo que nos cerca.

O que isso significa para nós enquanto pais? Bem, somos em grande parte os arquitetos do ambiente de nossos filhos. Todos temos meios e fins diferentes, mas, dentro disso, controlamos com o que cercamos nossos filhos. As influências. As cores. Os humores. As pessoas. As interações. E, claro, o mais importante para o desenvolvimento intelectual de uma criança: os livros.

Se você quer que eles sejam leitores, projete o ambiente de um leitor como faria um arquiteto. Encha sua casa de livros. Bons. Bobos. Curtos. Longos. Usados. Novos. Coloque-os em um lugar de destaque. Leve seus filhos a bibliotecas e livrarias. Caso contrário, de que outra forma eles terão interesse em se tornar leitores?

29 de setembro
NÃO OS MIME QUANDO SE TRATA DE LIVROS

> Os livros infantis modernos são coisas horríveis, especialmente quando os vemos em massa.
>
> GEORGE ORWELL

Não muito tempo atrás, as crianças aprendiam latim e grego para que pudessem ler os clássicos no idioma original. Pense em *As fábulas de Esopo*. Pense em crianças cujos pais liam *Vidas de Plutarco* para elas. Leituras difíceis. E de propósito. Quando você lê livros escolares antigos, na verdade está se familiarizando com as figuras obscuras, mas ilustrativas, do mundo de outrora, ao mesmo tempo que demonstra vontade de desbravar tópicos atemporais e moralmente complexos.

As seções infantis e juvenis das livrarias de hoje transbordam de escapismo infantilizador, melodrama fantástico e absurdos despropositados. Os rabugentos entre nós querem culpar os *millenials* e a Geração Z por isso. Sua preguiça e seus gostos frágeis são o motivo pelo qual fomos inundados por essas coisas.

Mas você realmente acredita que nossos filhos são mais burros do que os da época de Orwell? Ou de antes disso? Ora, é claro que não! Eles são crianças. *O problema somos* nós. Os pais. Os adultos. Os educadores. Os editores. Como coletivo, paramos de acreditar que nossos filhos são capazes de ler livros desafiadores. Assim, fornecemos a eles "edições infantis" e publicações ilustradas, em vez de ajudá-los a desenvolver seus músculos de leitura. E aí depois nos perguntamos por que eles não conseguem lidar com leituras mais sérias.

Bem, devemos parar com isso. Faça-os se esforçarem. Faça *você* um esforço. Eles não são mais bebês. Ou pelo menos não deveriam ser depois que aprenderam a ler.

30 de setembro
ELES TÊM UM PROJETO?

O domínio não vem da recitação mecânica. Vem de se apaixonar por algo. Vem do trabalho árduo, certamente, mas apenas quando está alinhado com a paixão por um assunto, um ofício ou um campo. Esqueça as qualificações: dê a eles algo que os inspire de verdade! Como Paul Graham escreveu:

> Se fosse obrigado a escolher entre meus filhos tirarem boas notas e trabalharem em seus próprios projetos ambiciosos, eu escolheria os projetos. E não por ser um pai indulgente, mas porque já estive do outro lado e sei qual tem mais valor preditivo. Quando eu estava escolhendo *startups* para o Y Combinator, não me importava com as notas dos candidatos, e sim se eles haviam desenvolvido projetos autorais, e meu interesse era ouvir tudo sobre eles.

Se você quer um filho que tenha habilidades reais e que nutra uma paixão verdadeira por algo, seria bom fazer o mesmo.

OUTUBRO

LUTE E SUPERE

(COMO AUMENTAR A RESILIÊNCIA DOS SEUS FILHOS)

1° de outubro
A VIDA DE UM FILHO DEVE SER BOA, NÃO FÁCIL

O filósofo estoico Sêneca foi chamado para presenciar em primeira mão um dos piores trabalhos de educação de todos os tempos. Em 49 d.C., ele foi convocado de volta do exílio para servir como tutor de um menino de doze anos chamado Nero. O antigo historiador Dião Cássio conta que a mãe do menino, a imperatriz Agripina, tinha todo o império sob seu controle e usou seu poder para garantir que o filho jamais fizesse o menor esforço por coisa alguma. Ela era o que hoje chamamos de superprotetora, sempre rodeando o filho para que nenhum mal lhe acontecesse. E, ao limpar o caminho do filho de todos os impedimentos e obstáculos concebíveis, Agripina criou um monstro, aquele que acabou se tornando um dos piores seres humanos da história.

Não é mistério o motivo pelo qual Sêneca escreveu reiteradas vezes acerca da importância de se empenhar e superar as adversidades. O trabalho do "bom pai", afirma ele, é "por amor ao filho, [atuar] como um treinador, fabricando sem parar provações para a criança". O trabalho do bom pai é tornar a vida de seus filhos boa, não fácil.

Existe uma ótima expressão latina, *"Luctor et emergo"*, que significa "eu luto e supero", ou "eu luto e sobressaio". Os deuses, afirma Sêneca, "querem que sejamos tão bons, tão virtuosos, quanto é possível, por isso nos atribuem um destino que nos obrigará a lutar". Sem luta, diz ele, "ninguém saberá do que você é capaz, nem você mesmo".

É difícil *não* ser um "pai superprotetor", do tipo que vive pairando em cima dos filhos e querendo embrulhá-los em plástico-bolha. Amamos muito nossos filhos; não queremos nada além do melhor para eles. É insuportável o mero pensamento, muito menos a visão, de nossos filhos enredados em dificuldades ou sofrimento. Mas temos que deixá-los passar aos trancos e barrancos por entre os arbustos espinhosos e as armadilhas do crescimento. Temos que lembrar, dia após dia, que *a vida de um filho deve ser boa, não fácil*.

2 de outubro
VOCÊ NÃO PODE IMPEDIR QUE SEUS FILHOS COMETAM ERROS

No romance *Sidarta*, de Herman Hesse, o personagem-título, tendo adquirido sua sabedoria por meio de experiências dolorosas, tenta de todas as maneiras convencer seu filho acerca da importância de um estilo de vida simples. Assim como você, tal qual todos os pais, ele vê o filho ignorar seus avisos e se desespera quando o garoto segue na direção errada. Confidenciando sua frustração ao amigo Vasudeva, Sidarta se depara com a seguinte pergunta:

"Achas realmente que cometeste as tuas tolices, a fim de poupá-las a teu filho?"

Seria maravilhoso se nossos filhos não tivessem que aprender por meio de tentativa e erro, se pudessem aceitar nossos conselhos e começar de onde paramos, em vez de quebrarem a cara e darem murro em ponta de faca. Porém, a essa altura já deveríamos ter sabedoria para perceber que não é assim que a vida funciona. Boa parte das coisas que aprendemos deve ser por experiência própria. Alguns erros devem ser cometidos para serem totalmente compreendidos. Afinal, a sua própria vida não lhe ensinou isso? Quanto você realmente deu ouvidos ao que seus pais lhe diziam?

Você não pode impedir que seus filhos cometam erros. Tem que dar a eles espaço para que aprendam por conta própria. Mas é possível se consolar sabendo que incutiu neles o caráter, a consciência e a disposição para pedir a ajuda de que precisarão para se recuperar dos erros que inevitavelmente cometerão.

3 de outubro
ESTA É A LIÇÃO PRINCIPAL

> A principal tarefa na vida é esta: identificar e separar as questões de modo que eu possa dizer claramente para mim mesmo quais são externas, fora de meu controle, e quais têm a ver com as escolhas que eu consigo controlar. Para onde então devo olhar à procura do bem e do mal? Não para coisas externas incontroláveis, mas para dentro de mim, para as escolhas que são minhas...

Epicteto

Por trás de quase tudo o que queremos ensinar aos nossos filhos há uma lição. É algo tão empolgante que chega a ser inebriante... e também muito simples. A lição que você tem a ensinar é o cerne da filosofia estoica, assim como a chave para o sucesso na vida: *Não podemos controlar o que acontece. Podemos controlar a maneira como reagimos e respondemos.*

Sua filha acha que um professor é injusto e não gosta dela? Tudo bem, pode até ser verdade. Então, o que ela vai fazer a respeito? O treinador diz que seu filho não tem altura para jogar basquete? Mesma coisa. Tirou zero na prova de matemática? Tem um valentão fazendo *bullying* no parquinho? Seu filho não conseguiu passar para o curso que desejava? Idem. Idem. Idem.

Ensine seus filhos a não ficarem presos a esses infortúnios, mas a se concentrarem no que vem *a seguir*. Oriente-os a colocar a energia na maneira como reagem e respondem. Porque é isso que eles podem controlar. Esse é o superpoder que eles têm. Se você ensinar isso, eles o terão.

4 de outubro
DEIXE-OS FAZER AS PRÓPRIAS COISAS

> Senta-te e reza para que teu nariz não escorra! Ou melhor, limpa teu nariz e pare de procurar um bode expiatório.
>
> EPICTETO

Há uma história sensacional sobre uma jovem espartana chamada Gorgo, que um dia viria a se tornar rainha. Apesar de seu status de realeza, como todos os espartanos ela foi criada para ser autossuficiente, sem frescuras ou luxos desnecessários.

Então, imagine a surpresa de Gorgo ao testemunhar um criado calçando os sapatos de um ilustre visitante de Esparta. "Olha, papai", disse ela com toda inocência a seu pai, o rei Leônidas, "o forasteiro não tem mãos!".

Infelizmente, também seria fácil deduzirmos que nossos filhos não têm mãos. Nem cérebro. Nós os vestimos. Nós tomamos as decisões deles e para eles. Limpamos os obstáculos de seu caminho. Superprotetores, pairamos sobre eles, por precaução, para o caso de algo dar errado. Fazemos *tudo* por eles.

E depois nos perguntamos por que eles são tão indefesos. Nós nos perguntamos por que eles têm problemas de ansiedade ou baixa autoestima. A confiança é algo que se conquista por mérito. Vem da autossuficiência. Vem da experiência. Quando mimamos demais nossos filhos e os tratamos como criancinhas — quando tiramos suas mãos —, nós os privamos dessas habilidades decisivas.

Isso não está certo. Isso não é justo.

5 de outubro
NÃO SEJA ASSIM

No início de 2021, o músico John Roderick foi alvo de críticas, e com razão, de pais no mundo inteiro, por não entender como ensinar crianças.

A filha dele estava com fome. Ele estava ocupado. Ela queria cozinhar um pouco de feijão. Ele queria que ela aprendesse a se virar sozinha. Enquanto ele montava um quebra-cabeça, a filha penava para abrir uma lata de feijão cozido com um abridor de latas. Ela se esforçou desesperadamente. "Você poderia, por favor, apenas abrir a lata?", pediu a menina. Ele se recusou — queria que a história servisse de lição. Ela continuou tentando, ele continuou fazendo sugestões (e tuitando a respeito). Essa situação prosseguiu *por seis horas a fio*, até que a menina enfim conseguiu abrir a lata.

Por conta de sua atitude, Roderick foi apelidado de "Bean Dad". Há uma diferença entre ser um pai solidário que apoia e encoraja os filhos e ser um pai cruel. Há uma diferença entre deixar um filho lidar com as dificuldades para se tornar uma pessoa melhor e deixar um filho em apuros, numa tentativa infrutífera de abrir uma lata — e ainda por cima fazer disso um assunto para o Twitter.

Não, nosso trabalho não é abrir todas as latas para nossos filhos. Mas tampouco é deixá-los sofrer sem saber o que fazer durante seis horas. Entre em cena, mostre a eles *como* ser autossuficiente. Mostre a eles como funciona o maldito abridor de latas! Comece a abrir a lata e depois deixe que assumam as rédeas.

Seja um guia; não seja um pai cruel.

6 de outubro
AJUDE SEUS FILHOS A FORJAREM ISSO

> Assim como no bom tempo urge preparar-se para a tempestade, também na juventude urge acumular disciplina e autocontrole como uma provisão para a velhice.
>
> Plutarco

Theodore Roosevelt passou praticamente todos os dias de seus primeiros doze anos de vida lutando contra uma terrível asma. Os ataques que o acometiam noite após noite assemelhavam-se a experiências de quase morte. Ele passava semanas a fio acamado. Nascido em berço de ouro, em meio a riqueza e status, ele poderia ter continuado a ser uma criança fraca, que receberia cuidados em tempo integral para sempre. Até que um dia seu pai entrou em seu quarto e proferiu uma frase que mudaria a vida do menino: "Theodore, você tem a mente, mas não tem o corpo, e sem a ajuda do corpo a mente não pode ir tão longe quanto deveria." Na lembrança da irmã mais nova de Roosevelt, que presenciou a conversa, o frágil menino olhou para o pai e, tomado de determinação, anunciou: "Eu vou fazer meu corpo."

Foi o início de sua preparação para realizar o que ele chamaria de "Vida Extenuante". Depois disso, ele se exercitou todos os dias. Aos vinte e poucos anos, sua batalha contra a asma havia terminado. Roosevelt eliminou essa fraqueza do próprio corpo.

Nem todas as pessoas aceitam as cartas que o destino lhes dá. Elas refazem seu corpo e sua vida com atividades e exercícios. Preparam-se para o caminho difícil. É claro que esperam nunca precisar percorrê-lo. Mas de qualquer maneira estão preparadas para isso.

Seus filhos estão preparados? Ninguém nasce com uma espinha dorsal de aço; ela tem que ser forjada. Seu trabalho como pai é ajudar seus filhos a forjar a deles.

7 de outubro
ENSINE SEUS FILHOS A LIDAR COM AS COISAS

Robert Lovett, o secretário de Defesa dos Estados Unidos no governo do presidente Truman, disse certa vez: "Você pode pensar que isto é algo insignificante, mas ficaria surpreso com o número de pessoas que [eu] conheci em Washington durante a guerra que nunca aprenderam a lidar com coisa alguma por conta própria."

Se você quer que seu filho se destaque, se quer que seu filho seja bem-sucedido, ensine-o a cuidar de si, a se virar sozinho, a *resolver problemas*. Isso fará toda a diferença e garantirá que ele se sobressaia. São inúmeros os jovens com diplomas de universidades de elite que têm dificuldades em tomar boas decisões, cuidar dos negócios, pensar e falar com clareza. Há um bocado de gênios por aí que, francamente, dizem e fazem coisas que nos levam a questionar como conseguem atravessar a rua sem ser atropelados.

Isso não quer dizer que você deve dosar as suas aspirações e metas. O importante é mirar na coisa certa. Diplomas, credenciais chiques, todas as experiências ditas como certas? Que importância isso tem se seus filhos não são autossuficientes, se não conseguem fazer as coisas?

8 de outubro
VOCÊ TEM QUE DEIXAR SEUS FILHOS LUTAREM

Nenhum pai quer ver os filhos sofrerem. É quase mais doloroso para você do que para eles quando tropeçam nas palavras, ficam sem saber como fazer o dever de casa ou enfrentam percalços nos primeiros anos da carreira profissional. Mas se eles nunca enfrentarem obstáculos, não poderão crescer, não conseguirão aprender, não terão como melhorar.

Thomas Edison, um gênio e um dos homens de negócios mais bem-sucedidos de todos os tempos, tinha problemas exatamente com essa questão. Ele era tão brilhante, tão obstinado, tão cristalino em relação ao que queria, que não conseguia dar a seus filhos espaço para se desenvolverem e aprenderem. Ele não conseguia distinguir a linha entre ser patrão e ser pai.

Certa vez, a esposa de Edison lhe escreveu uma excelente carta, que serve de conselho para todos os pais:

> Você fez de sua vida um sucesso, construiu indústrias de tremendo êxito, portanto não tem mais nada a provar ao mundo sobre quanto você é capaz — todos sabem disso. *Você não pode simplesmente ficar feliz em apenas deixar os meninos avançarem com o próprio esforço*, tendo você para guiá-los? (...) Esqueça um pouco que você é o gerente de Charlie e seja um pai — um grande pai!

Claro, é maravilhoso que você se importe com seus filhos, que morra por eles se for necessário. Mas você tem que esquecer um pouco — como Edison precisou fazer — quanto os ama, para que eles possam aprender e caminhar com as próprias pernas. Dessa forma, você os poupará de muito mais sofrimento no futuro.

9 de outubro
VOCÊ TEM QUE INVENTAR DESAFIOS

> "Boa parte da arte de viver é a resiliência."
>
> ALAIN DE BOTTON

Claro que você quer filhos duros na queda. Filhos ativos e resilientes, saudáveis e competentes. Você quer que eles sejam firmes, fortes, capazes de superar obstáculos e de se defender, e sempre preparados para os altos e baixos da vida.

Mas você não pode apenas *querer* filhos duros na queda. Você tem que *fazer* filhos duros na queda.

Theodore Roosevelt era conhecido por levar seus filhos em longas caminhadas, e conduzi-los sobre pedras e através de bosques densos e matas cerradas. Queria acostumá-los a se esforçar e resolver problemas. Catão, o Velho, bisavô do eminente estoico Catão, o Jovem, homem que subiu na hierarquia para se tornar um dos cidadãos mais influentes no cenário político da Roma antiga, fazia o mesmo. Ele treinou seu filho Marco "no atletismo, ensinou-o a lançar o dardo, lutar com armadura, montar cavalos, boxear, suportar os extremos de calor e frio e vencer a nado os trechos mais difíceis e as correntezas mais velozes do rio Tibre".

Uma forma de tornar seus filhos duros na queda é criar desafios para eles e lhes ensinar as recompensas desses desafios. Você os torna duros na queda enfrentando junto com eles as adversidades.

10 de outubro
NÃO SEJA DURO DEMAIS

Muitos pais duros na queda tiveram que aceitar o fato de que cada filho é diferente e precisa de coisas diferentes. Catão, o Velho, passou por isso com os desafios que concebeu para seu filho Marco. Plutarco escreve que ele teve que se resignar com o fato de que Marco era senhor de si mesmo:

> Como seu corpo não era forte o suficiente para suportar as extremas adversidades, Catão foi obrigado a afrouxar um pouco a extraordinária austeridade e autodisciplina de seu próprio modo de vida.

É assim mesmo que deve ser! Criamos filhos durões e resilientes ensinando-os — com amor, paciência e compreensão — a crescer além de seus limites. Ainda assim, reconhecemos e respeitamos esses limites. Criamos desafios para eles, mas não somos *nós* o desafio. Não, nós somos os aliados deles. Estamos no mesmo time que eles. Nós os amamos. Estamos trabalhando com e para eles, não contra eles.

11 de outubro
SEJA ASSIM

Você se lembra do vídeo que viralizou de um garotinho iraniano de quatro anos chamado Arat Hosseini tentando saltar para um banquinho? Arat tenta e falha nove vezes. Então, seu pai, Mohamed, entra em cena e lhe diz algumas palavras de incentivo. Na tentativa seguinte, Arat acerta o salto. Em cima do banquinho, ele dá dois socos no ar antes de pular para os braços do pai.

É disso que se trata *"Luctor et emergo"*, "eu luto e supero". Não se trata de luta sem sentido. É estar ao lado dos filhos, incentivando-os, ajudando-os a se levantar quando caem, dizendo-lhes o que precisam ouvir *quando* precisam ouvir. É ser como Mohamed, o pai do menino que se exercita com saltos, não como John Roderick, o "Bean Dad".

12 de outubro
ENSINE SEUS FILHOS A DECIDIR O FIM DE CADA HISTÓRIA

Quando a aeronave do vice-almirante James Stockdale foi abatida nos céus do Vietnã, ele se tornou prisioneiro dos norte-vietnamitas. Passou quase oito anos sendo torturado e submetido a uma solidão e terror inimagináveis. Stockdale teve pouca escolha no fato de seu avião ter sido alvejado, assim como não escolheu ser feito prisioneiro. Quando foi questionado sobre como conseguiu escapar vivo, Stockdale disse:

> Nunca perdi a fé no fim da história, nunca duvidei não apenas de que eu sobreviveria, mas também de que no fim eu seria o vencedor e transformaria a experiência no evento definidor da minha vida, que, em retrospecto, eu não trocaria por outra.

O que Stockdale disse a si mesmo — e o que o ajudou a suportar essa terrível provação e outras — é que ele era dotado de um incrível poder. Ele era capaz de decidir de que modo usaria essa experiência pelo resto de sua vida, por mais curta ou longa que fosse.

Ensine isto a seus filhos. Ensine-os a ver as dificuldades como combustível. Ensine-os a enxergar uma oportunidade onde outros veem um obstáculo. Ensine-os que, apesar de todas as coisas fora de seu controle, eles detêm um poder incrível: o poder de escolher o que fazer com o que lhes acontece. Eles decidem que papel um acontecimento desempenhará em sua vida. Eles têm o poder de escrever o final da própria história.

13 de outubro
FAÇA SEUS FILHOS APRESENTAREM PROVAS

Em seu maravilhoso livro *Outdoor Kids in an Inside World* (Filhos ao ar livre em um mundo do lado de dentro), Steven Rinella conta a história de quando levou os filhos para acampar em Montana. Cheio de confiança, um dos meninos alegou ter visto um escorpião. Steven não acreditou nele, e o menino ficou chateadíssimo, convencido como estava de ter visto o bicho. Steven escreveu: "Eu disse a ele que a única maneira de me fazer mudar de ideia era me trazendo um escorpião, o que parecia uma coisa perfeitamente segura e razoável, já que todo mundo sabe que não há escorpiões em Montana."

Todos os pais que já desafiaram os filhos por conta desse tipo de afirmação que parece impossível de realizar sabem o fim da história: em questão de *minutos*, as crianças estavam de volta com *dois escorpiões* em cima de uma pedra. "Uma rápida pesquisa no Google revelou que estávamos na presença de dois exemplares da única espécie de escorpião de Montana: o escorpião-do-norte, que é encontrado principalmente em áreas de penhascos e afloramentos rochosos na bacia de Yellowstone. Foi uma novidade para mim."

Todos nós aprendemos das piores maneiras a ser crédulos com o que nossos filhos afirmam. Mesmo que eles errem muito, na única vez em que não estiverem errados isso vai custar caro. Mas não significa que eles devam ter uma vida fácil. Faça seus filhos trabalharem. Faça-os apresentarem provas. Faça-os localizar o escorpião. Faça-os encontrar alguma evidência, dar uma descrição detalhada, fundamentar seus argumentos. Melhor ainda, faça isso junto com eles. Você os está ensinando a mostrar seu trabalho, a corroborar sua própria posição, a convencer e persuadir... e, no processo, os mantém ocupados.

14 de outubro
A DOR FAZ PARTE DA VIDA

> Ainda que sejas dotado desses poderes livres e inteiramente teus, tu não os usas, porque ainda não percebeste o que tens ou de onde isso veio (...) Estou disposto a lhe mostrar que dispões de recursos e de um caráter naturalmente forte e resiliente.
>
> EPICTETO

Ah, como você gostaria que seus filhos nunca sofressem. Claro, você sabe que isso não é possível. Como afirma o personagem do romance *Sidarta*, de Hermann Hesse, não podemos poupar nossos filhos do sofrimento pelo qual nós mesmos passamos. Não temos como evitar que sofram. Porque o sofrimento e a dor fazem parte da vida.

Como pai, o objetivo é criar filhos fortes, amados e suficientemente duros na queda para lidar com o que a vida colocará em seu caminho. Não queremos que eles sofram, mas quando o sofrimento vier (e com certeza virá), queremos que sejam capazes de suportar o choque inicial, contornar os altos e baixos e aprender com as consequências.

Pense nisso hoje. Pense em robustecer seus filhos; pense em prepará-los para um futuro incerto. Porque é a única coisa que sabemos com certeza. As coisas vão ser difíceis. As coisas vão dar errado. Mais pandemias, crises, recessões econômicas e desilusões estão por vir. Nossos filhos devem estar prontos para isso... e cabe a nós garantir que estejam.

15 de outubro
A CORAGEM ESTÁ CHAMANDO

Em 2006, Benjamin Mee comprou um zoológico. Literalmente, *um zoológico*. O lugar estava arruinado e precisava desesperadamente de um dono que cuidasse de tudo. Mee e sua família também estavam em dificuldades. As coisas não iam nada bem. Mas Mee explica a seu filho — em uma cena imortalizada pela interpretação do ator Matt Damon na versão cinematográfica do livro de Mee, *Compramos um zoológico* — que a vida é definida pelos momentos em que arregaçamos as mangas e vamos à luta:

> Sabe de uma coisa? Às vezes tudo de que você precisa são vinte segundos de coragem insana. Literalmente, apenas vinte segundos de bravura constrangedora. E eu prometo: daí virá algo sensacional.

Essa ideia de partir a coragem em pedacinhos é muito boa para que nós, pais, a ensinemos aos nossos filhos. De maneira geral, as pessoas não são exemplos de valentia. Podemos ser destemidos apenas em momentos específicos. Isso é verdade tanto para nós, nossos filhos e para o filho de Benjamin Mee quanto para os soldados mais condecorados da história das Forças Armadas.

Se você ler as menções de mérito dos heróis que ganharam a Medalha de Honra, por exemplo, quase sempre a ação que está sendo homenageada durou apenas um instante. Não se trata de lutar contra doze guerrilheiros rebeldes durante cinco horas de batalha feroz, e sim correr por uma planície aberta por vinte segundos, exposto aos disparos inimigos vindos de três lados, para ajudar um companheiro caído.

Literalmente vinte segundos de bravura insana e constrangedora. É isso que representa a coragem. Portanto, ensine seus filhos a encontrar esses poucos instantes de coragem. Diga-lhes que disso resultará algo sensacional. Prometa isso a eles.

16 de outubro
HÁ BEM EM TUDO

Ser pai ou mãe pode parecer uma sucessão de problemas, um após o outro. Um dos filhos fica doente. O outro está com dificuldades na escola. Você acaba de receber uma ligação do vizinho para avisar que ontem seu filho foi flagrado jogando pedras na casa dele. Sua filha está sofrendo *bullying*. Parece que a família inteira vai chegar *superatrasada* ao jogo de futebol.

Caramba! Isso é frustrante. É sufocante. E pode nos deixar muito para baixo.

Em momentos como esses, precisamos ter em mente a frase de Laura Ingalls Wilder:

Há bem em tudo, basta procurarmos por isso.

Se nós, como pais, encararmos tudo o que a vida nos apresenta como um problema, um fardo, vamos ficar esgotados... em um segundo. Mas se, em vez disso, pudermos procurar o que há de bom em cada um dos problemas, se pudermos nos concentrar na oportunidade que existe dentro de cada obstáculo, não apenas teremos mais chances de superar os obstáculos e sair ilesos, mas também seremos pais melhores.

17 de outubro
AJUDE SEUS FILHOS, MAS NÃO OS TORNE INCAPAZES

Há tanta coisa para fazer. Seus filhos precisam se vestir. Eles têm que comer. Eles têm que ir para a escola. Eles têm que tirar boas notas. Eles vão precisar de empregos. Eles vão precisar dar um jeito de descobrir como encontrar um apartamento, encontrar um cônjuge, lidar com as dificuldades do mundo moderno.

Há tanta coisa para fazer... e eles são ruins em tudo isso. Então, de que maneira um pai pode se envolver sem passar da conta, sem extrapolar os limites? Como é que sabemos em que ajudar, o que fazer por eles, o que dizer para que não se preocupem tanto? É claro que não existem regras. Ninguém no mundo pode lhe dar uma lista bonitinha: pague a faculdade, mas não lhe compre um carro. Faça a comida para ele, mas não faça o dever de casa. Limpe a cozinha, mas não o quarto.

Então, talvez seja ideal procurarmos um bom princípio a ser seguido. Talvez possamos adaptar a fala de Plutarco sobre liderança:

Um pai deve fazer de tudo, mas não tudo.

Um líder excelente nunca deixa de arregaçar as mangas. Assim como um ótimo pai ou mãe, ele fará *de tudo* por sua família ou organização. Mas ele sabe também que não pode fazer *tudo*. Isso não é bom para ele nem para ninguém.

18 de outubro
ENSINE SEUS FILHOS QUE TUDO TEM JEITO

> Aquilo que é um impedimento à ação é transformado em ação antecipada. O obstáculo no caminho torna-se o caminho.
>
> Marco Aurélio

Há uma história que aparece de maneira recorrente nas biografias de pessoas criativas e brilhantes. É mais ou menos assim: quando crianças, ocorre-lhes uma dúvida ou uma pergunta — talvez sobre como funcionam os motores dos carros ou como é a paisagem na Antártida. Na verdade, o tema não importa — história, ciência, animais —, pois os pais têm a mesma resposta: "Não sei, mas vamos descobrir!" Aí eles vão à biblioteca, à loja de ferragens ou ao computador e vasculham e fuçam até encontrar a resposta.

O que essa experiência fez para as versões jovens dessas figuras humanas extraordinárias foi incutir nelas algumas lições essenciais que as colocariam no caminho certo: (1) seus pais realmente ouviram e se importaram; (2) a curiosidade é o ponto de partida de uma grande aventura; e (3) existem lugares, como a biblioteca, a internet ou a casa de algum vizinho velho e sábio, onde é possível encontrar respostas.

O mais importante, contudo, é que eles aprenderam algo que o título do livro de Marie Forleo sintetiza muito bem: *Tudo tem jeito*. Os problemas podem ser resolvidos. A ignorância pode ser eliminada. As respostas podem ser encontradas. O desconhecido pode se tornar familiar. As coisas podem ser descobertas.

Mostre a seus filhos como isso funciona. Leve-os à biblioteca ou indique o laptop, o celular ou o professor de ciências. Ensine a eles que tudo tem jeito. As coisas grandes e as pequenas.

19 de outubro
ENSINE SEUS FILHOS QUE TUDO TEM JEITO – PARTE 2

Quando Charles Lindbergh estava cogitando tentar o primeiro voo transatlântico sem escalas, deparou com um problema: não sabia qual era a distância entre o ponto de partida e o ponto de chegada.

Em sua autobiografia, há um diálogo inacreditável em que ele fala sobre o voo; durante os primeiros preparativos para a façanha, Lindbergh está conversando com um mecânico sobre seu plano de ir de Nova York a Paris por determinada rota.

"Qual é a distância total?", pergunta um deles.

"São cerca de cinco mil quilômetros. Podemos verificar e chegar a uma estimativa bem próxima dimensionando essa distância em um globo. Sabe onde encontrar algum?

"Há um globo na biblioteca pública. Daqui até lá são apenas alguns minutos de carro. Preciso saber qual é a distância antes de poder fazer o cálculo exato. Meu carro está lá fora."

Lindbergh era um cara que sabia como resolver os próprios problemas *dando um jeito* de descobrir as coisas. Ele e seu parceiro pegaram um pedaço de barbante, esticando-o de Nova York a Paris ao longo da curva do globo e fazendo as medições em comparação com a escala. Chegaram bem perto da distância efetiva, perto o suficiente para que ele sobrevivesse ao voo.

Não temos que resolver os problemas de nossos filhos por eles. Não precisamos ensiná-los a decorar as coisas. O que temos que fazer é ensiná-los a se ajudarem. Temos que mostrar a eles que tudo tem jeito e pode ser descoberto.

20 de outubro
TENHA CUIDADO PARA NÃO SER PRESTATIVO DEMAIS

Em 2016, Jeannie Gaffigan descobriu que tinha um tumor do tamanho de uma pera no cérebro. Era bem possível que ela morresse; do contrário sua recuperação seria longa e dolorosa, e ela correria o risco de nunca mais ser a mesma. Foi uma época tremendamente difícil para a família Gaffigan. Em uma entrevista, ela explicou que temeu que eles não conseguissem funcionar ou sobreviver sem ela:

> Eu estava sendo levada na cadeira de rodas para a sala de cirurgia e dizendo: "A senha do meu computador é...", sabe? "O código do serviço de entregas do supermercado..." Eu estava pensando: "Tenho tanta coisa que preciso repassar, organizar." Enquanto me recuperava, percebi que fazer tudo pelas pessoas as priva completamente de sua capacidade de agir por conta própria. E então eu me dei conta de duas coisas. Esse episódio me ensinou que eu estava controlando demais a minha vida, meus entes queridos e meus filhos. Em segundo lugar, acontece que eles estavam bem sozinhos. Eles não precisavam viver no campo de treinamento militar que eu vinha gerenciando.

Logicamente, a lição embutida aqui não é que você ou a pessoa com quem você cria seus filhos não sejam importantes. Isso seria um absurdo. O que Jeannie percebeu é que, ao comandar a família com mão de ferro, ao ser prestativa *demais*, ela na verdade estava tolhendo a família. "Lá estava eu, sem poder fazer nada", disse ela, "e todos estavam bem. Todos estavam ótimos. Estavam melhores. E Jim disse e fez coisas como nunca. E meus filhos floresceram, e eu assisti de longe. Eles não precisavam de mim, mas meio que precisavam".

21 de outubro
DEIXE QUE SEUS FILHOS DESCUBRAM POR SI MESMOS

Seria fácil dar a seus filhos todas as respostas. É até divertido dar a eles as respostas. Isso tornaria as coisas mais rápidas e tranquilas e permitiria que você voltasse ao que estava prestando atenção antes. Mas você não pode fazer isso. Não pode de jeito nenhum.

Já dissemos antes que o objetivo é criar filhos que saibam como dar um jeito e descobrir as coisas por conta própria. O que isso significa? Significa que você tem que *deixar* que eles deem um jeito e descubram as coisas por conta própria.

John Stuart Mill se recordava de que, na infância, recebera uma educação singular, supervisionada pelo pai, na qual "ele jamais me ensinava coisa alguma que pudesse ser descoberta por meio do raciocínio, até que eu tivesse esgotado todos os meus esforços para descobrir por mim mesmo". Não que o pai de Mill nunca o ajudasse — feito uma espécie de "Bean Dad" que ensina os filhos em casa —, mas a questão é que primeiro ele o incentivava a tentar por conta própria. Mais do que incentivá-lo, ele o deixava se engalfinhar com o problema, não ensinava nada *de mão beijada* — o filho é que tinha que aprender ou aprender como aprender. Somente depois que o menino tentava com empenho e falhava é que o pai lhe oferecia auxílio.

Luctor et emergo, lembra? "Eu luto e supero"? Temos que fazer nossos filhos entenderem que eles têm todas as condições para sobreviver sozinhos e, se não tiverem, a melhor maneira de conseguir é desenvolvendo as condições por meio da experiência, da curiosidade e da investigação. Guardamos com nós mesmos algumas das respostas que temos, não porque não amamos os nossos filhos, mas porque os amamos muito. Nós os deixamos lutar contra as dificuldades porque acreditamos neles e porque acreditamos ainda mais nos frutos que isso trará.

22 de outubro
SEU MODO DE VER IMPORTA

> Elimina a suposição de que foste prejudicado, e o dano também será eliminado. Deixa de estar prejudicado, e o dano desaparecerá.
>
> Marco Aurélio

Há coisas que ninguém nunca quer que aconteça, principalmente com os filhos. Seja quebrar um braço ou sofrer *bullying*, a vida nos impõe coisas. Coisas que frustram, coisas que machucam, coisas que causam problemas.

Embora nunca seja por nossa escolha, precisamos nos lembrar de que, quando essas coisas acontecem, ainda temos alguma escolha: assim como James Stockdale fez ao cair na selva norte-vietnamita, cabe a nós escolher a maneira como encaramos os acontecimentos difíceis. Nós escolhemos a história que contamos a nós mesmos sobre os infortúnios.

A força dessa ideia — quer você escolha abraçá-la ou rejeitá-la — se revelou nas atitudes dos pais durante a pandemia. Inúmeros pais optaram por ver que seus filhos foram prejudicados, tenha sido pelo ensino remoto ou por não poderem estar em contato com os avós. Claro, esses eventos eram indesejáveis. E *houve* consequências. Mas "prejudicados"? Esta é uma palavra subjetiva. Esta é uma escolha.

Seus filhos serão afetados pelas coisas que acontecem? Por terem que trocar de professor no meio do ano porque a família mudou de casa? Por usarem óculos? Pelo divórcio dos pais? Por conta de problemas de aprendizagem? Sim. Afirmar o contrário seria desonesto. Mas afetados *negativamente*? Aí é com você. Porque a maneira como você decide ver as coisas e, mais importante, o modo como você escolhe reagir e responder a elas, é que vai determinar de que forma seus filhos também serão afetados por esses eventos.

23 de outubro
NÃO DESCASQUE AS LARANJAS
PARA SEUS FILHOS

O general H. R. McMaster e sua filha *millennial* brincam que os contemporâneos dela são "a geração descasque-a-minha-laranja-pra-mim". Eles querem dizer que as crianças com quem ela cresceu não são capazes de sequer descascar uma laranja sem que os pais façam isso por elas. Agora, na vida adulta, elas sofrem por isso. Porque, até onde conseguem se lembrar, os pais sempre fizeram este tipo de coisa: projetos de feiras de ciências iniciados de última hora na véspera do prazo de entrega; reclamar com professores sobre notas (baixas) que os filhos tiraram por pura falta de estudo; financiar a entrada de uma casa que não podiam pagar — a filha de McMaster estava cercada por desamparo instruído.

São inúmeras as razões para esse estilo superprotetor de pais: narcisismo, medo, insegurança, incerteza econômica e, é claro, amor genuíno. Independentemente de qual seja a emoção subjacente, o efeito é o mesmo.

Nosso objetivo é criar filhos autossuficientes. Portanto, deixe-os descascarem suas próprias laranjas. Isso não significa deixá-los sofrer ao deus-dará, como fazia o negligente "Bean Dad"; significa *ensiná-los*. Incentivá-los. Definir expectativas para eles. Deixar que se virem por conta própria.

24 de outubro
ELES AINDA PODEM SER BEM-SUCEDIDOS

Sim, é verdade: muitos dos artistas, empreendedores e líderes mundiais mais bem-sucedidos vieram de circunstâncias horríveis. A adversidade os moldou e os formou, até mesmo os impulsionou para a grandeza e a excelência.

Isso significa que, porque você continua em um casamento feliz e tem condições de colocar seus filhos em boas escolas e lhes dar roupas novas, eles estão de alguma forma em desvantagem? Nada disso!

"Já se sugeriu que é necessário ter uma infância infeliz", escreveu a dançarina e escritora Agnes de Mille em sua biografia de Martha Graham. "Talvez. No entanto, muitas infâncias são infelizes e não produzem nada de interessante, e quase sempre resultam em uma vida cheia de problemas."

A realidade é que as pessoas bem-sucedidas vêm de todos os tipos de origem. Franklin Delano Roosevelt tinha pais amorosos. Churchill não. Ambos atingiram o mesmo nível de grandeza, e ambos procuraram proporcionar a seus filhos um lar bom, estável e amoroso, a despeito de nem sempre conseguirem fazer isso.

Proporcionar uma infância feliz para nossos filhos é o objetivo essencial do que estamos tentando fazer aqui. Não duvide de si mesmo. A vida deles deve ser boa. Apenas lembre-se de que bom não equivale a fácil!

25 de outubro
NINGUÉM GOSTA DO QUE ESTÁ ESTRAGADO

> Há certa beleza na criança, a beleza da inocência e da docilidade. Mas uma criança mimada nada tem de bonito.
>
> Doug McManaman

Não há nada mais adorável e mais maravilhoso do que uma criança. As risadas dela. A alegria dela. As fofuras que ela diz. Mas, assim como todo doce, uma criança pode facilmente azedar.

Quando você decide dar a seus filhos tudo o que eles querem, não está lhes fazendo nenhum favor; você não os ajuda quando remove todas as dificuldades do caminho e impede que eles enfrentem qualquer tipo de adversidade. Você não facilita a vida deles quando decide travar todas as batalhas que na verdade cabe a eles lutar. Fazer todas as vontades dos filhos é passar dos limites, e não premiá-los.

Não, mimar seus filhos é estragá-los. E, nesse processo, tampouco está prestando um grande serviço ao mundo. Em vez disso, você está preparando seus filhos para passar por momentos difíceis e desagradáveis nesta vida. Verdade seja dita, você os está transformando em pessoas fracas e desagradáveis.

Não mime demais seus filhos, não os estrague. Faça todas as coisas com moderação, mesmo que você os ame com toda a força de que um ser humano é capaz. É um equilíbrio delicado, sem dúvida, mas as apostas são altas demais para não fazer direito.

26 de outubro
NÃO PRIVE SEUS FILHOS DISSO

> Todos os problemas da humanidade decorrem da incapacidade do homem de permanecer sentado em silêncio, sozinho, em um quarto.
>
> Blaise Pascal

Nosso instinto é garantir que cada segundo do tempo de nossos filhos seja preenchido. Eles frequentam as aulas. Vão ao treino de natação. Fazem lições de violão. Têm a agenda lotada de compromissos, com horários específicos para encontros com os amigos. Nós os mandamos brincar lá fora. Nós os mandamos ler ou fazer seu dever de casa ou praticar seu instrumento. Perguntamos a eles o que querem fazer a seguir. Estamos sempre forçando ou incentivando nossos filhos a fazer algo, qualquer coisa.

No fundo, temos as melhores intenções. Mas o pai que faz isso com o filho o está privando de uma habilidade muito importante na vida: a capacidade de ficar sozinho. De se sentar em silêncio em um quarto com os próprios pensamentos. De se divertir sozinho. De se sentir confortável com o tédio.

Algumas crianças são extrovertidas. Algumas são introvertidas. *Mas toda criança precisa saber como ficar sozinha e ser feliz nesse espaço.* Existem muitas oportunidades para você ajudá-las a desenvolver essa habilidade, dependendo da idade e da personalidade delas, é claro. Quando seus filhos começarem a se agitar na correria das manhãs, não os apresse. Quando estiverem brincando em silêncio no quarto, recue. Deixe-os ficar entediados. Deixe-os descansar um pouco depois da escola ou no fim de semana. Deixe-os ter algum tempo consigo mesmos para que possam cultivar alguma independência.

É uma parte decisiva da vida (como todo adulto bem sabe). As pessoas que não conseguem permanecer sentadas em silêncio sozinhas em um quarto são infelizes e propensas ao vício e ao excesso de estímulos. Então ensine seus filhos agora. Ou, mais precisamente, dê a eles espaço para ensinarem a si mesmos.

27 de outubro
CONVERSE COM SEUS FILHOS SOBRE AS BATALHAS QUE VOCÊ ENFRENTA

Major Taylor foi o maior ciclista de sua geração. Como homem negro nos Estados Unidos, nascido em 1878, para que Major se destacasse em seu esporte, teria que lutar contra o racismo e a injustiça brutais. A dupla frente de batalha o afetou. No fim das contas, ele perdeu não apenas sua fama e fortuna, mas também a família que amava. Morreu sozinho, sem um tostão no bolso e sem um bom relacionamento com sua filha, Sydney.

Como Michael Kranish escreve em *The World's Fastest Man* (O homem mais veloz do mundo), por muitos anos Sydney acreditou que seu pai a havia decepcionado e, naturalmente, sentia raiva dele. "A amargura de Sydney derivava do que ela interpretava como rigidez e indiferença de seu pai. Somente mais tarde ela passou a entender as tensões e pressões que ele enfrentava: físicas, por pedalar durante décadas, e mentais, por lutar contra o racismo. A combinação, ela acreditava, aos poucos o matou."

Sydney não tinha conhecimento das batalhas de seu pai. Essas batalhas não eram culpa dele... mas a incapacidade de Taylor de conversar com a filha sobre o assunto, sim. Todos nós temos as nossas lutas. Nunca na história do mundo existiu um pai ou uma mãe (ou um ser humano) que não tivesse que travar suas próprias batalhas. Se não explicarmos isso a nossos filhos, se não pudermos ser vulneráveis ou honestos com eles, haverá para sempre um abismo intransponível entre nós. Perderemos tempo e cumplicidade que jamais conseguiremos recuperar.

Todos nós perderemos o que Sydney e Major perderam: uma chance de se apoiarem, de se entenderem, de aprenderem com as lutas um do outro e de serem amados e compreendidos plenamente um pelo outro.

28 de outubro
VOCÊ PODE SOBREVIVER A QUALQUER COISA

> Foi o melhor dos tempos, foi o pior dos tempos.
>
> CHARLES DICKENS

Questionamos nossa própria capacidade como pais. Não apenas de vez em quando, mas o tempo todo. Temos dúvidas, nos perguntamos se estamos fazendo o suficiente, se estamos fazendo as coisas corretamente, se temos o que é preciso para criar bons filhos.

Bem, podemos dar isso por encerrado. Os anos de Covid-19 colocaram um ponto final no assunto.

Você passou por maus bocados. Sobreviveu a uma provação penosa e aflitiva. *E ainda está aqui.*

Você superou as dificuldades. Fez o seu melhor. Pode até ter hesitado, tropeçado e pisado em falso, mas nunca desistiu. Pode ser que você esteja exausto — como não estaria? —, mas também adquiriu uma força incrível.

Sêneca fala sobre como o verdadeiro objeto de pena é a pessoa que nunca passou por nenhuma adversidade. E aqueles de nós que passaram? Não foi fácil, mas pelo menos agora sabemos do que somos capazes.

Se você algum dia já duvidou de si mesmo, perguntando-se se tinha o que era preciso... agora você tem provas disso. Sim, você tem.

29 de outubro
VOCÊ TEM QUE VER DESSA MANEIRA

Se você ainda não ouviu o famoso discurso "Que bom", de Jocko Willink, deve fazer isso o quanto antes. Porque a mentalidade de um SEAL — como é chamada a unidade de elite da Marinha dos Estados Unidos — não se aplica somente à guerra, nem apenas ao empreendedorismo ou à liderança. É também uma receita para os pais. Na verdade, podemos facilmente adaptá-la como um mantra pessoal para alguns dos problemas diários que enfrentamos como pais, dia após dia.

Ah, meu filho acordou doente hoje? *Que bom*, vamos passar o dia em casa juntos.

O pedido de delivery foi cancelado na última hora? *Que bom*, vamos tomar café da manhã no jantar.

Você pegou seu filho mentindo? *Que bom*, agora você tem a oportunidade de conversar com ele sobre honestidade.

Você foi parado na estrada por excesso de velocidade? *Que bom*, mostre a seus filhos como você lida com um erro.

Sua empresa está passando por maus momentos? *Que bom*, converse com seus filhos sobre como agir com calma em situações de crise.

Seu voo está atrasado? *Que bom*, divirta-se em família no aeroporto.

Trânsito pesado? *Que bom*, assim você passa mais tempo com os filhos no carro.

Seus filhos estão com dificuldades na aula de matemática? *Que bom*, é hora de você refrescar a memória e recapitular seus conhecimentos sobre álgebra.

Seus filhos estão contando com você. Você não pode se dar ao luxo de entrar em desespero. Não há tempo para reclamar. Ninguém o livrará desse problema. Depende de você e cabe a você resolver. É o que lhe foi dado pelo destino ou acaso, e agora você precisa lidar com isso. Você tem que *fazer* alguma coisa disso tudo.

Você tem que *fazer algo de bom...* por seus filhos.

30 de outubro
DÊ A SEUS FILHOS ESSE EXTRAORDINÁRIO PODER

Quando tinha cerca de treze anos, Condoleezza Rice voltou da escola para casa com o coração partido porque um colega de classe mudou de lugar por se recusar a sentar ao lado de uma garota negra. Seria de esperar que os pais de Condoleezza a consolassem, que lhe dissessem que os Estados Unidos ainda tinham muito a aprender e que lhe assegurassem que ela era tão boa quanto qualquer outra pessoa. De fato, pode ser que eles tenham feito todas essas coisas, mas naquele momento o pai de Condoleezza decidiu também dar à filha um conselho bastante contraintuitivo: "Tudo bem que uma pessoa de mente estreita não queira se sentar ao seu lado, *contanto que seja ela a se levantar e ir para outro lugar.*"

Em vez de fazer sua filha se sentir a vítima, o pai a *empoderou*. Naquele momento, ele deu a ela um presente extraordinário: dignidade e força. O que ele quis dizer foi que ela não tinha como controlar o que outras pessoas ignorantes ou más faziam, mas poderia tomar a decisão de não se deixar afetar por isso, não deixar que isso mudasse como levava a vida ou sua rotina na escola. Se alguma criança racista (com pais racistas, obviamente) quisesse trocar de lugar, era escolha dela. Mas Condoleezza não era obrigada a abaixar a cabeça nem se abalar por causa disso. Ela não precisava deixar que isso a afetasse.

Os incomodados que se mudem. Condoleezza não precisava fazer nada. Esse era o poder que ela tinha. Seus filhos devem saber que também têm esse poder.

31 de outubro
NÃO SEJA ESSE TIPO DE PAI

Os pais superprotetores pairam sobre os filhos, sempre de olho, e se recusam a perdê-los vista. Superprotetores e ultracontroladores, eles vigiam os filhos no parquinho para que nunca sofram uma queda. Não os deixam ir de bicicleta até a casa de um amigo, porque têm medo de que se percam. Tomam todas as decisões dos filhos por eles. Estão sempre falando com os professores, para se certificar de que tudo está indo de acordo com o plano. O plano *deles*.

Os pais superprotetores se adiantam, limpando a estrada de todos os impedimentos e obstáculos concebíveis entre a adolescência e... a aposentadoria? A aposentadoria dos filhos, não as deles próprios.

O treinador acha que seu filho não é bom o suficiente para ser o astro do time? Esse tipo de pai cria seu próprio time e escala o filho como titular insubstituível. Hora de decidir sobre a faculdade? Eles cuidam disso — mesmo que signifique violar as regras e infringir a lei para "comprar" uma vaga. À custa de muita dor e despesas, esse filho jamais terá que se esforçar, fracassar ou ser rejeitado.

Desnecessário dizer que provavelmente nenhuma dessas estratégias produzirá o que todo bom pai ou mãe deseja: filhos autossuficientes, felizes e bem ajustados. Mesmo que muitos pais superprotetores tenham as melhores intenções — amam tanto seus filhos que só querem o melhor para eles —, na verdade acabam prejudicando.

Seu trabalho é *estar presente* para seu filho, não ser *tudo* para ele. Seu trabalho é ensinar seu filho, não impedir que ele cometa erros ou fracasse. Sim, você deve mantê-los sãos e salvos, mas não superprotegê-los. Não à custa da vida em si.

NOVEMBRO

AGRADEÇA E CONSTRUA LAÇOS

(LIÇÕES DE GRATIDÃO E VÍNCULOS)

1º de novembro
A PATERNIDADE É UM VÍNCULO QUE TODOS COMPARTILHAMOS

> Todas as criaturas animais, como Aristóteles observou há muito tempo, tentam sobreviver e reproduzir mais da sua espécie.
>
> Martha Nussbaum

Amamos nossos filhos acima de tudo. Eles são especiais. Nossos olhos se fecham quando pensamos neles. O coração amolece. Não há nada que não faríamos por eles. Não há ninguém que seja mais importante.

Pense neles por um segundo. Você sente esse aconchego radiante? Tem a sensação de ser tomado por ele? Você só quer abraçar os filhos, certo? Talvez até queira chorar. Ser pai é isso.

Agora pare um minuto para pensar nas muitas pessoas com quem você compartilha esse sentimento. Considere o fato de que praticamente cada indivíduo — até assassinos no corredor da morte, a pessoa grosseira que empurrou você no supermercado, o bilionário que você acha que está destruindo nosso sistema político — tem o mesmo sentimento em relação aos filhos. Isso serve para o passado e para o futuro. Cleópatra tinha esse sentimento pela filha. Frederick Douglass sentiu isso pelos filhos. Assim como bilhões de pessoas comuns em pequenas cidades e cavernas e navios em oceanos tempestuosos.

Ser pai é algo especial. Também é algo quase universal. Poderíamos ser mais gentis e mais complacentes e encontrar mais coisas em comum uns com os outros se pudéssemos nos lembrar disso com um pouco mais de frequência.

2 de novembro
VOCÊ TROCARIA QUALQUER COISA POR ISTO E AINDA ASSIM...

Quando Kobe Bryant decolou de helicóptero do centro de Los Angeles em 26 de janeiro de 2020, ele era cinco vezes campeão da NBA. Tinha dois prêmios de melhor jogador da final (MVP). Foi duas vezes medalhista de ouro olímpico. Ganhara um Emmy e um Oscar e era autor best-seller da lista do *New York Times*. Kobe ganhou centenas de milhões de dólares ao longo da carreira e levantou um fundo de capital de risco de mais de cem milhões de dólares.

No entanto, nem é preciso dizer que ele teria trocado tudo isso por apenas mais um dia com as quatro filhas. E você faria exatamente a mesma coisa.

E quem não faria?

Sabemos disso. Se indagados, responderíamos isso. Você diria isso, certo? Ainda assim... ainda assim... ainda assim... analise as suas escolhas. Você desistiria de tanta coisa para colocar os filhos para dormir mais uma vez, e eis que está no celular enquanto eles estão no banho. Nenhum dinheiro do mundo poderia compensá-lo por mais uma manhã com eles, e aqui está você, mal-humorado porque é cedo, incomodado porque está parado no engarrafamento enquanto leva os filhos para a escola.

Você tem ao seu alcance a coisa pela qual Kobe Bryant teria trocado *tudo*. *Não desperdice isso*. Seja grato por isso.

3 de novembro
UM MOTIVO DE ALEGRIA

À s vezes, pode ser difícil expressar os sentimentos como pais. Não tanto porque se espera que os pais reprimam as emoções, mas porque as emoções que acompanham a jornada parental podem ser avassaladoras e complexas. É uma mistura de sentimentos: amor, alegria, medo, absurdo, exaustão, responsabilidade, motivação e apego primitivo.

Ninguém o preparou para nada disso... e é diferente de tudo com que você já lidou. Como se expressa isso? Como deixar a família saber o que ela significa para você? Como eles envolveram você desse jeito, como eles são tudo para você?

Talvez esse diálogo de O *menino, a toupeira, a raposa e o cavalo* seja suficiente.

— Às vezes eu quero dizer que amo todos vocês, mas é difícil para mim — diz a toupeira.
— É mesmo? — pergunta o menino.
— Sim, aí eu digo algo como estou feliz por estarmos juntos aqui.

Estou feliz por estarmos juntos aqui. Não é a maneira perfeita de capturar como você se sente? Felicidade e gratidão por estarem juntos, pelo momento. Isso é motivo de alegria. Vocês têm um ao outro. Estamos juntos aqui, agora, apesar de tudo.

4 de novembro
VOCÊ FOI AGRACIADO

Charles de Gaulle teve uma vida difícil. Ele foi prisioneiro de guerra na Primeira Guerra Mundial e teve que fugir da França para salvar o país na Segunda Guerra Mundial. Superou protestos e sobreviveu a tentativas de assassinato. Também teve uma filha chamada Anne, que nasceu com síndrome de Down. Em 1928, quando ela nasceu, as pessoas não sabiam lidar com a doença e crianças com deficiência eram com frequência enviadas para instituições especiais. Os pais eram obrigados a sentir vergonha, como se fossem responsáveis por ter, na linguagem da época, uma criança "retardada".

Mas este não era o caso de Charles e sua esposa, Yvonne. Eles aceitaram a filha. Estruturaram suas vidas em torno da experiência desafiadora, mas gratificante, de criá-la. "O nascimento dela foi uma espécie de teste para mim e para minha esposa", contou ele. "Mas, acredite em mim, Anne é minha alegria e minha força. Ela é a graça de Deus na minha vida... Ela me manteve na segurança da obediência à vontade soberana de Deus."

Cada um de nossos filhos é diferente. Cada um vem com suas próprias limitações, desafios e personalidade. Não importa se eles têm uma deficiência, um déficit de aprendizagem ou se trazem para nossas vidas isso ou aquilo. Fomos agraciados. Eles são uma bênção, uma oportunidade para mudarmos e crescermos, nos dão alegria e oferecem a possibilidade de nos entregarmos a algo.

5 de novembro
VOCÊ ESTÁ ENSINANDO GRATIDÃO?

Seus filhos devem ser gratos. Não apenas à mãe e ao pai, é óbvio, que estão desempenhando seu papel. Você é *legal e biologicamente* obrigado a fazer a sua parte. Seus filhos deveriam ser gratos por tudo. Todos nós deveríamos. É incrível que qualquer um de nós esteja vivo. As chances são astronomicamente pequenas de estarmos aqui, de sermos *nós*.

Por isso, é importante que você ensine seus filhos a respeito da gratidão. Jason Harris, CEO da Mekanism (uma agência de publicidade premiada) e autor de *The Soulful Art of Persuasion* (A comovente arte da persuasão), tem uma prática interessante para *persuadir* os filhos a ter uma visão mais grata da vida. Segundo o autor:

> Todos os domingos à noite escrevemos em nosso livro três coisas pelas quais somos gratos como indivíduos. Sei que esta não é uma ideia que abala as estruturas do planeta... mas essa prática fez uma diferença gigantesca para mim e meus filhos. Ela serve como um novo começo para você e o prepara para a semana seguinte... O que é útil em relação a escrever essas reflexões em um caderno é que você pode consultar anotações anteriores e refrescar sua memória em dias verdadeiramente difíceis... Manter pensamentos de gratidão acessíveis na nossa mente pode nos ajudar a perceber que, por mais errado que tudo esteja no presente, em geral, há milhares de motivos que nos possibilitam ter uma atitude positiva.

Bonito. E como o mundo seria mais bonito se todos adotássemos essa prática com nossos próprios filhos!

6 de novembro
É SEMPRE UMA BÊNÇÃO

> Um escritor — e, acredito, em geral, todas as pessoas — deve pensar que, o que quer que aconteça com ele ou ela, é um recurso.
>
> JORGE LUIS BORGES

Ser pai nos dá superpoderes. Ou pelo menos *um* superpoder. Nada muito especial. Não podemos voar. Não somos à prova de balas. Mas somos capazes, pelo menos no estado de espírito certo, de alcançar a serenidade e a felicidade nos tipos de situação que tornam todos os outros infelizes.

Voo atrasado. Doença. Trânsito. Pandemia. Essas são coisas que outras pessoas temem. Os pais com certeza tampouco as desejam, mas concluem que os imprevistos se traduzem em passar mais tempo com os filhos.

Todos os inconvenientes da vida são, sob a lente do nosso superpoder, uma oportunidade de estar presente com quem mais amamos! Ninguém supera isso! Na verdade, voos atrasados, trânsito ou um dia chuvoso são algumas das melhores oportunidades… porque seus filhos estão presos com você! Quem se importa se eles não querem passar tempo na sua companhia? Eles estão onde você bem os quer.

Portanto, não se queixe dos inconvenientes. Aproveite-os. Eles são uma bênção. Agora você pode passar mais tempo com seus filhos.

7 de novembro
É PRECISO TER ESPERANÇA

> Mas você tem que ter esperança. Você tem que ser otimista para continuar avançando.
>
> JOHN LEWIS

Muita coisa aconteceu na sua vida. Com certeza isso fez você ser cético em relação a alguns fatos, seja na política, nos relacionamentos ou com outras pessoas. Muita coisa aconteceu na história também, e qualquer um que já tenha lido um livro sabe que mentiras foram contadas, o sistema foi manipulado, e muito disso contribuiu para a bagunça com que vivemos agora.

Mas sabe de uma coisa? Você tem filhos e não pode mais ser uma pessoa cética e zangada. Porque *você é responsável por educar a próxima geração*.

É imperativo darmos esperança a nossos filhos, explicarmos o mundo a eles de uma forma que os capacite com ação, que lhes mostre que o progresso é (e tem sido) possível. Por mais horríveis que as coisas sejam, como diz a poeta Maggie Smith, o mundo ainda tem uma *boa estrutura*. Como um bom corretor de imóveis, ela nos aconselha a convencer nossos filhos de que eles poderiam transformar isso em algo bonito. Temos que lhes mostrar que eles podem fazer a diferença e, em seguida, equipá-los com as habilidades, os recursos e a responsabilidade para isso.

Temos que ensinar que ninguém nem nada são irremediáveis.

8 de novembro
VOCÊ VAI QUERER QUE ELES COMPARTILHEM OS PROBLEMAS

Você quer ser o tipo de pai a quem os filhos recorrem quando têm um problema? Quer que eles o procurem e expressem seus medos e dilemas e lhe contem seus segredos?

Bem, então é melhor você se tornar o tipo de pai que *conquistou* essa honra, que *mereceu* esse respeito. Porque é um privilégio e não um direito. Precisa de provas? Pense em seus pais e em quantas coisas você escondeu deles. Mais ainda, pense *por que* você as escondeu deles.

É óbvio que escondemos algumas coisas porque sabemos que não deveríamos estar fazendo. Mas em muitos casos são assuntos cujos conselhos devíamos ter ouvido, que queríamos compartilhar... mas sabíamos que não podíamos. Eles iriam se apressar e logo julgar, sem nos deixar explicar. Isso desencadearia a ansiedade deles, o que os irritaria ou resultaria em um sermão repleto de lembretes moralizantes. E já tivemos problemas demais!

Quer que seus filhos procurem você? Deseja ajudá-los? Então mostre a eles que você é digno de confiança. Ensine a eles que vale a pena procurar você. Que os escutará de forma justa. Prove que você torna as coisas melhores, não piores.

9 de novembro
VOCÊ VAI QUERER UMA MESA CHEIA

> Que espetáculo é quando um marido ou esposa com muitos filhos são vistos com as crianças aglomeradas ao seu redor!
>
> Caio Musônio Rufo

É útil parar e de fato refletir sobre o que é sucesso na paternidade. Antes de mais nada, é ter filhos saudáveis que sobrevivem até a idade adulta, óbvio.

Mas quando você avança para o futuro, como avaliar? É aquela bela frase capturada no título do hit das Highwomen, "Crowded Table" (Mesa cheia). No Dia de Ação de Graças. Nos aniversários. Em alguma casa de veraneio na praia que a família toda aluga. Ou seja, ter filhos que você de fato vê, com quem tem um bom relacionamento, com quem você quer passar o tempo para o resto da vida.

A música lembra que, se queremos um jardim, é preciso plantar a semente.

E, se você quer uma mesa lotada, precisará tomar as decisões certas agora para que eles *queiram* tomar a decisão de sair correndo das próprias casas para a sua quando forem mais velhos e tiverem a própria família. Será preciso plantar um pouco de felicidade, dar um pouco de amor, se é isso que você quer colher.

Será necessário colocar a mesa hoje para ter o que deseja amanhã.

10 de novembro
COMO ISSO É ATEMPORAL

O que é maravilhoso a respeito da paternidade é como ela nos conecta a cada pai, mãe e família que veio antes de nós. Há um trecho em um dos ensaios de Sêneca: *"illi in litoribus harenae congestu simulacra domuum excitant hi ut magnum aliquid agentes..."* ("enquanto as crianças brincam na praia fazendo casas com montes de areia como se estivessem envolvidas em um grande empreendimento...").

Esse é o tipo de observação atemporal que faria um escritor na praia com seus filhos. Sêneca estava passando tempo com a família e ficou impressionado com a inocência e a metáfora de crianças construindo castelos de areia... *assim como nossos filhos constroem castelos de areia*. E, com isso, a distância de dois mil anos se evapora. Um pai na Roma antiga é igualzinho a um pai em Pensacola, na Flórida, durante as férias ou a uma mãe em uma praia pública na Costa do Marfim, na África.

Dedicar um tempo para refletir sobre esses momentos pode ser reconfortante e nos trazer humildade. Enquanto você tenta controlar seu adolescente difícil, enquanto seu filho de três meses adormece em seus braços, enquanto você cuida de sua filha com problemas de saúde para que se recupere logo... o fato de que esse tipo de coisa tem acontecido ao longo da história da humanidade deve ser encorajador. Eles conseguiram, então você vai conseguir também.

Você faz parte de uma baita tradição. Pense em quantos pais vieram antes de você e quantos virão depois. Todos nós passamos por dificuldade. Todos nós triunfamos. Todos nós sorrimos vendo nossos filhos brincando na areia.

Paternidade. Empreendimento atemporal.

11 de novembro
NÃO HÁ NADA MELHOR DO QUE ISSO

> O amor é o único legado que importa. Não vamos apontar nosso amor para a direção errada.
>
> DONALD MILLER

Apaixonar-se pelo cônjuge é ótimo. Ganhar muito dinheiro é uma maravilha. Ser bem-sucedido no trabalho é excelente. É bom ter uma casa grande ou sair e ter uma noite maravilhosa com os amigos. Mas não há nada como voltar para casa e ver os filhos. Eles correndo para um abraço. Senti-los adormecer em nosso peito, no sofá. Quando sobem em nossos ombros. Quando falam sobre algo pelo qual estão animados. Quando os ouvimos na porta do quarto, chamando por nós entusiasmados, antes de pularem na cama.

Nada é melhor, como disse Bruce Springsteen, do que *sangue no sangue*.

Há muitas coisas boas na vida, mas nada é melhor do que a família. É isso que o roqueiro quer dizer. Ele não está falando da relação sanguínea, mas do vínculo. As pessoas por quem você faria qualquer coisa.

Portanto, devemos pensar que, se a família é de fato a melhor e mais importante coisa do mundo, você está mesmo construindo sua vida em torno dela? Passamos horas extras no escritório para sermos promovidos. Assumimos riscos para investir o nosso dinheiro. Elaboramos planos para ver amigos ou nos divertir. Mas será que nos sacrificamos e planejamos de forma ativa para que possamos ter mais daquele prazer único que supera todos os outros? Priorizamos o que realmente importa? Aqueles momentos *sangue no sangue*, quando a família está unida?

12 de novembro
É POR ISSO QUE VOCÊ ESTÁ AQUI

> Pelo contrário, quem quiser tornar-se importante entre vocês deverá ser servo; e quem quiser ser o primeiro deverá ser escravo de todos. Pois nem mesmo o Filho do Homem veio para ser servido, mas para servir e dar a sua vida em resgate por muitos.
>
> Marcos 10:43-45

Às vezes, temos um vislumbre da vida de pessoas sem filhos e sentimos uma pontada de inveja. Elas têm muito mais tempo. Até o acrônimo DRSF dá água na boca: *duas rendas, sem filhos*.

E daí? Você sabe que fez a escolha certa, não só porque ama seus filhos, mas porque eles nos oferecem a coisa mais importante do mundo: um propósito, uma razão para viver. Esse versículo do Evangelho de Marcos deve tocar profundamente qualquer pai.

Estamos aqui para lhes dar uma boa vida... e, com isso, fazer valer as nossas próprias. Portanto, não há necessidade de sentir inveja. Se há alguém para ser invejado, é você.

13 de novembro
CURTA SER O MOTORISTA DELES

Muitos pais perguntam aos filhos se têm cara de motorista. *Quem você acha que eu sou, um motorista de Uber?* É compreensível, pode ser chato levá-los para cima e para baixo. Para a escola. Para a casa de um amigo. Para o treino de futebol. Às vezes, pode parecer que ser pai se resume a isto: dirigir por aí para uma pessoinha... e de graça.

Mas, em vez de ver isso como uma obrigação, encare como um presente. Por um monte de razões. Para começar, vinte minutos no carro podem se transformar num momento que você compartilha e lembra para sempre.

Além disso, com que frequência você consegue esse tipo de público cativo? Vocês estão presos juntos! Isso é maravilhoso. Era o que você queria, certo? Uma oportunidade para se conectar? Para criar laços? Para se divertir? Então aproveite!

Por último, como muitos pais com filhos mais velhos lhe dirão, algo muda quando as crianças estão no carro com você. De repente, você não é o pai. É apenas um companheiro. As crianças vão compartilhar e dizer coisas ali que não diriam em nenhum outro lugar. Ou melhor, se os amigos estão no carro também, você acaba ficando em segundo plano e, de repente, começa a ver como seu filho lida com outras pessoas. Você aprenderá coisas sobre ele que nunca saberia de outra forma. Você terá um vislumbre de quem eles são de uma maneira que nunca iriam lhe mostrar de forma tão direta.

O fato é que andar de carro com os filhos é um privilégio. É uma oportunidade. Não reclame disso. Pelo contrário, se ofereça para levá-los!

14 de novembro
VOCÊ VAI QUERER QUE ELES FIQUEM POR PERTO

John Jay O'Connor III cresceu em São Francisco. Sua família era considerada a realeza local. Ele frequentou Stanford, que ficava ali pertinho, onde cursou a faculdade de direito. Mas como O'Connor foi parar em Phoenix? Não era porque ele queria estar perto da família da esposa, Sandra Day O'Connor (que morava o mais a leste possível no Arizona, em um rancho no meio do nada). Com certeza não era porque Phoenix era uma metrópole movimentada ou um núcleo de cultura. Não no fim da década de 1950.

A resposta era simples. Ele não queria estar muito perto da própria família. "Minha mãe era uma mulher muito crítica, e eu não queria ouvi-la o tempo todo", refletiu ele mais tarde.

Todos nós desejamos grandes coisas para nossos filhos... mas, acima de tudo, em especial quando formos mais velhos, vamos querer que eles estejam perto de nós. Como podemos aumentar nossas chances de obter isso? Como podemos nos esforçar para garantir termos a mesa cheia de que falamos no outro dia?

Sendo uma companhia agradável. Não tornando nossas ansiedades e medos um problema. Amando-os na mesma medida em que os estimulamos. Ajudando-os a ser quem são... não o que achamos que deveriam ser. Perguntando-nos, toda vez que sentimos vontade de criticar, julgar ou discutir, *se isso vai nos fazer perder algo do nosso relacionamento*.

Quando os colocamos em primeiro lugar, mas não jogamos tanta responsabilidade em cima deles, podemos um dia encontrá-los tão perto de nós à mesa quanto estão em nossos corações.

15 de novembro
ESTA É A PARTE ESPECIAL

Em seu maravilhoso livro *On Looking* (Sobre o olhar), Alexandra Horowitz faz uma série de caminhadas em diferentes ambientes. O que um geólogo vê em um quarteirão na cidade? O que um naturalista vê andando em um parque? O que um cão vê em um curto passeio pela vizinhança? Mas a caminhada mais interessante foi a que Alexandra fez com o filho de um ano e sete meses.

A ideia era experimentar a perspectiva do bebê em relação ao mundo. Então eles saíram de casa, andaram pelo corredor até o elevador, entraram e saíram do elevador e atravessaram o saguão até a porta da frente, onde começaram a caminhada. E enquanto Alexandra o observava, de repente percebeu... *que a caminhada tinha começado ainda no apartamento*.

Para uma criança, o mundo é um lugar muito diferente daquele em que vivemos e, sendo honestos, achamos normal. Isso tem mais a ver com a idade e a inexperiência dos bebês do que com qualquer outra coisa, mas não invalida as opiniões e as impressões deles. Longe disso, é a oportunidade proporcionada pela nova janela que se abre para olharmos o mundo, como aconteceu com Alexandra. Isso nos faz lembrar como nos sentíamos diante do novo quando tínhamos a idade deles. É um antídoto contra o ceticismo e o cansaço em relação ao mundo.

Enquanto pais, temos que valorizar o fato de que nossos filhos podem nos ajudar a ver o mundo até melhor do que nós podemos ajudá-los a vê-lo. Eles podem nos ajudar a perceber que qualquer coisa pode ser especial e divertida, que uma caminhada não precisa ser ao ar livre, que o jantar pode ser em qualquer lugar e que uma caixa de papelão pode ser mais divertida do que o presente contido nela. Temos que encorajar esse espírito. Temos que nos policiar para não o apagar com correções sutis e insistência na maneira "oficial" de como as coisas são ou deveriam ser. Acima de tudo, temos que aprender a partir da perspectiva deles e acrescentá-la o máximo possível às nossas próprias vidas.

16 de novembro
ELES AJUDAM VOCÊ A PERCEBER AS COISAS

Foi a pintura que enfim ajudou Winston Churchill a desacelerar e aprender a *enxergar* as coisas. Ele estava tão ocupado, era tão ambicioso, que não treinara o olho, tampouco desenvolvera a disciplina para desacelerar e de fato observar o mundo. Hobbies que envolvem habilidades artísticas podem ajudar nesse quesito.

A paternidade pode ter o mesmo efeito. Nada treina seus olhos como um jogo de adivinhações no carro. Helicópteros sobrevoaram a sua cabeça a vida toda, mas foi só quando seu filho ficou obcecado com eles que você começou a *percebê-los*. Você acha que Sandra Day O'Connor saiu e pegou cigarras antes de ser mãe e avó? Não, foi o ato de mostrá-las para crianças curiosas que a levou a apreciar essa parte fascinante da natureza.

As coisas de que nossos filhos gostam, a alegria que a felicidade deles proporciona... isso nos força a desacelerar. A perceber. A desenvolver o olhar. Porque queremos apontar as coisas. Queremos que *eles as vejam*. Por isso, prestamos mais atenção do que nunca. Mantemos nossos olhos mais abertos do que nunca. Desaceleramos de uma forma que, se estivéssemos sozinhos, nunca faríamos.

E por isso devemos ser gratos.

17 de novembro
DEIXE-OS VER O QUE VOCÊ FAZ DE MELHOR

> Adorava ir com meu pai até a Câmara Legislativa. Eu ficava sentado na galeria de cima por horas assistindo a toda a atividade lá embaixo e depois vagava pelos corredores tentando descobrir o que estava acontecendo.
>
> LYNDON JOHNSON

O que você acha que atraiu Stephen Curry para o basquete? Foi o tempo que ele passou nas arenas assistindo ao pai jogar. As luzes voltadas para a equipe avançavam pelo túnel. Os aplausos da multidão. A batida da música. O som da campainha. O fato de ver o pai *fazendo o trabalho dele*. Até a obsessão de Curry por pipoca dá indícios de uma criança que passou inúmeras tardes e noites em arenas da NBA, absorvendo não apenas imagens e sons, mas também cheiros e gostos.

Esta é uma história antiga, tão antiga quanto a própria paternidade. É por isso que os filhos dos ferreiros se tornaram ferreiros, é por isso que, assim que as mulheres ganharam permissão de construir carreiras, as filhas de professoras seguiram os passos das mães até a sala de aula e pouco depois em mais e mais profissões de elite.

Deixe seus filhos verem você trabalhar. Exponha-os às partes boas e às ruins, até as chatas. Você não tem ideia de quais delas eles vão achar empolgantes. Você nunca sabe para o que pode estar abrindo os olhos deles. Não os pressione a entrar no "negócio da família", mas lhes dê uma chance de ver como a empresa funciona. Deixe-os ver você em seu habitat.

18 de novembro
ESTE É O MAIOR ELOGIO

No livro *My First Coach* (Meu primeiro treinador), de Gary Myers, o pai de Tom Brady, Tom Brady Sr., descobriu algumas das coisas de que o filho, quando jovem, mais gostava ao compartilhar a companhia do pai. Tom Sr. ficou visivelmente surpreso com os comentários. Eles confirmaram aquilo que todo pai deseja. Segundo ele:

> Acho que todo pai gosta de passar tempo com os filhos, e nunca se sabe se o filho gosta de passar tempo com o pai. Para mim, ouvir que ele me respeita, tanto quanto eu o respeito, é o sentimento mais gratificante que eu poderia ter. Eu me lembro de quando ele ainda estava no ensino médio e eu ia acordá-lo de manhã para jogar golfe. Sempre foi uma grande alegria para mim que ele quisesse jogar golfe comigo. Anos mais tarde, ele comentou que "nunca curtiu ficar na rua até tarde na sexta-feira à noite, porque queria jogar golfe com o pai no sábado de manhã".

Se há uma forma de julgar se, no fim das contas, você agiu de forma correta, é essa. É o maior teste do valor de um pai: você construiu o tipo de relacionamento no qual seus filhos querem passar tempo com você? Não se trata de um daqueles casos em que você apenas cruza os dedos e espera pelo melhor. Isso não acontece só porque suas personalidades se alinham em um passe de mágica. É algo pelo qual você tem que trabalhar: você tem que *criar* o alinhamento. Tem que construir o relacionamento.

19 de novembro
PROCURE A DUPLA OPORTUNIDADE

Bill Simmons é um homem ocupado. Ele é escritor, podcaster, CEO, produtor de documentários, marido e pai de dois filhos. Sua filha mais velha, Zoe, participava de um grande torneio de futebol que envolvia muitas viagens. Então, todos os fins de semana durante meses, Simmons dirigiu por horas pelo sul da Califórnia para vários torneios. Se você conhece Los Angeles, sabe que o trânsito é um inferno de tão frustrante e estressante.

No entanto, Simmons não trocaria isso por nada neste mundo. Como ele diria: a viagem de ida e volta dos torneios significava que ele e a filha estariam presos juntos por algumas horas, onde ele poderia conversar com ela. Como vai a escola? E os amigos? E os namorados? Como você se sente em relação às coisas que estão acontecendo no mundo?

Como pais, a única coisa que sempre nos falta é tempo. E o tempo de Bill Simmons é tão limitado quanto o de qualquer um. Foi por isso que ele aprendeu a otimizá-lo. Deveríamos fazer o mesmo.

O carrinho de bebê para corrida permite que você se exercite enquanto passa tempo com seu filho. Levar sua filha para a escola é uma ocasião para aquela conversa que vocês precisavam ter. Todas as tarefas domésticas são uma forma de ensinar os filhos sobre responsabilidade. Como pai, você deve sempre procurar a dupla oportunidade. O tempo é muito escasso, os recursos também. Não desperdice nenhum deles.

20 de novembro
VOCÊ SÓ FARIA ISSO POR ELES

O comediante Hasan Minhaj contou a história de quando levou sua filha para a escola no dia da sessão de fotos dos alunos. Ela estava com o nariz escorrendo e tendo problemas para limpá-lo. Uma coisa levou à outra e, quando ele se deu conta, estava sugando a secreção do nariz da filha com um canudo da Starbucks. Quando percebeu a nojeira daquele momento, também chegou a uma conclusão: *eu nunca faria isso por minha esposa*.

Nós faríamos muito pelo cônjuge, por nossos pais, até por um desconhecido passando por necessidade. Nós faríamos *qualquer coisa* por nossos filhos, porque eles não fizeram nada para nascer, completamente indefesos no início, cem por cento dependentes de nós por anos. Eles não escolheram vir ao mundo. Não nos escolheram como pais. Nós escolhemos tê-los. Nós os concebemos. Eles não são apenas parte de nossas vidas, são parte de nós. Eles são *nossos*.

Há algo nessa relação capaz de suavizar até o mais cabeça-dura e aquecer o coração mais frio. E, embora o relacionamento mude ao longo do tempo (Hasan não sugará com canudos a secreção do nariz da filha daqui a alguns anos), o que não muda é o desejo e a vontade de fazer qualquer coisa pelos filhos.

21 de novembro
NÃO TENHA MEDO

> O mundo é uma ponte estreita, mas o importante é não ter medo.
>
> ORAÇÃO JUDAICA

Você sabe qual é a frase mais repetida na Bíblia? "Não temas." Essas palavras aparecem repetidas vezes. São um aviso dos céus para "ser forte e corajoso", como vemos no livro de Josué. "Não tenham medo! Não se desanimem!"

Há algo semelhante em grande parte da mitologia grega. Versões de "Seja corajoso", "Tenha coragem", "Não tenha medo" aparecem mais de uma dúzia de vezes na *Odisseia*. Quaisquer que sejam a religião, a filosofia ou a mentalidade que você siga, encontrará a coragem no mesmo lugar onde os estoicos a mantinham: no topo da lista de virtudes.

É impossível ser um bom pai sem ter coragem ou cultivá-la em nossos filhos. Afinal, é o ambiente que criamos para eles, os valores que lhes ensinamos, as regras que lhes impomos e os laços que estabelecemos com eles que lhes darão a coragem de fazer e ser tudo que eles estão destinados a realizar e a se tornar.

Lembrem-se da observação de Barack Obama:

> O que faz de você um homem não é a capacidade de ter um filho, mas a coragem de criá-lo. Como pais, precisamos estar envolvidos na vida de nossos filhos não apenas quando é conveniente ou fácil, nem apenas quando eles estão indo bem, mas quando é difícil e ingrato, quando eles estão passando por dificuldade. É quando eles mais precisam de nós.

Nada na paternidade é fácil. Muita coisa é assustadora. Mas é essencial. E é importante que você tenha a coragem de enfrentar e exercê-la todos os dias para o resto da vida deles.

22 de novembro
TODO MUNDO ESTÁ PASSANDO POR ALGUM PROBLEMA

Aos cinco anos, o futuro *linebacker* da NFL, Ryan Shazier, começou a perder o cabelo. Descobriu-se que ele tinha uma doença autoimune rara chamada alopecia e, como se pode imaginar, não é uma coisa fácil para uma criança enfrentar. Ele recebia provocações. Todos o olhavam de forma estranha, e por isso ele se sentia diferente.

Um dia seus pais lhe disseram: "Todo mundo está passando por algum problema; a única diferença é que, *no seu caso, é visível.*" Outras crianças tinham dificuldades de aprendizagem ou iam dormir com fome à noite ou tinham pais que estavam se divorciando. Todas essas lutas estavam escondidas (talvez de forma intencional, por vergonha e medo), mas isso não significava que não eram reais. Não significava que alguém estivesse melhor ou pior do que Ryan. Na verdade, significava que estavam todos no mesmo barco.

De repente, Ryan parou de ser provocado? De repente, as provocações deixaram de magoá-lo? Não, mas a conversa com os pais o ajudou. Deu-lhe perspectiva, paciência e esperança.

Isso é algo que temos que ensinar a nossos filhos. A vida não é fácil. Ninguém recebe tudo de mão beijada. Alguns problemas são visíveis, outros não, mas todos nós temos dificuldades com alguma coisa. Quando nossos filhos entenderem isso, eles lidarão melhor com esses momentos difíceis. E contarão com a empatia de que precisam para serem mais gentis e mais compreensivos com outras crianças também.

23 de novembro
VOCÊS ESTÃO BRIGANDO POR QUÊ?

Não existe família imune ao conflito. O problema não são os atritos, mas como lidamos com eles quando ocorrem, como deixamos que esses desentendimentos e falhas de comunicação ganhem espaço. Como Bruce Springsteen canta em "Tucson Train":

> *We fought hard over nothin'* (Brigamos muito por nada)
> *We fought till nothin' remained* (Brigamos até não restar nada)

Porém, o que mais assusta é que ele fala sobre quanto tempo carregou esse nada... algo de que todos nós somos culpados. Muitas das coisas com as quais ficamos chateados nem mesmo são importantes... só que, por ficarmos abalados, acabamos dizendo coisas graves e que nunca vamos poder retratar. Brigamos por nada e destruímos tudo o que nos é mais importante.

Já mencionamos que você vai querer a mesa cheia quando estiver mais velho. Bem, isso vai exigir retardar a gratificação. Um pouco de autocontrole agora. Significa abdicar de coisas. Admitir o erro. Pedir desculpas aos filhos, ao cônjuge e aos próprios pais. Aceitar desculpas deles também. Mostrar a seus filhos como melhorar a relação com os irmãos, com outras pessoas.

Não podemos deixar que desentendimentos assumam vida própria e arriscar que eles tirem a alegria de nossas vidas. A vida é muito curta, a família é muito preciosa para ser destruída por nada.

24 de novembro
PROCURE A DESCULPA

Quando era adolescente, Lewis Puller Jr. conseguiu emprego como entregador de jornal no turno da tarde. Foi algo em que seus pais insistiram, a fim de que ele aprendesse a ter responsabilidade e a trabalhar com afinco. E, com certeza, foi uma ótima experiência para isso.

Também foi uma ótima experiência para algo ainda melhor. Um dia, por conta de um pneu furado na bicicleta de Lewis, seu pai (Chesty Puller, o fuzileiro naval mais condecorado da história dos Estados Unidos) o levou para fazer a entrega dos jornais. No dia seguinte, choveu, então Chesty o levou de novo. No terceiro dia, o pai de Lewis pegou o carro e o levou mais uma vez... mesmo sem precisar. Era apenas uma desculpa para passar mais tempo com o filho.

Temos que buscar essas desculpas também. É verdade, você poderia ter o jantar entregue em casa, mas também poderia cozinhar junto com os filhos. É verdade, eles poderiam pegar carona, mas dar carona para os amigos deles é uma oportunidade de vê-los todos juntos. Você pode comprar as roupas deles on-line, mas também levá-los às lojas, só vocês. Você pode correr na esteira, mas também prendê-los no carrinho de reboque da bicicleta e dar um passeio. Você pode dizer que está na hora de eles irem para a cama, mas também podem ficar mais um pouco acordados e assistir à TV juntos.

Procure a desculpa. Encontre as oportunidades.

25 de novembro
NÃO OS DEIXE DESDENHAR

> A maneira mais pobre de encarar a vida é com um sorriso de desdém.
>
> THEODORE ROOSEVELT

É tão fácil cair nas garras do desprezo, do niilismo invisível e da superioridade. Mas um homem sábio disse uma vez que esse tipo de cinismo é uma espécie de covardia. Anula a criatividade, a colaboração e a conexão. E nós somos exemplos desses comportamentos quase sem pensar. Fazer pequenos comentários baixinho, zombar de coisas que nos deixam desconfortáveis, racionalizar o fato de que evitamos coisas que preferimos não fazer ou que, no fundo, sabemos que não fazemos bem. Essas escolhas passam facilmente para as crianças, que estão sempre atentas observando.

Nossos filhos vieram ao mundo com um olhar doce, um coração pleno e muita energia. Não os prive dessas forças. Incentive-os. Deixe que sejam sinceros. Deixe que se importem e tentem. Melhor ainda, deixe-os contaminá-lo com a sinceridade e a pureza da paixão deles.

Não importa o que você faça, não deixe seu desprezo contaminá-los.

26 de novembro
DEIXE-OS BAIXAR A SUA BOLA

> Um homem orgulhoso está sempre menosprezando coisas e pessoas, e, é claro, enquanto estiver olhando com ares de superioridade, você não é capaz de ver algo que está acima de você.
>
> C. S. Lewis

No meio da Guerra Civil, Abraham Lincoln foi visitar o exército que cercava Washington, D. C. Enquanto inspecionava as linhas de frente, um franco-atirador confederado atirou nele... e, ainda bem, errou. Um soldado que estava por ali gritou para Lincoln: "Abaixe-se, seu idiota!"

Foi um momento marcante na história presidencial. Como observou Gerald Ford: "Poucas pessoas, com a possível exceção de sua esposa, diriam ao presidente que ele é um idiota." Segundo ele, o mandato tem o efeito de aumentar o senso de autoimportância.

Uma das grandes coisas sobre ser pai, se você fizer direito, é que vai torná-lo muito mais humilde. Ninguém sabe apontar nossos defeitos como nossos filhos. Eles não se importam se você é muito rico, importante ou respeitado. Para eles, é um bobão. Para eles, você não tem graça, é velho e cafona. Você é alguém de quem eles podem tirar sarro. Na verdade, é com você que eles praticam o senso de humor. Não estão impressionados com quanto você pagou pelo quarto do hotel... querem saber se tem piscina. Não se importam se o restaurante é moderno... odeiam o fato de não servir tirinhas de frango. Não querem que você os deixe na frente da escola e não acham que você é inteligente. Eles desconfiam que você não tem ideia do que está falando.

Como dizem, "nenhum homem é herói para seu criado". Muitos pais são heróis para os filhos, é claro, mas ninguém está isento da estranha capacidade dos filhos de, de tempos em tempos, endeusá-los e depois reduzi-los a nada. E isso é uma coisa boa.

27 de novembro
É UM LEMA DE FAMÍLIA

Foi uma noite *daquelas*. Os meninos não iam dormir de jeito nenhum. Eles estavam com aquela energia contagiante que tantas vezes mantém os irmãos acordados. Na primeira vez em que o pai entrou no quarto para dizer que era hora de dormir, eles ignoraram. Na segunda vez, também. Mais risadinhas. Luta. Jogos. Bagunça. Travessuras.

Por fim, pela terceira vez, o famoso treinador de futebol americano universitário Jack Harbaugh estava se preparando para gritar (assim como o pai no filme *Quase irmãos*): "A algazarra acabou!" Mas ele não o fez. Em vez disso, apenas olhou para os meninos, os futuros treinadores da NFL, John e Jim Harbaugh, que estavam no meio da diversão, e disse: "Quem seria mais feliz do que vocês dois? Vocês dividem, riem, são irmãos, contam histórias um para o outro, compartilham seus sonhos. Quem seria mais feliz do que vocês dois?"

Os meninos responderam em uníssono: "Ninguém, pai, ninguém." Foi essa pergunta que se tornou o lema da família Harbaugh, e que vale a pena almejar em todas as famílias, sejam ricas ou pobres, grandes ou pequenas.

Quem seria mais feliz do que nós?

28 de novembro
FAMÍLIA NÃO É IMPEDIMENTO

É uma crença perniciosa que remonta a um passado remoto, até mesmo à época do próprio Buda, que precisou deixar a família para encontrar a Iluminação. O escritor Cyril Connolly disse uma vez que o inimigo da arte é o "carrinho de bebê no corredor", que as crianças prejudicam os artistas.

Embora não restem dúvidas de que criar filhos é difícil, de que são necessários muito tempo e energia (ainda mais em um mundo onde a maior parte do fardo recai de forma injusta sobre as mulheres), os artistas, empreendedores e líderes genuínos sabem a verdade. Filhos não são um fardo ou um impedimento para o sucesso. Eles nos ajudam, nos dão propósito e perspectiva e, o mais importante, equilíbrio.

O grande Lin-Manuel Miranda e sua esposa tiveram o primeiro filho apenas duas semanas antes de começarem os ensaios para a peça de sucesso *Hamilton*. Pode-se pensar que isso o teria atrapalhado ou distraído, mas, na verdade, foi o oposto. Miranda disse ao cineasta Judd Apatow no livro *Sicker in the Head* (Mais doente da cabeça) que *Hamilton* poderia não sido bem-sucedida sem esse acontecimento, e o próprio Miranda também poderia não ter sido capaz de suportar o sucesso. Ter um bebê em casa não era uma distração; na verdade isso o forçava a *ignorar* as distrações. "Eu tive que dizer não a noventa por cento das distrações, porque tinha que dormir oito horas por dia e sabia que ia acordar duas vezes e trocar fraldas. Minha família de fato me salvou, porque acho que é assim que você perde o controle", contou Miranda sobre todas as ofertas e convites para as festas que surgiram.

Então, talvez a família seja o impedimento... para você entrar em confusão. Para dar um passo maior que a perna. Para pensar que você é maior ou mais importante do que é. Ela o mantém atento... para a realidade, para o que de fato importa. Isso faz você perceber que é amado, que é suficiente. E, como acontece, tudo isso pode torná-lo *melhor* no que você faz.

29 de novembro
É UMA HONRA FAZER ISSO

Dizem que as pessoas cumprimentavam com a mão direita para sinalizar que vinham em missão de paz e que não eram perigosas. Dizem que, quando os cães deitam e mostram a barriga, é uma indicação de confiança e vulnerabilidade deliberada. É curioso que seja a mesma coisa quando olham para você enquanto fazem suas necessidades: eles estão expostos, mas o estão encarando porque sabem que você os protegerá.

Estes podem não parecer gestos de respeito e amor muito significativos, mas são. É uma honra recebermos esses gestos, ainda que nosso hábito seja ignorar seu significado. Isso também acontece com as coisas que nossos filhos fazem. Pense em quão vulneráveis e pequenos eles são... até quando crescem. Pense em como são indefesos sozinhos.

A maneira como eles deixam você pegá-los e jogá-los para o alto, como eles gostam de se esgueirar na sua cama, como eles o chamam à noite, como se sentem seguros o suficiente para chorar perto de você. Essas coisas são uma honra. São gestos inacreditáveis de vulnerabilidade, confiança e amor.

E você os mereceu... embora nunca possa deixar de fazer por merecê-los. Isso é algo que você não pode menosprezar ou dar como garantido. Eles são pequenos companheiros. Estão olhando para você com os olhos atentos e o coração aberto.

Faça jus à honra que eles lhe concedem com a confiança e o amor que têm por você.

30 de novembro
VOCÊ CONSEGUIU O QUE QUERIA

Houve alguns momentos icônicos entre pai e filho na história do esporte. Tiger Woods abraçando o filho Charlie depois de vencer o Masters. Drew Brees levantando o filho Baylen após ganhar o Super Bowl. Michael Phelps correndo para beijar o filho Boomer depois de fazer história nos Jogos Olímpicos. Tom Brady gritando o nome do filho enquanto corria para fora do campo após conquistar sua décima disputa do Super Bowl. Há momentos de mãe e filha também. A filha de Serena Williams, Olympia, tirando fotos da mãe nas arquibancadas do US Open. Paula Radcliffe treinando para a Maratona de Nova York (que ela venceu em 2007) durante a gravidez.

Por que esses momentos nos emocionam? Porque conhecemos esse sentimento. Não importa o que aconteceu no trabalho. Não importa o que acabamos de fazer ou pelo que passamos. A primeira coisa que vem à cabeça são nossos filhos. Queremos segurá-los. Queremos dizer a eles que os amamos. Queremos compartilhar aquilo com eles.

E eis mais uma coisa sobre esses momentos: é verdade, às vezes desejamos ter nos tornado profissionais do esporte; seria bom ganhar milhões, ser famoso, alcançar o topo. Mas e o prêmio verdadeiro? Todos esses atletas buscam uma coisa... e não é o troféu. Eles querem o que você já tem.

Lógico, corra atrás dos seus sonhos. Esforce-se para ser um dos melhores no que você faz. Almeje ser grande, bem-sucedido e tudo o mais. Mas jamais se esqueça de que, quando ou se você chegar lá, só vai querer o que já tem. Você pode dizer oi para seu filho agora. Você pode dizer a seus filhos que os ama agora.

Será tão bom quanto uma vitória no Super Bowl... para você e para eles.

DEZEMBRO

O TEMPO VOA

(A VIDA PODE ACABAR AGORA MESMO)

1° de dezembro
VALORIZE O TEMPO DAS BESTEIRAS

Economizamos dinheiro e fazemos planos de férias elaborados. Ficamos na expectativa durante meses. Mas se a viagem não é tão especial, elaborada ou fotogênica quanto esperávamos, nos sentimos péssimos, como se não fôssemos o bastante, como se não tivéssemos feito o suficiente.

No entanto, o comediante Jerry Seinfeld, que tem três filhos, questiona o "tempo de qualidade" que muitos de nós buscamos.

> Eu acredito no comum, no mundano. Esses caras que falam sobre "tempo de qualidade"... eu sempre acho um pouco triste quando dizem: "Temos tempo de qualidade." Eu não quero tempo de qualidade. Eu quero o tempo das besteiras mesmo. É disso que eu gosto. A gente os vê no quarto lendo uma história em quadrinhos e fica olhando para aquilo por um minuto ou comendo uma tigela de Sucrilhos às onze da noite, quando eles nem deveriam estar acordados. Esse tempo mal-usado, é isso que eu adoro.

Dias especiais? Nah.
Cada dia, cada minuto, pode ser especial. Todo o tempo com nossos filhos — todo o tempo com quem a gente ama — é igualmente valioso. Comer Sucrilhos juntos pode ser maravilhoso. Matar aula para passar um dia divertido juntos pode ser maravilhoso — assim como os vinte minutos de carro no trânsito até a escola. Ou levar o lixo para fora ou esperar no drive-thru do McDonald's.

Valorize o "tempo das besteiras". É o melhor tipo de tempo que existe.

2 de dezembro
VOCÊ OS PERDE CONSTANTEMENTE

> Eu vi os rostos daqueles meninos que não estão mais aqui, aqueles que viveram comigo no sonho da primeira infância.
>
> Caitlin Flanagan

O maior medo dos pais é perder um filho. E a terrível e bela tragédia da paternidade é que, de fato, estamos constantemente perdendo nossos filhos. Dia após dia.

Não literalmente, é claro, mas no sentido de que eles estão crescendo, mudando, tornando-se algo novo, vão ficando cada vez mais independentes todos os dias, senão de hora em hora. O professor Scott Galloway falou sobre a profunda tristeza que sentiu ao ver uma foto antiga do filho de onze anos. Sim, era verdade que seu filho de onze anos era agora um ótimo filho de catorze, mas o de onze não estava mais lá.

Esse é o nosso destino. Essa é a vida em que nos metemos. Nós queremos que eles cresçam. Mal podemos esperar para que comecem a andar, para que entrem na escola, experimentem todas as coisas maravilhosas que a vida lhes reserva. No entanto, isso também significa que eles não serão mais o que são agora. O que eles são agora é efêmero e passageiro para nós, na melhor das hipóteses.

Piscou, se distraiu, deu como certo? Foi-se. Está perdido.

3 de dezembro
PENSE O IMPENSÁVEL

Uma das coisas mais importantes que você pode fazer como pai ou mãe exige pensar a respeito de algo que é quase impossível considerar. Ela chega a nós de Marco Aurélio, por meio de Epicteto:

> Ao dar um beijo de boa-noite em seu filho, diz Epicteto, sussurre para si mesmo: "Ele pode estar morto pela manhã." Não provoque o destino, você diria. Mas este é só um evento natural. Estamos provocando o destino quando falamos de grãos sendo colhidos?

Não é uma tarefa fácil, é claro. Afinal, vai contra todos os nossos impulsos. Mas devemos fazer isso. Porque a vida é passageira e o mundo é cruel. Marco Aurélio perdeu oito filhos. *Oito!* Sêneca, sabemos, também perdeu um muito cedo. Isso nunca deveria acontecer, mas acontece. É de partir o coração, abala qualquer pessoa, ninguém merece passar por isso, mas acontece. E não esperamos que a formação filosófica de Marco Aurélio e Sêneca os tenha preparado para a dor da perda de um filho — nada é capaz de nos preparar para isso. O que esperamos é que esse exercício os tenha ajudado a não perder um único segundo do tempo que tiveram com seus lindos filhos.

Um pai que enfrenta o fato de que pode perder um filho a qualquer momento é um pai presente. Ele não se apressa na hora de dormir. Ele vê cada momento como a bênção que é. Ele não se apega a coisas bobas. Um ótimo pai olha para este mundo tão cruel e diz: "Eu sei o que você pode fazer com minha família no futuro, mas, no momento, você me poupou. Não vou dar isso como certo."

4 de dezembro
NÃO PERMITA QUE ELES FAÇAM ISSO

Frases que escutamos o tempo todo: *Falta muito? Já estamos chegando? Por que está demorando tanto? A gente precisa mesmo fazer isso?* Sei que é chato. É desagradável. Você pede que parem, mas, ao se irritar, perde a oportunidade de ensinar o real significado do que eles estão dizendo.

Em seu livro *Viagens com Epicuro*, o escritor Daniel Klein relembra um momento formativo:

> Lembro que, uma noite, há muito tempo, em um trem superlotado para a Filadélfia, ouvi uma jovem reclamar para a mãe: "Nossa, como eu queria que já estivéssemos lá!" A mãe respondeu com a eloquência de seus cabelos brancos: "Ah, querida, nunca deseje perder um minuto da sua vida."

Como são crianças, seus filhos não entendem quão curto é nosso tempo neste planeta. Até você, como adulto, às vezes se esquece disso. Que serão apenas dezoito verões com os filhos em casa. Que são pouco mais de mil manhãs para deixá-los na escola. Só um número x de cafés da manhã juntos, de idas às compras, de esperas no consultório médico.

Por que desejar que isso passe logo? Por que desperdiçar esses momentos, esses minutos? Desejar que acabem? Que tragédia seria. Não podemos perder nem um minuto com nossos filhos e temos que ensiná-los agora, antes que se arrependam, a não desperdiçar um minuto desta vida.

5 de dezembro
TEMPUS FUGIT

> Eis nosso grande erro: acreditar que estamos à espera da morte. A maior parte da morte já se foi. O tempo que passou pertence a ela.

Sêneca

Toda vez que você os pega no colo para cortar as unhas, toda vez que você os leva para cortar o cabelo, toda vez que doa um monte de roupas para um brechó ou para um amigo, toda vez que é preciso comprar um novo par de meias ou sapatos: reconheça o momento.

Observe o que levou a isso. Quer sejam algumas semanas entre um corte de unhas e outro ou seis meses para comprar um par de sapatos maior, o que aconteceu foi que um pedaço da infância do seu filho passou. Esse tempo passou e se foi para sempre.

Agora, pergunte a si mesmo: esse tempo foi bem aproveitado? Esse tempo foi *vivido*? Você foi quem e o que seus filhos precisavam que fosse?

Os estoicos lembram que a morte não é só um evento inevitável no futuro: ela está acontecendo agora. Sempre que eles deixam de caber em um casaco, sempre que um par de sapatos ou uma calça deixa de servir. Esses momentos marcam o movimento. São as marquinhas daquela escala de altura que a gente faz no batente da porta da cozinha. Cada uma registra oportunidades de tempo juntos que nunca voltarão.

6 de dezembro
O QUE VOCÊ FARIA MENOS?

> O ápice do cultivo sempre leva à simplicidade.
>
> BRUCE LEE

Gastamos muito tempo com coisas que não importam. Pode ser rolando a tela do celular sem parar ou respondendo e-mails. Talvez discutindo com o cônjuge, com os filhos, com estranhos na internet.

Sei que você detesta tudo isso, mas permite que essas coisas tomem muito do seu tempo. Marco Aurélio, frustrado com uma questão desagradável que consumia seus dias, uma vez se perguntou: "A morte lhe dá medo porque o privará de fazer *isso*?"

É a isso que nos referimos quando falamos em *tempus fugit* (o tempo voa). É muito esclarecedor. Se tivesse tempo ilimitado, talvez você não se importasse de passar duas horas por dia no trânsito. Talvez você não precisasse evitar a fossa do Twitter ou a caixa de entrada sem fundo do e-mail. Se de repente a morte fosse real, se lhe fosse dada uma sentença de morte em alguns meses ou anos de vida, com o que você imediatamente gastaria menos tempo? O que é o "isso" citado por Marco Aurélio que você vai eliminar?

7 de dezembro
VOCÊ CONSEGUE ENCONTRAR TEMPO

> Eu não entendia por que precisava ser ou/ou... Se você trabalha durante o dia, escreve à noite. É tudo uma questão de quanto você deseja fazer tal coisa.
>
> Margaret Atwood

Achamos que estamos muito ocupados. Que tal coisa ou outra é impossível. Somos pais agora. Não dá mais para montar aquele negócio, concluir aquele projeto. Precisamos ser realistas. Temos que deixar isso de lado por enquanto.

Simplesmente não há tempo suficiente.

Quando enfrentava as dificuldades de uma jovem romancista, a escritora Susan Straight passeava com a filha no calor de Riverside, na Califórnia, até que a menina adormecesse. Fosse para um cochilo ou para dormir a noite toda, esse era o único jeito de fazê-la ir para a cama. No instante em que a filha adormecia, Straight parava onde quer que estivessem, sentava-se na calçada ao lado do carrinho e escrevia em seu caderno. Escreveu um romance inteiro assim. Embora os pedestres lhe oferecessem dinheiro, pensando que ela era uma pessoa em situação de rua, ela insistiu. Mal sabiam eles, ou ela, que o romance ganharia grandes prêmios literários e daria início a uma carreira maravilhosa.

Em novembro, falamos sobre como os pais devem buscar duplas oportunidades — maneiras de passar tempo com seu filho *e* fazer o que é necessário. Parte disso também é procurar os momentos dentro dos momentos, quando podemos garimpar um pedacinho de tempo, espremê-lo como uma laranja, cada gotinha dele muito valiosa, e colocar nosso trabalho nisso também.

Nós somos capazes, e precisamos fazer isso. Não é impossível. Já foi feito por pessoas que enfrentavam dificuldades maiores do que as nossas. Toni Morrison fez isso. Susan Straight fez isso. Você pode também. Seja escrevendo, voltando a estudar ou treinando para uma maratona, você consegue encontrar tempo.

Não é preciso desistir, nem ser realista: basta ser criativo.

8 de dezembro
É A MILÉSIMA VEZ QUE CONTA

> Eu teria dado qualquer coisa para mantê-la pequena.
>
> Jodi Picoult

Vamos lá, papai, de novo! Mais uma vez! A gente pode brincar um pouco mais? Vamos começar de novo! Eu não quero parar!

Você já ouviu essas frases inúmeras vezes, não é mesmo? Mais um livro antes de dormir. Mais uma cavalgada na sua garupa. Ver aquele vídeo engraçado mais uma vez. Cantar aquela música de novo desde o começo. Repetir a história. Pular na piscina pela décima vez... e outra vez depois disso... e mais outra.

Não importa quanto seja paciente e indulgente, chegará um ponto em que você vai querer dizer não. Quando sentir que *precisa* dizer não. Porque está na hora, porque já encheu o saco, porque parece irresponsabilidade da sua parte.

Talvez tudo isso seja verdade. Mas quer um conselho? Diga sim. Mesmo que seja a milésima vez. Na verdade, diga sim *justamente* porque é a milésima vez. Porque esse é o tempo que conta.

A gente nunca sabe quando terá outra chance. Nenhum de nós sabe quanto tempo ainda resta, quantas vezes mais. Então, diga sim. Faça essa milésima vez contar como se fosse a primeira.

9 de dezembro
DO QUE VOCÊ VAI SE ARREPENDER?

> Ter um filho é a maior honra e a maior responsabilidade que pode ser concedida a qualquer ser vivo.
>
> Christopher Paolini

Em seu leito de morte, os pais pensam em muitas coisas. Pensam no mundo que estão deixando para os filhos. Pensam sobre como os criaram. Sobre os erros que cometeram. Pensam sobre o que fizeram certo. A lembrança dos filhos os conforta e, se tiverem sorte, estarão cercados por eles no presente.

A pergunta que suscito você a se fazer hoje, e também em um dia que esperamos ser no futuro bem distante, é: quais decisões você está tomando *agora* e como vai pensar nelas *depois*? Pense no que a maioria dos pais lamenta ao chegar ao fim da vida: muitos gostariam de ter expressado mais seu amor pelos filhos. Muitos se arrependem de não terem passado mais tempo com os filhos. De não terem dito com frequência quanto se orgulhavam deles. De ter levado as coisas a sério demais. Eles se arrependem de terem deixado pequenas diferenças ou problemas insignificantes parecerem maiores do que o amor que sentiam em seus corações. Eles se arrependem de não estarem presentes, de terem gastado tanta energia tentando organizar um tempo perfeito e de "qualidade", quando na verdade havia todo aquele "tempo de besteiras" tão comum e maravilhoso para viver. Eles se arrependem de terem mimado os filhos, de não terem ensinado as lições certas, de não terem tido as conversas necessárias.

Você tem sorte. Se não está em seu leito de morte agora, é sinal de que não é tarde demais. Também nunca é cedo demais. *Hoje* você pode começar a fazer ajustes e mudar para garantir que não terá esses arrependimentos — ou pelo menos pode tentar minimizá-los.

10 de dezembro
POR QUE VOCÊ ESTÁ CORRENDO?

> As árvores estão começando a se encher de folhas... Seu verde é uma espécie de dor.
>
> Philip Larkin

Estamos sempre com pressa. Precisamos arrumá-los para a escola. Precisamos botá-los na cama. Precisamos ir para o aeroporto. Precisamos voltar para dentro. Precisamos terminar o jantar.

Como pais, parece que estamos sempre com pouco tempo e constantemente ansiosos para chegar à próxima etapa, mas vale a pena parar e pensar sobre *para* que realmente estamos correndo e *do que* estamos fugindo. Você está passando pela hora de dormir rapidamente. Por quê? Para poder sentar e ver Netflix depois que eles estiverem dormindo? Você não suporta a ideia de que eles cheguem atrasados à escola. Por quê? Por medo de ser julgado pelos outros pais? Você quer estar no aeroporto com quanto tempo de antecedência? E por qual motivo? Porque é o que a companhia aérea recomenda?

Ter pressa é correr pela vida. E também é passar voando pela infância deles — exatamente o período do qual mais sentiremos falta em algum momento próximo. Quanto das prioridades de agora parecerá importante no futuro? Chegando lá, quanto daríamos para recuperar alguns dos minutos que desejamos terem passado mais rápido?

Desacelere. Saboreie.

11 de dezembro
O PRESENTE É PRAZEROSO O SUFICIENTE

> Eis o verdadeiro segredo da vida: estar completamente envolvido com o que se está fazendo aqui e agora.
>
> ALAN WATTS

Em 1888, depois de uma longa e árdua caçada, Theodore Roosevelt finalmente conseguiu a rena que estava rastreando. "Foi um daqueles momentos", escreveu mais tarde, "que recompensam o caçador por dias de labuta e sofrimento. Quer dizer, isso se ele precisa de recompensa e não encontra prazer suficiente em meio à natureza por si só."

Um caçador que gosta apenas de capturar a presa provavelmente será um caçador desapontado em nove de cada dez caçadas. Mais importante, este é um caçador cego e surdo que desnecessariamente perde a majestade de estar na natureza. E o pai que pensa que criar filhos é uma ocupação na qual se "ganha" alguma coisa, que acredita que a paternidade é medida principalmente por aqueles grandes momentos especiais, também está perdendo muito.

Criar filhos não tem a ver com o futuro, não tem a ver com superar os terríveis dois anos ou a terrível adolescência para obter algum resultado idílico. O marco seguinte não está lá para nos garantir que os dias de trabalho e sofrimento valeram a pena. É preciso, sobretudo, perceber e valorizar os pequenos prazeres da experiência, o aqui e agora.

Busque satisfação no que está presente hoje.

12 de dezembro
VOCÊ TEM TEMPO

> Você vê quanto tempo tem apenas quando para de pensar que não tem nenhum.
>
> Gustie Herrigel

Todo pai sente que tem pouco tempo. Você tem o trabalho, o casamento, o relacionamento. Você tem filhos e treinos de futebol e almoços para preparar e banhos para dar. Todas aquelas conversas importantes para ter, regras para definir, lição de casa para verificar e hora de dormir para cumprir. Além disso, você tem sua própria saúde e seus próprios interesses para atender.

Quem tem tempo?, você provavelmente já disse a si mesmo. *Como encaixar tudo?*

Antes de tudo, pare com essa ideia de que está apressado, de que precisa encaixar tudo — porque é essa urgência, esse frenesi, que acelera as coisas. Esse foi o insight poderoso de Gustie Herrigel.

É esse desejo de "encaixar tudo" que satura sua lista de tarefas e faz você perder oportunidades. Não será preciso agendar tanto tempo de qualidade com seus filhos se perceber que *todo* tempo é de qualidade. Não será necessário ir tanto à academia se perceber que correr pelo quintal também conta como exercício. Você não precisará fazer muitas coisas quando perceber que a maioria delas realmente não importa. Deixá-las de lado resultará em mais espaço e mais liberdade.

13 de dezembro
AME OS PEQUENOS MOMENTOS

> Aproveite as pequenas coisas, pois um dia você pode olhar para trás e perceber que elas foram as grandes.
>
> Robert Brault

A correria matinal antes de arrumar todos para a escola. O tempo que você passou esperando em um sinal de trânsito. Ou aquele momento em que vocês dois estavam com fome e pararam para comer fast-food. Aquele dia em que as crianças aprontaram, mas em vez de ficar bravo, vocês se sentaram em família e conversaram. Ou o fim de tarde do fim de semana em que vocês assistiram a um filme no sofá.

Todos parecem momentos bobos, sem importância e, em última análise, esquecíveis. O ruído de fundo da vida. Tempo de besteiras por excelência. Mas não se engane: assim como o lixo de um homem (ou as besteiras, neste caso) pode ser o tesouro de outro, esses pequenos momentos podem se tornar os grandes momentos, o tempo importante, se você decidir vê-los e absorvê-los por outra ótica.

Não dê nada como garantido. Não deixe sua mente ou sua atenção vagarem. Não fique muito ansioso (nem seja muito ambicioso) em relação ao futuro à custa do presente. Simplesmente esteja aqui e agora. Esteja com eles.

Trate as coisas pequenas como grandes. Porque, na verdade, é isso que elas são.

14 de dezembro
ESTÁ MESMO NA HORA DE IR?

> O que quer que [meu filho] esteja fazendo, essa é a coisa mais importante. Então, eu o incentivo a continuar se dedicando o máximo possível. Eu nunca digo: "Anda, vamos embora!" É claro que minha mente adulta vagueia por todas as outras coisas que poderíamos estar fazendo, mas tento deixar isso de lado e me concentro no presente.
>
> Derek Sivers

Até o pai mais paciente fica entediado. Ou tem outro lugar onde gostaria de estar. Ou não vê o que torna *aquela* flor (a quadricentésima de tantas) tão especial. Então, queremos apressar nossos filhos.

O jantar está quase pronto. Vamos nos atrasar. O jogo já vai começar. Está muito quente aqui fora.

Precisamos nos esforçar para superar esses instintos. Porque a verdade é que a maioria das coisas para as quais estamos correndo não é tão urgente. Há certa qualidade Zen nisso, o que é valioso para nós por si só. Mas, no que diz respeito aos nossos filhos, essa atitude também ensina uma habilidade valiosa. Não é bom que desenvolvam a capacidade de se concentrar e seguir sua curiosidade? Não vale a pena eles ficarem um pouco sujos ou você chegar um pouco atrasado na festa de aniversário porque eles estavam real e intensamente *vivos* por alguns minutos?

Incentive seus filhos a viver. Resista ao impulso de se apressar. Não está na hora de ir, na verdade. Você está exatamente onde você e eles precisam estar.

15 de dezembro
TODOS OS MOMENTOS SÃO IGUAIS

> Agarre-se sempre ao presente. Cada situação, aliás, cada momento tem um valor infinito, pois representa toda a eternidade.
>
> GOETHE

Com as contas a pagar ou o trânsito para enfrentar, um bebê com cólica ou um adolescente ressentido, pode ser difícil sentir que o momento presente é, de fato, um presente. Mas confie em mim: cada momento é maravilhoso. Devemos, como disse Goethe, nos apegar a eles.

Criar filhos é isso. Acontece exatamente no agora. É o que você está fazendo neste momento. Sempre.

Levando-os para a escola. Dobrando roupa. Conseguindo algum tempo de paz antes de eles acordarem. Colocando-os de volta na cama quando acordam no meio da noite. Mandando-os para o quarto. Proibindo o uso do celular porque as notas deles caíram. Isso é tudo, tudo faz parte da função. E cada momento é maravilhoso. Cada momento é um presente.

Tudo isso acontece agora mesmo. Está sendo apresentado a você neste exato momento.

16 de dezembro
VOCÊ DEVE CORRIGIR A SUA VIDA

Este incrível poema de Robert Southwell é um lembrete assustador para todos os pais:

> Meus ancestrais viraram barro,
>   E muitos dos meus colegas se foram;
> Os mais jovens caem diariamente,
>   E posso pensar em escapar sozinho?
> Não, não, sei que devo morrer,
> E, no entanto, minha vida, não corrijo.

Você cria seus filhos considerando o desagradável fato de que não estaremos aqui para sempre ou é mais como Southwell? Em negação, lutando para aceitar o único fato que importa e tem dificuldade de corrigir sua vida de acordo com ele?

Ao acordar todas as manhãs, ao entrar em casa toda noite depois do trabalho, esqueça o que incomodou você durante o dia. Esqueça o que dizem as notícias. Esqueça por que você e seu marido ou sua mulher estão brigando. *Esteja* com os seus filhos. *Esteja* com a sua família.

A vida é curta. Sua família é o que importa. Seus filhos são o que importa. Portanto, pare de pensar nas coisas como se fossem algo que gostaria de fazer "um dia". *Faça tudo com os seus filhos agora.*

17 de dezembro
O MOMENTO PODE SER ESSE

> As coisas simples são também as mais extraordinárias.
>
> Paulo Coelho

Você está ocupado. É só uma ida ao mercado, mas seus filhos estão chateando o dia todo. Você está tentando preparar uma surpresa especial e, por estar tão focado nisso, não pensa no agora, e sim no depois. Ok, mas isso é tão ruim? Em teoria, é claro que não. O problema é que, na realidade, este momento pode ser *o* momento.

Pense na sua infância. Pense nas lembranças que se destacam. São os grandes momentos? As grandes conversas? Ou são experiências comuns, interações comuns — aquelas das quais seus próprios pais nem se lembram — que de alguma forma se fixaram na sua memória?

Como quando seu pai faltou ao trabalho e levou você para um jogo de beisebol no meio da semana. Ou quando sua mãe preparava pratos de café da manhã para comer no jantar por nenhum motivo especial. Ou, pelo contrário, quando eles falaram com você com rispidez, quando você os viu fazer algo ruim, quando você se sentiu de um jeito que nunca havia se sentido.

Todo momento é uma chance de ser pai ou mãe. Na verdade, você está moldando seus filhos a cada momento, quer tenha ou não intenção. Cada momento pode ser *o momento*. Portanto, não passe por eles com pressa, não presuma que eles não importam, não diminua seus padrões para si mesmo. Porque este pode ser o último e melhor momento que você terá.

18 de dezembro
TENTE ENXERGAR DESSE MODO

No fim de *Death Be Not Proud* (A morte não se orgulha), que relata as memórias de John Gunther sobre a vida de seu filho, sua esposa, Frances, escreve: "Johnny passou quinze meses definhando com um tumor cerebral. Ele estava vivendo seu décimo sétimo ano. Nunca lhe dei um beijo de boa-noite sem me perguntar se o veria vivo pela manhã. Eu o cumprimentava todas as manhãs como se tivesse recém-nascido para mim, um novo presente de Deus. Cada dia que ele viveu foi um dia abençoado e cheio de graça."

Espero que, felizmente, a maioria de nós não tenha que passar por essa experiência. Mas nós podemos e devemos tentar praticar o que eles praticaram. *Porque nunca se sabe.* Não seria melhor ver cada dia dessa maneira? Como se cada dia com eles fosse um presente, um golpe de sorte, um adiamento à meia-noite, em vez de uma tarefa?

Aja como se esta noite fosse sua última vez juntos. Aprofunde-se. Aproveite. Seja tudo de que eles precisam. E então, pela manhã, surpreenda-se e seja grato pela bênção de mais uma tentativa.

Faça valer.

19 de dezembro
FAÇA ESTE FAVOR AO SEU FUTURO EU

Qualquer dia você vai olhar em retrospecto para este momento da vida dos seus filhos e sentir a nebulosa melancolia da nostalgia. Não importa o que o futuro reserve para eles ou quais caminhos seguirão; você olhará para este momento e sentirá saudade.

É apenas um fato. Porque eles nunca mais terão dois anos. Ou doze. Ou vinte e cinco. Você tem apenas um número x de horas para fazê-los dormir, um número y de banhos, viagens para a escola, férias, noites no sofá, momentos na garagem tentando consertar algo para eles. Todos nós, em menor ou maior medida, desejaríamos poder voltar ao passado para ter mais alguns desses momentos.

Bem, é impossível.

Mas existe, sim, uma forma de viajarmos para o futuro ou, pelo menos, de falarmos *com* ele. Como disse o grande autor de livros infantis Adam Rubin: podemos, através das escolhas que fazemos hoje, contar ao nosso futuro eu *que fizemos tudo o que podíamos*. Que estivemos totalmente envolvidos. Que não nos apressamos. Que confessamos o que eles significavam para nós.

Faça esse favor monumental ao seu futuro eu: não dê o hoje como garantido. Não se deixe dominar pelo temperamento. Não seja teimoso. Valorize as coisas certas. Ame agora, enquanto pode. Abrace o momento enquanto ele existe. Não corra enquanto ele ainda está aqui.

20 de dezembro
PODEM SER SUAS ÚLTIMAS PALAVRAS

Em 8 de janeiro de 2022, prestes a subir ao palco para mais uma apresentação, Bob Saget — comediante lendário, apresentador de longa data de *Os vídeos caseiros mais engraçados da América* e intérprete de Danny Tanner em *Full House* — recebeu uma mensagem de texto da filha. Não sabemos o que ela disse, mas não era urgente.

Ele poderia facilmente ter dito a si mesmo: *Respondo mais tarde. Ligo pra ela amanhã.* Todos já fizemos isso, certo? Quando estamos atrasados. Quando estamos ocupados respondendo e-mails e sabemos que eles estão ligando do cômodo ao lado. Quando chega uma mensagem segundos antes de entrarmos em reunião. Quando estamos cansados e damos boa-noite com pressa.

Dizemos a nós mesmos "Daqui a pouco eu respondo". Dizemos a nós mesmos que teremos outra chance, que haverá outros telefonemas, outras mensagens, mais beijos de boa-noite. Mas nem sempre é verdade.

Saget levou um segundo para enviar o que nem ele nem a filha poderiam adivinhar que seria sua última mensagem. "Obrigado", escreveu ele. "Te amo. Hora do show!" Horas depois, Saget seria encontrado morto em seu quarto de hotel em Orlando, aos sessenta e cinco anos.

Ninguém sabe quais serão suas últimas palavras. Ninguém sabe quanto tempo ainda resta. Então, vamos aproveitar o que ainda temos antes de perdê-lo (porque tempo nunca é garantido). Não se esqueça de dizer aos seus filhos quanto você os ama, enquanto ainda é possível.

21 de dezembro
ELES APRENDERAM ESTA LIÇÃO POR VOCÊ

> Há pessoas que viram os filhos morrerem.
>
> Mary Laura Philpott

O filho do comediante e ator Rob Delaney, Henry, era um bebê saudável e bonito, mas então adoeceu. Aflitos, Delaney e a mulher, Leah, levaram Henry ao médico e, depois de muitas pesquisas, descobriu-se que ele tinha um tumor no cérebro. Ele chegou a ser operado e apresentou melhora, mas infelizmente faleceu aos dois anos de idade.

No podcast de Marc Maron, Rob compartilhou como sua perspectiva mudou após a morte do filho:

> Quando abraço meus filhos e minha esposa, sei que um dia não estarão mais aqui. E sei que isso pode acontecer antes que eu morra. Então eu sei que nosso tempo juntos é finito, vai acabar. E, por isso, eu os valorizo muito mais. Fico maravilhado com o fato de que essas coleções particulares de células se uniram em torno dessas almas por um período temporário e tenho muita sorte de estar aqui ao mesmo tempo que esses pequenos agrupamentos de tecidos e ossos e pelos nas narinas. E eu realmente aproveito isso ao máximo, de uma forma que não fazia antes. Gostaria que essa habilidade não tivesse se originado em algo tão doloroso, mas é assim que é. Foi o preço pago para receber esse presente, que valorizo mais do que tudo que agora tenho em mãos.

Quando valorizamos o pouco tempo que temos com nossos entes queridos, podemos aproveitar ao máximo essa quantidade finita de tempo. Famílias como os Gunther e os Delaney, bem como as famílias silenciosamente enlutadas que você deve conhecer, aprenderam lições dolorosas e poderosas. Não podemos acabar com a dor deles, mas podemos honrá-la. Podemos fazer o possível para valorizar de longe o preço que essas famílias pagaram por tamanha sabedoria e aplicá-la em nossas próprias vidas.

Lembre-se esta e todas as manhãs: isso vai acabar. *Tempus fugit*. *Memento mori*. Em seguida, maravilhe-se com esses agrupamentos de células com alma que compõem aqueles que você ama. Aproveite ao máximo seu tempo com eles.

22 de dezembro
O QUE É MAIS IMPORTANTE?

> A vida é curta. Não se esqueça das coisas mais importantes: viver para os outros e fazer o bem para eles.
>
> Marco Aurélio

Seu filho quer nadar, mas você precisa fazer uma ligação. Seus filhos querem brincar, mas você precisa preparar o jantar. Seus filhos querem que você leia antes de eles dormirem, mas o jogo está empatado nos últimos segundos do tempo regulamentar.

Escolhemos essas coisas porque são urgentes. Porque só vão levar um segundo. Mas, principalmente, porque podemos nos safar.

Se algo aparentemente mais urgente ou fora de controle interviesse, você adiaria o telefonema. Se estivesse preso no trânsito, pediria delivery. Se o chefe ligasse e *precisasse* de algo, você descobriria mais tarde quem ganhou o jogo. No entanto, aí está você, dizendo a seu filho (e ao pedido sincero dele para passar mais um tempo com você) que ele não é tão importante. Aí está você escolhendo *outra coisa* em vez do seu filho.

A maior parte do que estamos fazendo pode esperar. Não indefinidamente, é claro. Ninguém está dizendo para você adiar tarefas para sempre. Mas este momento, agora, você não terá de volta. Pegue-o. Brinque. Sente-se com eles. Converse com eles. Pause a TV. Salve o rascunho e volte a ele mais tarde. Deixe o jantar esfriar. Diga ao fulano que você ligará depois.

Seus filhos são mais importantes.

23 de dezembro
VOCÊ NÃO PODE ADIAR AS COISAS

Sabe qual foi uma das últimas coisas que Abraham Lincoln disse? Enquanto estava sentado no camarote do Teatro Ford, esperando o início da peça, ele se virou para a esposa e disse: "Gostaria de visitar Jerusalém algum dia."

Minutos depois, levou um tiro na cabeça que o mataria em questão de horas.

Assim como você tem seus muitos motivos para adiar isso ou aquilo, Lincoln tinha os dele. No entanto, a vida tem um jeito próprio de desnudar todas as nossas razões, de humilhar nossos planos, nossas suposições. Devemos viver, como disse Marco Aurélio, como se a morte pairasse sobre nós. Devemos atuar como pais dessa forma também, porque a morte de fato paira sobre nós. Não podemos deixar para amanhã, disse ele, o que podemos fazer hoje — seja ser bom (nossa maior prioridade), seja dizer às pessoas que as amamos, seja levá-las aos lugares que sempre desejamos visitar.

24 de dezembro
NÃO TEM A VER COM COISAS

> Nunca conheci um garoto de treze anos que dissesse: 'Meu pai nunca estava por perto porque estava sempre trabalhando, mas eu tenho uma bicicleta incrível, então tudo bem.'
>
> Jon Acuff

Você trabalha muito e é capaz de prover. Não apenas as necessidades básicas, mas todos os tipos de extras. Por sua causa, seus filhos têm uma piscina. Eles têm boas férias. Têm uma TV grande com muitos canais. Eles têm tudo isso e muito mais.

E, no entanto, nada disso verdadeiramente importa.

Não é a piscina que eles querem, é *você* na piscina com eles. É estar em um quarto de hotel barato comendo salgadinhos juntos, onde quer que vocês estejam. A TV é ótima, mas não substitui o papai.

As coisas que você compra são ótimas. Mas, por melhores que sejam, não podem substituir você. Seus filhos certamente preferem brincar com você em uma piscina inflável a brincar sozinhos em uma piscina olímpica com escorregador e cachoeira. Preferem morar em um apartamento pequeno e fazer as refeições em família a se sentirem sozinhos no melhor bairro da cidade.

Eles querem *você*. Eles querem *se divertir com você*. E você deveria querer essas coisas também, porque não há como dizer quanto tempo mais você os terá, ou vice-versa.

25 de dezembro
ESTE É UM PRESENTE QUE VOCÊ PODE DAR A SI MESMO (E À SUA FAMÍLIA)

Quando você era pequeno, tudo que queria no Natal eram presentes.

Agora que está mais velho, agora que tem filhos, tudo o que você quer é *presença*. Tudo o que você quer é que seus filhos estejam ao seu lado nas festas.

Paul Orfalea, o fundador da Kinkos, tem centenas de milhões de dólares. Quando questionado sobre sua riqueza, Orfalea não falou sobre comprar coisas caras, construir uma grande empresa ou tirar férias em lugares exuberantes. Ele disse: "Você sabe o que é sucesso? Sucesso é seus filhos quererem estar com você quando forem adultos. Quantas pessoas por aí têm tantos bens, mas não têm os filhos ao redor da mesa nas festas de fim de ano?".

Sucesso, como já dissemos, é ter os filhos à mesa junto com você. No fim da vida, o sucesso parental é ter uma família unida, que passa tempo junta, que quer estar perto de você.

Portanto, na temporada de festas, reserve um tempo para pensar sobre o que é necessário para conseguir isso. Pense nas escolhas que você está fazendo com seus filhos agora, para que eles escolham sair da casa deles para a sua quando forem mais velhos e tiverem a própria família. Pense nos presentes que você tem para dar a eles hoje — seu amor, seu apoio, sua presença —, para que, no futuro, você receba o presente de uma mesa lotada no Natal.

26 de dezembro
ETERNAMENTE JOVEM

Uma das razões pelas quais algumas crianças estão tão despreparadas para o mundo real é que os pais veem a doçura e a inocência de um filho e pensam: *Quero que ele seja assim para sempre.* Sentindo que a própria infância foi muito curta, esses pais procuram prolongar a de seus filhos o máximo possível.

É um impulso compreensível, mas também uma espécie de contradição. Em vez de apreciar o quão especial seu filho é naquele momento, o pai pensa tanto no futuro (próprio) quanto no passado (próprio) e tenta descobrir como proteger seus filhos de ambos. Em vez de estar presente, em vez de aproveitar e sorver o *aqui e agora*, estão tentando inutilmente conter uma maré que ninguém — nem mesmo o mais dedicado dos pais — pode deter: o tempo.

Hoje e sempre, devemos nos lembrar deste verso do famoso poema de William Blake:

Guarde o infinito na palma da mão
E a eternidade em uma hora

Se você quer que seu filho seja eternamente jovem, aproveite a oportunidade à sua frente. Viva cada momento em sua plenitude. Não pense no que vem depois da curva. Porque, sabe o que há lá? Mais um "aqui e agora" que continua acontecendo e acontecendo e acontecendo...

27 de dezembro
É AGORA QUE IMPORTA

Os europeus do passado tinham algumas práticas parentais *esquisitas*. Os pais de Michel de Montaigne o enviaram para morar com aldeões quando criança. A mãe de Jane Austen amamentou cada um de seus filhos durante o primeiro mês, depois os entregou inteiramente a outra pessoa. Os pais aristocráticos delegavam as crianças a babás, tutores e governantas até que tivessem idade suficiente para participar da vida dos adultos.

O que a maioria de nós entende hoje, cultural ou intuitivamente, é que cada minuto passado com os filhos é importante... e quanto mais jovens eles são, mais esses minutos importam. Há uma expressão antiga que diz: "Dê-me os primeiros seis anos da vida de uma criança e fique com o resto."

Imagine *gerações* de pais que fizeram exatamente o oposto disso. Não é de admirar que o passado tenha sido tão horrível... e que as pessoas fizessem coisas horríveis umas com as outras. Afinal, esse era o primeiro exemplo parental que tinham! Os pais de antigamente cortavam o primeiro e mais importante vínculo que uma criança tinha: o vínculo familiar.

Imagine quanto isso lhe custou.

Sim, as crianças são difíceis quando pequenas, mas também é nessa época que são mais divertidas, mais inocentes, mais fofas. Então, por que estamos sempre tão ocupados? Por que trabalhamos tanto? Tentando ter tudo, espremendo todas as atividades que costumávamos fazer antes e pedindo que nossos pais cuidem dos nossos filhos para nós? Dizemos a nós mesmos que, quando nossos filhos forem mais velhos, teremos mais tempo para eles, teremos mais liberdade e, além disso, que eles valorizarão mais nossa presença quando forem adultos, certo?

Não! Agora é o tempo que importa! Agora é o que conta! Quanto mais cedo, melhor!

28 de dezembro
ESTE PODE SER AQUELE DIA

Era apenas mais um dia de férias para os Roosevelt em 1921. Franklin Delano Roosevelt, então com trinta e um anos, no auge da carreira e da vida, passou a manhã navegando pela ilha Campobello com Eleanor e seus dois filhos mais velhos. Estavam vivendo uma aventura e tanto. Quando avistaram um pequeno incêndio em outra ilha próxima, correram em socorro. Na volta, Roosevelt e seus filhos correram mais de um quilômetro até uma piscina. E depois, saltaram juntos na Baía de Fundy.

Para Roosevelt, um homem ocupado, esses dias eram sempre poucos. Aquele, em 1921, assumiu um significado especial, pois, como Doris Kearns Goodwin escreve em seu livro *Liderança*, em quarenta e oito horas "a paralisia se espalhou para os membros, os polegares, os dedos dos pés, as costas, a bexiga e o esfíncter retal de Roosevelt. Ele sentia a dor subindo e descendo pelas pernas". A vida de Roosevelt nunca mais seria a mesma. Ele nunca mais correria com seus meninos. Nunca mais poderia brincar, velejar e mergulhar com eles sem sentir uma intensa dor física.

A dura verdade é que hoje pode ser esse dia para nós. Não temos ideia de quais vírus ou doenças já estão em nosso corpo. Não temos ideia do que nos espera no topo da escada, na esquina ou do outro lado da rua. Portanto, devemos aproveitar cada momento com nossos filhos. Devemos dar tudo o que temos nessa missão paterna e saborear a alegria que os pequenos nos trazem.

29 de dezembro
ESTE É O ELOGIO QUE VOCÊ VAI OUVIR

Era uma noite do início do verão de 1967. A família Stafford estava toda reunida. Eles jantaram. Riram. Conversaram sobre o dia. E então os pais foram para a cama enquanto as crianças continuaram acordadas.

É uma cena de milhões de férias familiares e reuniões, Dias de Ação de Graça e Natais. Na manhã seguinte, em seu diário, o poeta William Stafford contou como tinha sido maravilhoso. "Na noite passada, as crianças ficaram acordadas na sala para conversar depois que Dorothy e eu nos recolhemos para dormir", disse ele, "e elas estavam falando sobre nós, ou prestes a fazê-lo... com benevolência. Por acaso, pensei: este pode ser o único e provavelmente o melhor serviço fúnebre que jamais receberei."

No fim de sua vida, o sucesso de um pai será uma família unida, que passa tempo junto, que quer estar junta. Mas a percepção de Stafford é poderosa. Cada noite em família é como um funeral a que podemos assistir. Os jantares em família, as longas conversas — esses são os elogios que ouvimos.

Valorize isso enquanto pode. Cultive isso enquanto ainda é possível. É o que faz a vida valer a pena.

30 de dezembro
O QUE PODEMOS FAZER

Mãe de dois e prestes a ver o ninho vazio, Mary Laura Philpott escreveu suas reflexões tardias sobre como devia ter sido a experiência para seu pai — funcionário do alto escalão do Governo Federal durante a Guerra Fria — quando estava prestes a entrar no treinamento de proteção a ataques nucleares ao Capitólio. Ela tentou imaginar como ele devia ter seguido seu trabalho sabendo que estava, de fato, se preparando para o fim do mundo e quase certamente de sua própria família, que morava em Washington, D. C.

Vale a pena reproduzir o parágrafo na íntegra:

> O que fazemos, então, se não podemos parar o tempo ou evitar todas as perdas? Continuamos com atos comuns de cuidado diário. Não posso proteger meus entes queridos para sempre, mas posso lhes preparar o almoço hoje. Posso ensinar o adolescente a dirigir. Posso levar alguém a uma consulta médica, consertar a grande rachadura no teto quando começa a vazar e colocar todos para dormir à noite até que isso não seja mais possível. Posso fazer pequenos atos de carinho que substituem atos grandiosos de proteção permanente, porque a coisa mais próxima de um abrigo duradouro que oferecemos um ao outro é o amor, um amor profundo e amplo e que se demonstre de todas as formas que conseguirmos. Cuidamos de quem podemos e do que podemos.

Só nos resta seguir em frente. Amar. Tentar estar presente. Fazer o nosso melhor. Protegê-los. Cuidar deles. E ignorar todo o resto.

31 de dezembro
COMECE DE NOVO ENQUANTO PODE

Cada corte de cabelo, cada roupa que deixa de servir, cada faxina de primavera, cada nova temporada esportiva, cada uma dessas coisas marca uma passagem do tempo. Cada uma delas nos aproxima do dia que tanto tememos: o dia em que nossos filhos terão crescido, terão partido, o dia de nossa separação final.

Mas o objetivo desta mensagem não é deixar você deprimido nem privá-lo da alegria da primavera. Pelo contrário, é ajudar você a aproveitar tudo agora, enquanto está aqui. É para lembrar você quanto tudo é importante... e que oportunidade maravilhosa cada momento apresenta.

Como Philip Larkin escreve em seu belo poema "As árvores", sobre a mensagem que a natureza nos dá a cada primavera:

O ano passado está morto, elas parecem dizer,
Comece de novo, de novo, de novo.

O passado é passado. O último ano se foi para sempre. A duração do futuro permanece incerta. Mas agora é agora. A nova estação está aqui. Deixemos nossos erros para trás. Trabalhemos contra a distração, o vício e uma vida sobrecarregada de tarefas. Vamos nos dedicar novamente à razão de estarmos aqui — criar nosso filhos, nosso trabalho mais importante. Vamos começar de novo, de novo, de novo.

Aproveitemos esta primavera com tudo o que ela apresenta. Porque quando ela se for e der lugar ao verão, nós também, em certa medida, deixaremos de existir, assim como cada uma das poucas estações que temos com nossos filhos.

Tempus fugit.

- intrinseca.com.br
- @intrinseca
- editoraintrinseca
- @intrinseca
- @editoraintrinseca
- editoraintrinseca

1ª edição	JULHO DE 2023
reimpressão	FEVEREIRO DE 2025
impressão	LIS GRÁFICA
papel de miolo	LUX CREAM 60G/M²
papel de capa	CARTÃO SUPREMO ALTA ALVURA 250G/M²
tipografia	FAIRFIELD